U0452227

欧洲文化丛书

# 德意志思想评论
## 第十四卷

孙周兴　主编

商务印书馆
The Commercial Press

图书在版编目(CIP)数据

德意志思想评论. 第 14 卷 / 孙周兴主编. —北京：
商务印书馆，2022
（欧洲文化丛书）
ISBN 978-7-100-20946-5

Ⅰ. ①德…　Ⅱ. ①孙…　Ⅲ. ①哲学－研究－德国
Ⅳ. ①B516

中国版本图书馆 CIP 数据核字(2022)第 051363 号

权利保留，侵权必究。

欧洲文化丛书
德意志思想评论
第十四卷
孙周兴　主编

商　务　印　书　馆　出　版
（北京王府井大街36号　邮政编码100710）
商　务　印　书　馆　发　行
江苏凤凰数码印务有限公司印刷
ISBN 978-7-100-20946-5

2022 年 6 月第 1 版　　开本 890×1240　1/32
2022 年 6 月第 1 次印刷　印张 8½
定价：62.00 元

主　　编：孙周兴

执行主编：张振华　　余明锋

编委（按姓氏笔画为序）：

于雪梅　　叶　隽　　刘日明　　孙周兴　　陆兴华
吴建广　　陈家琪　　李革新　　杨　光　　郑春荣
赵　劲　　赵千帆　　赵旭东　　胡春春　　柯小刚
高　松　　韩　潮

学术支持：
同济大学欧洲思想文化研究院

同济大学"欧洲研究"一流学科建设项目

"欧洲思想文化与中欧文明交流互鉴"子项目

资助课题

# 总　序

同济大学外国哲学学科初创于2003年，先设硕士点，两年后获批博士学位授权点，2007年成为上海市重点学科。本学科自始就把德国哲学和法国哲学立为研究重点，并于2003年开始主编、出版"同济·德意志文化丛书"，次年又启动了"同济·法兰西文化丛书"。几年来，承蒙海内外学界朋友的鼎力相助，上述两套丛书共出版了50余种学术图书（均在同济大学出版社出版），获得了良好的学术反响。

2007年，我们整合同济大学德国哲学研究所和法国思想文化研究所，成立了国内唯一的"欧洲思想文化研究院"。稍后又与香港道风山汉语基督教文化研究所合作，在研究院内设基督教文化研究所，从而初步形成了同济大学欧洲哲学文化研究的基本框架，研究重点范围得以进一步扩展，涉及德国哲学、法国哲学、欧洲诗学（文艺）、欧洲基督教哲学等多个学科。为适应新的形势，我们随即把"德意志文化"和"法兰西文化"两个系列合并成一套丛书，并把它冠名为"欧洲文化丛书"。自2014年起，该丛书由商务印书馆出版。

众所周知，欧洲曾经是、现在重又是一个整体单位。中古基督教的欧洲原是一个统一的帝国，所谓"神圣罗马帝国"。文艺复兴前后，欧洲分出众多以民族语言为基础的现代民族国家。这些民族国家有大有小，有强有弱，也有早有晚（德国算是其中的一个特别迟发的国家了），风风雨雨几个世纪间，完成了工业化—现代化过程。而到20世纪的后半叶，欧洲重新开始了政治经济上的一体化进程，1993年11月1日，"欧盟"正式成立。至少在名义上，又一个统一的欧洲诞生了——是谓天下大势，分久必合，合久必分么？

马克思当年曾预判：要搞社会主义或者共产主义，至少得整个欧洲一起搞（但后来列宁同志单干了）。一个统一的欧洲显然也是哲人马克思的理想。而今天的欧盟似乎正在一步步实现马克思的社会理想。虽然欧盟起步不久，内部存在种种差异、矛盾和问题，但在我看来，在今天以美国主义为主导的全球文明格局中，一个崇尚民主自由的欧洲，一个重视民生福利的欧洲，一个趋向稳重节制姿态的欧洲，是有特别重要的地位和价值的。这样一个统一的欧洲的存在，不仅具有地缘战略上的显赫意义，更可以具有某种文化上的示范和警示意义。

欧洲是"世界历史性的"欧洲。有鉴于此，我们当年创办了"欧洲思想文化研究院"。也正因此，我们今天要继续编辑出版"欧洲文化丛书"，愿以同舟共济的精神，推进我国的欧洲文化研究事业。

孙周兴

2013年12月14日于沪上同济

# 目 录

**海德格尔论坛**

聚集的语言:海德格尔与日本人的对话
　　　　　[美]约翰·萨利斯 / 3

论居住:有关人类生活、建筑物和空间的思考
　　　　　[德]君特·菲加尔 / 23

"家"的歧异
　　——海德格尔"家"哲理的阐发和评析
　　　　　张祥龙 / 40

此在之迷途
　　——关于《存在与时间》的得与失　张志伟 / 64

**德国古典哲学**

希望概念在康德道德及宗教哲学中的两种含义
　　　　　杨小刚 / 95

## 德国现代哲学

舍勒与卡西尔对"人是什么?"的回答　张任之 / 115

无名者的光环:本雅明和朗西埃论机械复制艺术

夏开丰 / 159

踯躅于历史骸山的新天使

——瓦尔特·本雅明历史哲学中的天使与救赎观念

路　坦 / 171

## 德语诗学与文化研究

德国文学里的侨易现象及侨易空间的形成

叶　隽 / 187

歌德、诗画与意大利

——一种侨易学与心理学分析　梁锡江 / 204

论歌德的政治思想　贺骥 / 221

由病与恶所成就的乱伦诗学

——保尔·策兰诗文《癫痫-巨恶》之诠释

吴建广 / 239

**编后记** / 263

# 海德格尔论坛

# 聚集的语言：海德格尔与日本人的对话①

［美］约翰·萨利斯　著

张振华　译

　　语言就如同想象力。如果从它们最原初的特征来看，两者之间甚至会显露出一种内在的亲缘性。似乎，单就每一方来说，都可以产生在另一方中同样会有的效果。

　　想象力具有突出的视觉性。它令以其他方式无法看到的景象变得可见。在《纯粹理性批判》所给出的经典表述中，想象力是令某种其自己本身并不在场的事物在场。想象力能够引发一个事件，在该事件中，某些原本只是被模糊地暗示的东西，明确地以它现在或将来的样子显示自身。②

　　语言与之相类。人们说话或者书写，当人们这样做的时候，某种东西显现而出，某种东西得到言说，其方式是，它如其所是那

---

① 中译文标题中的"对话"在其原标题中对应的是 Gespräch 一词，Gespräch 的日常德语意思为对话，但海德格尔对这个词有特殊使用，文章本应保留 Gespräch 原词不做翻译，具体解释可参见本文相关部分，但是为便于中文读者理解，此处暂译为"对话"，并且在正文中大部分将以"对话（Gespräch）"的形式出现。——译者注
② 想象力的某些形式首先以视觉为导向（人们想象看见一个特定的场景，在想象中看见它），然而想象力本身绝非局限于视觉模式。比如，人们可以想象听到一段旋律，这段旋律人们甚至可能从未实际地听到过。对于界定想象力的最原初的形式而言，视觉的情况并不充分。（参见 John Sallis, *Force of Imagination: The Sense of the Elemental*, Bloomington: Indiana University Press, 2000, Chap. 5。）

样地显示自身。虽则如此,当人们开始说话或者书写之际,人们并不知道通过说话和书写,什么东西将会在其根本确定的形态之中显示自身。因此在语言中发生的事情——假设它没有滑向单纯的闲谈(Gerede)①——从来都不是单纯的表达(expression)而已。

说话可以是复合的。我们可以和另一个人说话。我们说话可以并不仅仅是为了交流,为了把或多或少确定的思想从一个说话者传送到另一个说话者那里,而是使说话中的揭示性(disclosiveness of speaking)得到增强。从柏拉图到伽达默尔一再表明,在对话中语言的显现力量能够超越对单一对话者个人而言的可能性。

而值得注意的是,海德格尔曾冒险一试去写作对话。在哲学史上这样尝试的人并不多。原因无疑在于,柏拉图对话作为无人可及的典范朦胧地笼罩着整个历史。在对哲学性对话的首次冒险尝试中,其结果似乎如此地具有典范性,以至于其他所有努力都完全被蒙上了一层阴影,只还作为对柏拉图对话的苍白模仿而出现。

然而在海德格尔将其标示为那一历史的终结之处,他冒险去写作对话。有三部对话写于1944至1945年冬,即"二战"行将结束之际;三部对话中的第三部被设置在俄罗斯战俘营,因此是在极端历史情境中进行的言说。这三部对话被收在题为《田间路对话》(*Feldweg-Gespräche*)的集子里,并且直到1995年才得以出版,它们呈现的是虚构的谈话;海德格尔似乎计划对它们加以扩充,因为三部谈话都存在一些得以延续下去的草稿。②

---

① 正文中出现的德文均为作者所加,以斜体标示。——译者注
② Martin Heidegger, *Feldweg-Gespräche*, Gesamtausgabe, Bd. 77, Frankfurt am Main: Vittorio Klostermann, 1995, S. 246-249.

海德格尔与日本人的著名对话与此相当不同。这一对话的文本1959年在《在通向语言的途中》一书中得以出版。这是唯一一个海德格尔本人完整出版的如此形式的文本；与《田间路对话》不同，他十分确定地将这个文本视为是完成了的。海德格尔报告说，这个文本产生自1953至1954年，出于（*veranlasst*）东京帝国大学教授手冢（Tezuka）的一个拜访。海德格尔并没有把这个文本描述为他和手冢谈话的记录稿。实际上，如果人们比较海德格尔的文本和手冢出版的对他和海德格尔的谈话的说明（包含他对海德格尔文本的日文翻译），可以十分明显地发现，实际的谈话只是一个交流的契机，海德格尔只是从中提取了一些要素。尽管契机是手冢的拜访——很有可能还包括海德格尔与其他一些日本学者的谈话——真正的文本却出自海德格尔本人的手笔。①

然而海德格尔并没有把这些文本称为"对话"（dialogues）。就像其他三个文本一样，海德格尔有意避免 *Dialog*（对话）一词，把和日本人的对话称为 *Gespräch*。虽然在这一语境中对 *Gespräch* 的最佳翻译可能是 conversation（交谈），我们却必须注意到，无论从构词还是从语义范围上讲，这两个词都不是完全符合一致的。因此存在这样的危险，*Gespräch* 一词中发出的某些音调将会在翻译之中变得无声。避免这一危险的唯一确切的方式是不去翻译这个词。海德格尔给与日本人的对话起的标题"*Aus einem Gespräch*

---

① 海德格尔的文本只复现了实际谈话中非常稀少的要素，有鉴于此，或许可以得出结论："很清楚的是，海德格尔利用多种相关的信息片段和适当的文本摘引，发明了（has invented）一场带有挑战性质的对话。"他补充说："容易发现的是，大半的'谈话'可以作为独白来阅读。"（参见 Reinhard May, *Heidegger's Hidden Sources: East Asian Influences on His Work*, Graham Parkes trans., London: Routledge, 1996, pp. 13 - 15。）手冢对他和海德格尔的谈话的说明亦可参见上书，第59—64页。

*von der Sprache*"(《从有关语言的一次对话而来》)同样需要人们仔细谨慎地对待——并不仅仅因为其中的 *Gespräch* 一词,还源于介词 *von* 的多义,此处的 *von* 包含 from, of 和 on(在 about 或 concerning 的意义上)等一个或多个含义。

因此海德格尔与日本人的对话展示了某种程度的单一性(singularity)。但是这个对话仍然通过引用混合了其他一些对话。对话从海德格尔回忆先前与九鬼周造(Shuzo Kuki)伯爵的诸多对话(*Gespräche*, *Gespräch* 的复数形式)开始,在海德格尔(被称为一个"询问者"或"提问者"[ *ein Fragender* ])与手冢(被称为一个"日本人")起初的交流中九鬼周造被反复提及。海德格尔和他的对话者一次又一次地提及九鬼和海德格尔之间以及九鬼自己在京都的学生们之间的诸多对话(*Gespräche*)。① 因此他们开始对话(*Gespräch*)的方式是,将当前的对话(*Gespräch*)编织入其他发生过的诸多对话(*Gespräche*)的织网之中。不仅如此,在眼下的对话(*Gespräch*)的进行过程中,他们约好第二天继续交谈:手冢想要推迟自己离开的时间,以便在第二天再次拜访海德格尔。我们无从听到的一场将来的对话(*Gespräch*)就此得到预备。通过对其他对话的这种唤起和扩展,通过这种编织行为,眼下的对话(*Gespräch*)将其自身置入自己在话语层面上的时间性(discursive temporality)中。同时,它也由此暗示着自己的不确定性,它的非-封闭(non-closure)。

在眼下的对话(*Gespräch*)的开头,最引人注目的是威胁着任何一场东西方之间的对话(*Gespräch*)的危险。这种危险可能已

---

① 虽然日本人在对话伊始就提到了九鬼并在讨论过程中经常提到他,但实际上手冢只了解他的作品而并不认识九鬼本人。参见 Reinhard May, *Heidegger's Hidden Sources*, p.16。

然既笼罩着九鬼通过欧洲美学的方式去理解日本艺术的尝试,也笼罩着他向海德格尔传达在 iki(日语:粹)一词(据说他所有的反思都针对这个词)中所道说来的东西的努力。针对将欧洲美学概念应用到日本艺术和思想上去的合适性,海德格尔提出了一系列批判性问题,日本对话者是在回答这些问题时首次提及这种危险的。日本人谈到他感觉到的危险,即欧洲概念的丰富宝藏会引人误入歧途,以至于所有真正日本式的东西——比如能乐(the no-play)——会被贬低为不确定的、无形式的东西。海德格尔——询问者——回应道:"一个更加巨大的危险威胁着我们。"①回溯到他和九鬼伯爵的对话,他解释说:"就对话(*Gespräch*)是对话(*Gespräch*)而言,危险产生自对话(*Gespräch*)本身。"(GS,84)日本人接着解释说,危险威胁着我们是因为"对话(*Gespräch*)的语言将一切东西都转换到欧洲性的事物之中(European)",而"对话(*Gespräch*)尝试去道说东亚艺术和诗歌的本质"(GS,85),海德格尔补充道。日本人在稍后回到了这一问题。他再次回溯海德格尔早先与九鬼伯爵的会面说:"对话(*Gespräch*)的语言是欧洲式的;然而需要得到经验和思考的东西却是日本艺术的东亚本质。"(GS,96)海德格尔对此的另一种表述是:"我现在更加清晰地看到这样的危险,即我们的对话(*Gespräch*)的语言持续摧毁着将我们正在谈论的东西道说出来的可能性。"(GS,98)因此,在对话的进行过程中,内在于这种对话(*Gespräch*)之中的危险越来越确切地进入到视野中:比将日本艺术和思想同化到欧洲美学概念中去的危险更加巨大的危险是,

---

① Martin Heidegger, "Aus einem Gespräch ven der Sprache", in: *Unterwegs zur Sprache*, Gesamtausgabe, Bd. 12, Frankfurt am Main: Vittorio Klostermann, 1985, S. 84. 后文引用此文本时缩写为 GS。

将它们一般性地同化到欧洲语言中，并且在一次对话（*Gespräch*）的一开始就漫不经心地这样做了。然而，通过展露这一危险而非简单地屈服于它，眼下的对话（*Gespräch*）获得了某种程度的重要的尖锐性（a certain critical edge）。

当我们现在冒险尝试与海德格尔的德文文本进行一次对话（*Gespräch*），海德格尔与他的日本对话者的对话（*Gespräch*）所陷入其中的困境将再次出现——尽管其形式不那么极端。当我们冒险尝试在我们的语言中去道说 *Gespräch* 一词中所得到道说的东西时，一种相似的危险就威胁着我们。规定着海德格尔对 *Gespräch* 这个词的偏爱（而非 *Dialog* 一词）的首要特点在于，这个词结合了前缀 Ge-（就像在 Gebirge［山脉］一词中那样，这个前缀表示一种聚集作用［gathering］）和特别用以表示语言的 *Sprache*（语言）一词。因此，这个词的构成形式除了它作为谈话（conversation）的通常含义之外，还令人想到这样一种意思，即语言之聚集，甚至是谈话之向着语言的聚集。因此 conversation 和 dialogue 这些词无法说出在 *Gespräch* 一词中被说出来的东西。我们可以通过不翻译这个词来稍稍规避此间所产生的危险，虽然情况可能是，在这一语义学的地带中危险将会处处复现，而且也许是以更加间接因而也更加危险的形式。

无论如何，在海德格尔与日本人的对话（*Gespräch*）中出没——也在其中得到暴露——的危险存在于语言之中。日本人言简意赅地总结了危险的整个情况："我们认识到危险存在于语言的隐蔽本质中。"（GS, 106）危险与那种特定的力量、那种隐蔽的力量不可分离，亦即，语言掌握着道说所要得到传达的东西和对话者们所谈及的东西的力量。因为，就像语言拥有道说的能力，它也拥有不道说的能力，尤其是，在道说这一特别事件中不道说的能力。因此，当语言令所要传达的东西得到道说从而完成了特定的揭示作用时,在这种揭示(disclosure)之中同样存在着——或至少可能存在着——一种没有被道说出来的剩余(a leaving unsaid),这种剩余令所要传达的东西在某些方面同样保持为遮蔽(concealed)。简言之,语言之道说因而也就是去解蔽的力量,同样是抑制道说也就是遮蔽的力量。用欧洲语言来谈论东亚艺术只可能使人们暴露于那种危险之中,亦即,在特定的揭示完成之际,也同时可能遮蔽了某种本质性的东西。不仅如此,鉴于语言的道说力量是隐藏着的,这种不道说也可能保持为自身隐蔽;这种不道说可能直接地是未显示的,也可能以伪装着去道说的、迷惑人心的形式出现。如此一来,如果不道说这件事遮蔽自身,遮蔽就会以最为顽固的方式植根不去,甚至到这样一种程度,语言的道说力量也可能保持为自身隐蔽。在1949年题为《危险》的第三个布莱梅演讲中,海德格尔写道:"危险中最为危险的东西在于危险将危险之所是自行遮蔽起来。"①当语言的本质以隐蔽的方式自行隐蔽,而如果人们想当然地以为语言无非是由提供给人类的记号所组成以便表达出人们所怀有的意思,语言之隐藏着的本质中的危险就会达到最为危险的程度。

  然而,作为如此这般得到辨认的危险必须得到经受,经受的方式是,对话(Gespräch)令语言的隐蔽本质公开地运作起来。换言之,如果人们并不是注意不到被遮蔽之遮蔽所欺瞒的语言之本质,对话(Gespräch)就必须以这样的方式得到推进,亦即,令语言的道说力量发生作用。在对话(Gespräch)的特定阶段,询问者确实说语言之本质"乃是那种规定了我们的对话(Gespräch)的东西"。然而,他小心地注意到,"与此同时,我们却必须不去触碰

---

① Martin Heidegger, *Bremer und Freiburger Vorträge*, Gesamtausgabe, Bd. 79, Frankfurt am Main: Vittorio Klostermann, 1994, S. 54.

它"(GS,107),也就是说,不应该冒险尝试驱遣它进入概念并因而将其表象出来,甚至也不应该驱除那种遮蔽,这种遮蔽令语言之本质与那种想要把它驱遣入被称之为理性的东西之中的光耀般刺眼的要求保持分离,并在这种要求面前将其庇藏起来。

由于对话(*Gespräch*)受到语言之本质的规定——本质(essence)一词首先在动词意义上得到理解,它便超出了仅仅处于两个谈话者之间的封闭回路。这种超出鲜明地发生在《田间路对话》的第一个对话的过程中。引导者问道:"什么是单纯就其自身而言的对话(*Gespräch*)本身?"他观察着,可能是针对科学家而说:"你显然并不是把单单人与人之间的任何谈话视为对话(*Gespräch*)。"然而他声称:"但是在我看来在一场本真的[1]对话(*Gespräch*)中,有一个事件发生,亦即某种东西达诸语言。"[2]换言之,在一场本真的对话(*Gespräch*)中——它不只是随随便便在一起谈话——发生着达诸语言这件事,发生着一种道说(a saying),这种道说超出谈话者们之间的单纯谈话。

在海德格尔与日本人之间的对话(*Gespräch*)中,对话者们尽力去维持所需的缄默,从而令他们的谈话向着从语言之本质而来的一种发生保持敞开。而实际上他们确实最终令独独属于日本世界的某种东西得到了道说。那是在日语中,在九鬼伯爵所致力于反思的那个词语中长久以来已然得到道说的某种东西,这个词就是 iki(日语:粹)。因此,现在冒险去尝试的不是去道说某种尚未得到道说的东西,而是一种翻译,这种翻译要把独独日本的、长久以来聚集入 iki 这个词语中的东西聚集入德语之中。这个词

---

[1] 约翰·萨利斯用 proper 一词来翻译德文的 *eigentlich*,因此中译为"本真的"。——译者注
[2] Martin Heidegger, *Feld-Gespräche*, S. 56f.

所道说出来的东西现在在德语 das Anmutende（优美,妩媚,优雅）一词中得到道说。当然,它们之间多样的区别和限制要得到注意,以防这个词复又被吸纳到欧洲哲学的语言中。对于英语的转译词 the gracious（雅致,亲切,和蔼）而言,情况同样如此。①

在对话（Gespräch）早先的时候,海德格尔询问日本人在他的语言中对应于我们称之为 language（语言）的东西的词语。更准确地说,他询问是否存在这样一个词语;他问:如果并不存在,那么日本人是如何经验我们称之为 language 的东西的？日本人徘徊在两个可能的回答之间。一方面,他承认他从未被问到过这个问题,在日本世界里也没有注意过这个问题。这暗示着这样一个词语可能直接就是不存在的。但另一方面,在一段时间的沉思默想之后,他声称存在这样一个词语。这一场景,连同他在很久以后才真正揭示了这个词语的事实,以戏剧性的方式呈现了这一将语言带向语言的过程。这里所展示的行动乃是令对于语言的日本式经验被聚集入那样一个词语之中,这个词语虽然并非直接就是不存在的,但也只能得到暗示,因为对于语言的这一经验过去并不曾被纳入到这个词语之中。甚至当最后海德格尔直接询问他这个词,日本人仍然犹豫不决地说出这个词乃是 Koto ba（日语:言叶）。然而,这个词道说了什么,它是如何道说出我们称之为语言的东西的本质的,这需要某种翻译来通达和揭示它的道说

---

① 从手冢对他和海德格尔的交谈的报告来看,他们似乎根本没有谈到 iki。海德格尔所提供出来的翻译 das Anmutende（the gracious）与 iki 关系不大甚至没有任何关系;这个词的含义处于 elegance（优雅）, coquetry（撒娇）, refinement（精巧）, honor（荣誉）, taste（品味）的交叉地带的边缘。参见 Hiroshi Nara, *The Structure of Detachment: The Aesthetic Vision of Kuki Shuzo*, Iki no kozo trans., Honolulu: University of Hawaii Press, 2004。情况可能是,海德格尔实际上混淆了 iki 和 yugen 的涵义,后者可以正当地翻译为 grace（雅致）。参见 Reinhard May, *Heidegger's Hidden Sources*, p. 19。

力量。海德格尔将日本人有关 Koto 的说法结合到一起提供了这样一个翻译：Koto 的意思是"*das Ereignis der lichtenden Botschaft der Anmut*"（GS, 142）①。这一翻译近乎不可译。但是，且让我们带着相应的保留而将其译为：为雅致的抵达而发生的澄明之发生事件（the eventuation of a clearing for the arrival of graciousness）。另一个成分 ba 这个词，意思是花瓣，花朵的花瓣。日本人建议海德格尔想象一下樱桃树的花朵或者李树的花朵。② 这样一来，Koto ba 这个道说出了我们称之为 language 的东西的日本经验的词语，可以被转译为：来自于 Koto 的花瓣———一种起澄明作用的开花，在这一开花过程中可人的、明亮的东西的雅致能够抵达（the blossoming of a clearing in which can arrive the graciousness of what is lovely and luminous）。

"那是一个令人惊奇的词语"（GS, 136），海德格尔大声叫道。这个词语之所以是令人惊奇的出于两个理由。首先一点，关系到这个词语在对话（*Gespräch*）中得到谈论这个事件本身的特征。它是那样一个事件，语言的道说力量作为超出单纯言谈的能力在这一事件之中公开地运作起来。这一超出过程在对话（*Gespräch*）中不仅仅通过沉思和犹疑的戏剧化时刻得到呈现，而且首先通过 Koto ba 这个词语说出之后所着手进行的翻译活动得到呈现。实际上，恰恰是通过翻译，在这个词语中得到道说的东西才得以显现，亦即，显现出这个词语如何道出了我们称之为语言（language）的东西。甚至对日本人来说——就其在海德格尔的文本中呈现出来的样子而言，语词的道说力量也似乎通过翻译

---

① 现有中译本翻译为："优美的澄明着的消息之居有事件。"见《在通向语言的途中》，孙周兴译，商务印书馆，2004 年，第 135 页。——译者注
② 可能需要指出的是在手冢的报告中，他将"ba"这个词的意义解释为树上的叶子，而不是花瓣或者花朵（Reinhard May, *Heidegger's Hidden Sources*, pp. 19, 60）。

而开始以更加确切的方式得到显现。

这个语词之所以能够被称为是令人惊奇的第二个原因在于，在这个语词的出现过程中，语言的道说力量被牵引着指向语言本身，指向语言之本质，而后者无非就是这一道说力量本身。在 Koto ba 这个词语中我们称之为语言（language）的东西开始道说自身——也就是说，*Sprache* 这个德语词在那样一种翻译的过程之中被翻译为 Koto ba，这种翻译不是单单用一个语词替换另一个，而是被聚集入语言的道说力量之中。

因此 Koto ba 这个词可以被称为是令人惊奇的（wondrous）。此处，在 *wundersam*（令人惊奇的）这个词语中同样存在着一个翻译，这一翻译对于西方人的耳朵而言尤其可得辨听。这个词道说出了在希腊语中被称为 θαυμαστόν（令人惊奇的）的东西。人们不得不想要知晓（wonder），是否在语言道说出自身的这一道说活动中，人们抵达了哲学的开端，甚至可能超出了——亦即先于——哲学。而根据海德格尔的说法，哲学已经走向了终结。

对于语言（language）的日本式道说 Koto ba，海德格尔添加了一个补充性说明。他评论说，自己本人对于继续使用 *Sprache* 一词开始变得迟疑，他相信他找到了一个更为合适的词语，亦即 *Sage*[①]，他解释说这个词的意思是在显现（*Zeigen*）意义上的道说。与指向言谈行为或者如舌头等言谈器官又或是声音的各种西方式指称相对，语言的揭示性（disclosiveness）在这种作为显示的语言之道说中成为第一位的。就像在 Koto ba 那里一样，这里也存在着一种特别的翻译的运作，亦即，将 *Sage* 翻译为 *Zeigen*。

在对话（*Gespräch*）结尾处，日本人说："对我来说似乎我们不

---

[①] 这个词在日常德语中意思为神话、传说，海德格尔则将其用以表示"道说"之义。——译者注

是在谈论语言,而是尝试在一段路程中走出几步,这段路程将自己交付给道说之本质。"(GS, 154)他想强调的重点是,他们已经放弃了以那样一种方式做有关语言的言谈,这种方式屈从于将语言转换为一个对象的危险。在谈论语言的过程中,他们令他们的言谈被聚集向语言的道说力量——其方式是,这种特别的道说力量开始得到道说。这种本真意义上的言谈——言谈通过被聚集向语言之本质而成为自己本身——在 Gespräch 中同时通过那得到道说的东西和实行的行为,同时在言辞和行为当中得到揭示。对于本真意义上的 Gespräch 而言,对于 Ge-spräch 而言,所需要的正是这样一种言谈。暂且换以另一种表达风格来说就是:海德格尔的对话不仅仅是与日本人的对话,也同时是与作为展开着它的道说力量的语言本身的对话。海德格尔的对话是一场与语言之本质的对话。

对于有关语言的本真意义上的谈话的一个名称是"*Besinnung auf die Sprache*"(对语言的沉思)——我们可以说:对语言的反思(reflection on language)。当日本人引入这一短语时,海德格尔扩展了这个说法,说他是在对"处于同存在之本质的关系中的语言"(GS, 121)进行反思。这一扩展将语言的谈论联系到存在论层面的谈论上,而后者事实上已然编织在 *Gespräch* 内部。实际上,这一对语言和存在的联系构成了 *Gespräch* 中的首要环节之一。

在存在论层面的谈论中,海德格尔首先区分了 *Sein* 一词的两种用法:它可以代表存在者之存在(Being of beings),亦即存在的形而上学含义,或者也可以代表本真意义上的存在,这种存在是存在之真理(the truth of Being),就像在澄明(*Lichtung*)一词中所道出的那样(GS, 104)。海德格尔称之为"形而上学之克服",并将其描绘为事关照亮形而上学之本质以便将其置入其界限之中的东西,准备下了从存在者之存在过渡到存在之真理的道路。实际上海德格尔宣称,从《存在与时间》开始他关注的就是将存在本身带向闪现。他进而持续刻画出存在本身的特点,刻画出本真意义上的存在,这种存在是作为现身在场者的现身在场(*Anwesen des Anwesenden*),因而是一种二重性(*Zwiefalt*),而这种二重性却也仍旧是一种一重性(*Einfalt*)。最终地并且至关重要地,他声称:"相应地,在人类本质与二重性的关系中起支配作用并且承载着这种关系的乃是语言。"(GS,116)换言之,正是语言维系着人类和存在本身的本质关系。正是在通向语言的道路之中——也就是从语言而来——人类被赋予了他们和存在的关系。

海德格尔和日本人的对话(*Gespräch*)并没有详细阐明语言维系人类和存在的关系的方式。然而,在 *Gespräch* 中如下问题出现之处,即,他们的思考是否凭借着 Koto ba 这个令人惊奇的词语已然抵达了源泉近处,海德格尔详细援引了他在 1950 年题为"语言"的演讲。这一演讲与和日本人的对话(*Gespräch*)一道出版于 1959 年的《在通向语言的途中》,尽管海德格尔表达出对出版这一演讲的犹豫之情。没有比这一援引更为切题的了,因为这篇文章和对话(*Gespräch*)一样,处于相同的参照系之中,它以典范的方式提出了语言和存在的关联的问题;也就是说,它涉及对这种关系的道说。

如果我们开始去阅读"语言"这一演讲——这里的假设是必要的,因为一个开始总是伴随着将眼下的谈话完全取而代之的危险,否则它甚至无法被冒险做出——我们将会受到开篇话语的冲击:"人说话(*Der Mensch spricht*)。"[①]尤其是当我们注意到讲座结

---

① Martin Heidegger, "Die Sprache", in: *Untermegs zur Sprache*, S.9. 后文引用此文本时缩写为 S。

尾，海德格尔是如何继续以重复这句话的方式说："人只有以应合着（*entsprechen*）语言的方式说话。语言说话（*Die Sprache spricht*）。"（S, 30）这一演讲运动在这两种说法之间,用语言之言说替换了人类言说,亦即将人类言说揭示为是维系于语言的道说力量的,是从语言而来的言说。这样一种运动,一种冒险尝试所要求的东西,与在和日本人的对话(*Gespräch*)中所指定的东西完全一致。用演讲中的话说就是："因此对语言的反思要求我们进入到语言的言说之中从而使得我们逗留在语言中,逗留在它的言说中,而不是我们的。"（S, 10）正是在这一进入的过程中,在进行这种替换的过程中,演讲开始传达出语言和存在的关系。

然而海德格尔问道：哪里可以找到语言的言说？它的道说力量是如何得到呈现的？他回答：语言的道说力量是在说出的东西中得到呈现的,而这种说出的东西不仅仅是作为言说的遗迹,而是言说在其中得到聚集和庇藏的东西。海德格尔提议去倾听某种以纯然的方式被说出来的东西,某种庇护着一种原初的或者本真意义上的言说的东西。他把以纯然的方式被说出来的东西确认为是诗歌。他因而诉诸特拉克尔的诗歌《一个冬夜》（*Ein Winterabend*）。

如果我们仔细追踪海德格尔对这首诗歌的阅读,我们可能将会重新进行那种倾听,在这种倾听中这些话语的吁求（appeal）将会被听到,人们将会无意中听到这些话语将事物召唤向前,呼唤事物更为切近地到来。让我们至少倾听一下首节：

德文：

*Wenn der Schnee ans Fenster fällt*,
*Lang die Abendglocke läutet*,
*Vielen ist der Tisch bereitet*

*Und das Haus ist wohlbestellt.*

**英译文:**
When the snow is falling by the window,
Long tolls the evening bell,
The table is for many laid
And the house is well provided.

**中译文:**
当雪落在窗户上,
晚钟悠扬响起,
餐桌已为众人备好
而房子也打点完备。

通过对这些属于冬夜(窗户、雪、钟、房子、餐桌)的熟悉之物加以命名,诗歌将它们召唤向前。在召唤它们的同时,诗歌也同时召唤着那些事物在其中与人类产生关联的场所。因此,海德格尔写道:"落雪将人类带到天空之下,天空正昏沉入夜。晚钟将作为有朽者的人类带到神性者面前。房子和餐桌将有朽者系缚向大地。得到命名因而得到召唤的事物,将天空和大地、有朽者和神性者聚集向它们自身。这四方各自面向其他三方而原初地结合在一起。事物令四方的四重性(the fourfold of the four)与它们一道逗留。"(S,19)海德格尔将这四方合称为"世界"(world)。诗歌召唤向前的东西,诗歌的道说力量所唤起的东西,乃是世界与物的二重性。庇护在诗歌中的语言之言说作用,庇藏在诗人言词中的语言的道说力量之展开,以维系它们与人类之关联的方式将世界与物的二重性召唤向前。海德格尔因此通过这种听觉向度上的反思,揭示了语言维系人类和这种二重性(这种二重性被具体地思考为存在本身的二重性)之间的关系的力量。

这种思考存在本身的方式引起了一系列绝大部分在演讲中(甚至包括在其他少数相似的文本中)未经言明的问题。在四重性的构成结构中,有一组鲜明的对子暗示着存在在四要素中的某种程度的非对称性。这组对子即大地与天空。如果它们在其与人类的关联中得到看待,同时又不带有比喻性的解说,那么它们必须被视为归属于元素性的自然(elemental nature);大地与天空是合围成自然之空间的元素,实际上所有关涉人类的事物都在这一自然之空间中发生。就存在通过这组对子得到思考而言,可以说存在以元素性的方式得到了思考。但是,还存在着另外一组对子——如果它确实构成一组对子的话——有朽者与神性者。它们是如何参与到自然之中(如果它们毕竟参与其中的话)并因而适应于一种同大地与天空的亲密性(intimacy)——或者镜子—游戏(mirror - play)——的关系的? 神性者是否能够以有别于神秘的方式(mythically)得到理解? 神秘之物(the mythical)如何关联于元素性的自然? 而有朽者,首先被思考为在-世界-之中-存在的人类,如今又如何被视为是属于世界的一个环节? 最后,也是从更为宽广的角度看,如此这般对世界与物的思考是否必须被理解为是对存在本身的一种具体的思考方式? 抑或,那是一种最终将所有有关存在的问题都抛诸身后的思考方式? ——这种思考方式能够放弃对存在的自始至终的关注而毫无影响?

海德格尔的演讲继续进行,他并没有谈及在特拉克尔的诗歌中还存在着更多值得倾听的东西。如果我们仔细追踪海德格尔对其余两节诗的阅读,我们可能会开始听到在命名世界与物的之间(das Zwischen)时所发出的共鸣,亦即命名为亲密性(Innigkeit)或者差异(der Unterschied)。如此一来我们也可能会听到这种召唤如何召唤一方——世界与物——进入到另一方之中从而逗留与静息。令某物逗留，令其进入到静息之中就是令寂静（*das Stillen*）。召唤世界与事物之双重寂静的这种召唤因此能够被称为鸣响（*das Läuten*）。于是最终，随着海德格尔声称"语言作为寂静之鸣响而说话"（Language speaks as the tolling of stillness）（S，27）①，整个演讲达到了它的顶峰——在如下意义上：海德格尔在演讲开头做出预期，在飞跃语言之深渊时"我们跌落向高处"（S，11）②。

通过深入到海德格尔对特拉克尔的阅读的那种致密之中，我们是否能够确保赢获衡量这样一种高处的尺度，甚至，我们是否能够产生出对这样一种跌落的方向感——这些问题必定保持为开放。无论如何，为了越过与日本人的对话（*Gespräch*）的界限而对事情（*Sache*）是如何被看待的这件事给出一些指示，我们漫游的脚步此间已经远远离开了这场对话（*Gespräch*）。现在让我们回到这场对话（*Gespräch*），为的是——如今却是从另外一种距离之外——引入最终的两个要点。

第一点涉及在对话问题上海德格尔与柏拉图所拉开的距离。这不仅仅体现在他坚持使用 *Gespräch* 一词，偏爱它甚于最普遍地用在柏拉图对话上的词，还体现在临近与日本人的对话（*Gespräch*）的结尾，他提出了这样的问题，亦即，柏拉图的对话（*Dialoge*）是否能够被视为本真意义上的 *Gespräch*。这一问题的语境是，海德格尔与日本人刚刚达成一致，一场对话（*Gespräch*）必须具有"来自语言的应合性道说"（*ein entprechendes Sagen von der Sprache*）的形式，亦即，一种应合着经由语言的道说力量而得到展开的东西的道说的道说。在这种达成一致的背景下，日本人

---

① 海德格尔的德文原文为 *Die Sprache spricht als das Geläut der Stille*。——译者注
② 海德格尔的德文原文为 *Wir fallen in die Höhe*。——译者注

接着说:"在这一意义上,那么,即使柏拉图的对话(*Dialoge*)也并非 *Gespräch*。"(GS,143)海德格尔的回答是谨慎的:"我会令这个问题保持开放。我只想指出,对话(*Gespräch*)的种类受到看起来似乎是唯一的说话者亦即人类所由之而来得到宣说的东西的规定。"(GS,143)

但是,与海德格尔所准备承认的程度相比,柏拉图对话是否与海德格尔的 *Gespräch* 具有更为紧密的亲缘关系?可以确定,如果柏拉图对话被理解为仅仅是发生在人类说话者之间的谈话,那么我们就可以确证一种彻底的区别。但情况绝非是只有人类说话者的道说进入到对话之中。实际上,有一种道说不是由人类做出的,而是由一位神即阿波罗做出的。是阿波罗首先驱使苏格拉底踏上他所成为的哲学家的道路。更为重要的是,当——在他生命中的最后一天对他的朋友们讲——苏格拉底再次讲述他是如何成为他之所是的哲学家的时候,他对他所谓的第二次启航进行了集中说明。这第二次启航恰恰就在于对 λόγος(语言,逻各斯)的求助。在苏格拉底的谈话中开始说话的东西,在那种谈话中开始产生回应的东西,用海德格尔的语汇来表达,苏格拉底由之而来得到宣说的东西,乃是 λόγος 自身,也就是希腊人用 λόγος 一词来命名的道说力量。人们可以指出柏拉图对话中另外一些显示出与海德格尔的 *Gespräch* 的亲缘性的特征:它们都展示了言辞和行为的耦合(a coherence of word and deed),以特定的方式通过行动来做出他们所说的东西;在所说和所做的东西之中,并通过所说和所做的东西,对话完成了一种超出直接言说的显示,令话语无法单独将其揭示而出的某种东西显现出来。

那么最后,想象力的情况呢?*Einbildungskraft*(想象力)这个词在与日本人的对话(*Gespräch*)中只出现过一次。这个段落临近结尾,在那里海德格尔重复了日本人说过的一段话:Koto ba 一词说的是"来自于 Koto 的花瓣"。海德格尔的话暗示着在这个词中所涌现的道说作用与想象力的运作之间的亲缘性:"当这个词开始产生其道说作用,想象力就会开始漫游,一直进入到尚未得到经验的领域。"日本人回应道:"只有当想象力被释放而入于纯粹表象(*Vorstellen*)之中时,它才可能漫游。但是在想象力作为思想之源泉(*als Quell des Denkens*)涌现之际,我觉得与其说在漫游,不如说是在聚集。康德对这回事情早有猜度了,正如您本人所表明的那样。"(GS,138)这里明显指涉海德格尔的《康德与形而上学问题》。康德的图形论(schematism)在其中被视为表明了想象力乃是直观与思维所源出的共同根源,直观与思维通过想象力被聚集入经验的可能性所必需的联结之中。

为了回应这一段落,特别是回应日本人所说的东西,我们可以再一次说,语言就如同想象力:就像想象力是赋予思想以其能力的源头,语言将它的道说作用展开在人类言说之中。

海德格尔并没有回应日本人有关想象力的说法。而如果我们现在要进行回应的话,这一回应将是一个在他所说的内容中已然得到暗示的问题。这个问题就是,将想象力的运作限制在聚集之中是否充分,是否某种类似漫游的东西,甚至一种漫无边际的漫游,根本上包含在它之中。在康德有关美学观念的谈论中,人们已经可以发现想象力的运动不仅仅是把美学表象聚集入一个概念之中,而且也将其拉远,同时超出语言和概念的范围。翻译的例子同样见证了想象力在两种语言中的漫游,或至少是盘旋(*Schweben*)——这一点在对话(*Gespräch*)中所发生的道说作用中已经明确得到了展示。甚至对世界与物的之间(the between of world and things)进行思考或者作诗也将会引起一种运作活动,想象力在这种运作活动中不仅会追踪到一种世界与物的聚集,而且也会通过对差异的漫游式追踪而赋予它们以其差异,这种漫游式追踪不仅令它们保持寂静不动而且也将它们释放入不和（discord）当中，就好像事物被暴露于元素，就好像处于风暴的怒号。在这种情况下，想象力所参与其中的就不仅仅是寂静之鸣响，而且也参与着暴风雨之咆哮。

# 论居住:有关人类生活、建筑物和空间的思考①

[德] 君特·菲加尔 著

石磊 译

## 一

人类总已经居住着了,这并非偶然。我们有充分的理由把居住理解为人类生活的本质要素。植物生长,然而它们并不居住;动物活着,但它们也不居住。居住也不是特殊的人类状态或活动。不如说,居住囊括了一切特殊的人类活动和状态。之所以如此,是因为居住本身既不是主动的也不是被动的;居住并非实践活动,而是某种逗留(stay)的方式。我们或许可以称之为住居(habitation),并将其标示为一切习惯的基础和潜在状态(the potential)②。

是海德格尔将居住引入哲学的。从某种角度看这是令人诧异的,因为对于人类而言,居住几乎是自然而然的事情。但传统的实践哲学尤其是亚里士多德传统的实践哲学过分地关注人的

---

① 为了保持术语一致,译者始终将"dwelling"译为"居住","habitation"译为"住居","live"译为"生活","stay"译为"逗留","space"译为"空间","room(s)"译为"房间"(极少数的几个地方亦译为"空间",这些地方都标注了原文),"wideness"译为"广袤",动词"build"译为"筑造",名词"building(s)"译为"建筑物"。杨光先生曾译出部分正文,译者亦多有参考,谨此致谢。——译者注

② 根据作者的说明,the potential(潜在状态、潜能)应当被理解为 possibility(可能性)。——译者注

行为，关注如何才能活得好，从而那些可以被称为人类生活的周遭之物的东西被置于边缘。个别的人及其政治生活仅仅被置于人的性情和活动之下来考量，而这些活动的位置（place）则未被考虑。按照黑格尔的描述，希腊艺术以雕塑为中心，因此也就是以单个的人物形象为中心，与之相仿，希腊哲学同样以单个的人为中心，尽管人从本质上被理解为是政治的人。

海德格尔的思想与之不同。人类此在从本质上被规定为"在世界中存在"（being in the world）①，这一规定指示出一种与之相应的、对人之存在的描述，这种描述包含着人与事物脉络（context of things）关联起来的方式。并且，这种关联不能仅仅被理解为意向性的[关联]。作为人而存在意味着被对我们有意义的事物所围绕；我们存在于有意义的事物中间，这种存在方式就可以被称为"住居"或"居住"。正如海德格尔指出的，在世存在就是居住，居住意味着：习惯这些事物，逗留于熟悉的事物，关照这些事物。

海德格尔将如此被说明的住居视为此在的一个基本规定。住居或居住并非偶然的或转瞬即逝的状态——说得好像此在可以从居住中抽身出来一样。对海德格尔来说，居住即存在。当海德格尔说"ich bin"（"我是""我存在"）的时候，这一表达与"bei"这个词语有密切的联系，后者意味着"靠近""依寓于"。于是，依海德格尔所言，"我存在"的意思就是"我居住""我依寓于熟悉的世界"②。

---

① 请注意，此处言及的"being in the world"中的"being"是与上文言及的"individual human beings"与"being political"里的"being"相比较而言的，所以才谈得上希腊人与海德格尔对同一种"(human) being"的不同理解。译文中无法将此关联再现出来。——译者注
② Martin Heidegger, *Sein und Zeit*, Tübingen: Max Niemeyer, 1967, S.55 (GA 2, 73).

然而在《存在与时间》中海德格尔还没有大谈上面这个规定。这或许是因为"依寓于世界"(bei der Welt)只被理解为此在非本真的存在方式,于是"在之中"(being-in)这一存在论状态就不能在存在论层次上成为对此在的一般规定。进一步说,居住在《存在与时间》中也是非本真的。与"依寓于世界"的非本真状态相反,此在本真的存在方式始终伴随着"惶然失所"(unheimlich)①的感觉。在世界中,本真的此在"不在家",并且,因为本真性优先于非本真性,海德格尔就能够说:"不在家必须在生存论上和存在论上被理解为更源始的现象。"②

但这并不是海德格尔关于居住的最终定论。作为对我们存在方式的一般刻画,居住对于海德格尔来说一定显得特别有道理,所以他宁愿修改"在世存在"这一概念,而不再坚持说惶然失所是一种本真的而且更源始的现象。然而,在这样做的时候,海德格尔也并没有认可"依寓于世界"这一日常的存在方式。本真的此在仍然被理解为一种例外的、超出常规的自身确证的东西(self-assuredness)。③ 但从20世纪30年代中期开始,居住不再被海德格尔等同于非本真状态。相反,它被理解为一种例外的、"本真的"冒险(venture),理解为此在探入一个全新而且本真的世界的冒险。现在,居住被以荷尔德林的方式理解为诗意的居住(poetical dwelling),这意味着:居住被理解为作为语言之冒险的存在之冒险。从本真的诗歌中生发出一个全新的世界,只要语言的

---

① 这个词按字面义即"不在家的""没有家的",它的常用意义是"阴森可怖的";海德格尔同时取这两个意思。"惶然失所"这一译法见于欧东明译《时间概念史导论》,这个译法的好处是可以同时保留两个意思,惶然失所即不在家,不在家自然无处可居住,于是本真的惶然失所和非本真的居住就绝缘了。——译者注
② Martin Heidegger, *Sein und Zeit*, S. 189 (GA 2, 252).
③ 即此在立足于自身,不以世界中的他人与他物来评判自己。——译者注

诗意冒险被保存下来,并提供出理解世界的潜在可能(potential),那么,这个全新的世界就始终处于日常之物之外。

经过这番描述,我们或许已经能够理解居住这一概念所包含的问题。这个概念预设了一种独特的诗歌理解,任何诗人都不能轻易地满足这种理解,即便是海德格尔心目中唯一的那位诗人——荷尔德林——也一样。诗人们真的在拿我们对世界——请注意,不仅是特殊地就某个角度而言,而且是就作为整体的世界而言——的理解冒险吗?我们按照一种特殊的诗意筹划的精神居住吗?我们能够这样居住吗?而且,一般而言,我们以这样一种方式——把居住本身理解为"在"语言"中"存在——居住在语言中吗?

在海德格尔的晚期作品中,他也会认可这一点。① 在一篇写于50年代早期的题为《人诗意地居住》的文章中,他强调说,唯有诗歌能够是本源的筑造,在此意义上,诗歌就是居住的本源。诗歌,"作为对居住之维度的本真测定",也就是"筑造的源始形式"。而且,海德格尔还进一步解释说:"人居住并不是由于,人作为筑造者仅仅通过培育生长物、同时建立建筑物而确立了他在大地上天空下的逗留。只有当人已然在作诗的'采取尺度'意义上进行筑造,人才能够从事上面这种筑造。"②

真的是这样吗?耕种依赖于诗歌吗?一切建筑物都是按照诗歌精神筑造的吗?这种断言始终是成问题的,就算我们考虑到海德格尔在前面引述的句子中修改过的说法,它也还是成问题的,依据这个修改过的说法,"唯有诗人存在","本真的筑造"才

---

① 指在前一段中说的,诗意的居住(作为一种本真的冒险)敞开了一个本真的世界。——译者注
② Matin Heidegger, "Poetically Man Dwell", in: *Poetry, Language, Thought*, pp. 213 - 229, 227. (中译文引自海德格尔:《演讲与论文集》,孙周兴译,生活·读书·新知三联书店,2005年,第212—213页。——译者注)

得以可能。本真的建筑必须奠基于诗歌之中而不能成为一门自足的艺术吗？要承认这一点，我们通常都会感到犹豫，因为每一种没有奠基于诗歌之中的筑造最后都会是非本真的，这对一切关于建筑艺术的思考来说都是难以处理的结论。

我们总结一下，不仅海德格尔在《存在与时间》中发展出来的居住概念是成问题的，而且他晚期作品中的相关思考也是成问题的。这就是说，不能按照海德格尔的方式来理解居住。但海德格尔晚期的思考毕竟显示了一条出路、一个方向，让我们得以更恰当地思考居住，这也是在以一种较为平实的方式更多地朝向日常的居住经验。在晚期作品中，海德格尔在与筑造以及与建筑物的本质关系中来讨论居住，这似乎并非偶然。居住，这种无所不包而又毫不显眼的人类状态似乎在建筑物中达乎显现。看起来，居住需要建筑物，因此也需要由建筑学落实的筑造，建筑学即所谓的筑造艺术(the art of building)①。另一方面，建筑物被理解为居住的显现(manifestations of dwelling)，并且作为居住的显现而出现，作为居住的外壳而出现，甚至当建筑物无人居住的时候尤其是这样。居住者留下的公寓和房屋都在言说着居住者的故事，这些故事比那些居住者的自述更加意味深长。大体上我们可以将建筑物理解为居住的客观显现。为了理解建筑物与筑造，需要先理解居住。

这确是一条可行的道路，因为它把我们带到这一事实上，即居住超越于一切特殊的人类行为。关于人类的描述无法把握居住；居住所囊括的范围太广而它本身又太不显眼了，它根本不像行动或遭遇(action or affect)那样出众显眼。为了试着以哲学的方式描述居住，我们必须注意不显眼的东西。但这看起来是一个矛盾的要求。如何去注意某种东西，它甚至可能都不是"某种东

---

① 此处也可译为"建筑艺术"。——译者注

西",至少不是某种显眼的、从注意力中隐没的东西?另一方面,不显眼的东西并不是隐藏的东西;它就在那儿,所以我们要试着尽量去关注它的特殊的在场。

建筑物就是在此起作用的。那种无所不包而又毫不显眼的人类状态可以随着建筑物一道显现,而建筑物尽管被看作是巨大的东西,倘若我们逗留于建筑物内部的话,它们也会变得毫不显眼。当我们逗留于一座建筑物之内部,或者具体来说,当我们逗留于建筑物中的一个房间里时,我们并不能以和事物打交道的方式来对待这座建筑物或者这个房间。房间包围着(surround)我们,所以房间与任何种类的对象都有本质区别。居住——作为在事物之间存在——看起来可以在对建筑物的描述过程中被描述出来,建筑物是建筑学的落实,这种建筑学又是所谓的筑造艺术,因此也是住居或居住的基本条件。

然而,建筑物如其所是地显现,显现为居住的外壳,甚至当建筑物无人居住的时候尤其是这样,居住者留下的公寓和房屋都在言说着居住者的故事,这些故事比那些居住者的自述更加意味深长。居住似乎因为建筑物而成为客观的;建筑物似乎是居住的客观显现。要理解建筑物和筑造,需要先理解居住。

可能会有人质疑说,这种方法是一个循环。如果没有先理解什么是居住,如何去理解为了居住而被筑造的建筑物?诚然,建筑物为了所谓居住的目的而被筑造。但建筑物本身并没有完全被这个目的所消融。它们就在那儿,由石头、混凝土、钢筋、木头和茅草筑造。理解了建筑物之为建筑物,我们也就知道能够进入它,往里面走,发现大大小小的房间。房间可能是为了居住的目的而被设计和建成的,但它们的空间特性不能被还原到居住上。毋宁说,居住倒似乎需要房间提供出来的空间。这样一来,房间就并不是为了居住的目的而提供出空间,而是相反,只有就空间和房间来看,居住才是其所是。凭借建筑物的空间特性,我们或许才能理解居住本质上是什么。

## 二

说建筑学——作为筑造艺术——要涉及空间和房间,这似乎是废话。如何以别样的方式来构想建筑学呢?但,建筑学也并不总是按这种方式被理解的,至少不是明显地如此被理解的。传统建筑学对空间的处理,当然,还有对房间的处理,主要是在这些方面被了解的:处境、比例、装饰。对空间的发现作为建筑学的主要挑战和任务——虽说不上是唯一的挑战和任务——直到现代才完成,确切说是由现代建筑学之父弗兰克·劳埃德·赖特(Frank Lloyd Wright)完成的。赖特的方案不再是筑造他称为"盒子"的建筑物,这种建筑物被分割为一个个单元,并且只在需要入口的地方才打开,这种入口分别是居民的进出口或者是洞口,后者大多是矩形的,偶尔也会是圆的或椭圆的,以便让空气和光线进入房间。赖特所说的盒子被其封闭性所规定,或者按建筑学的说法,被其墙壁所规定。

为了终结这种盒子式的建筑,赖特不得不重新规定墙壁的地位。他写道,他所说的"墙壁的意义""不再意味着盒子的边界"。毋宁说,墙壁是"对空间的包围,以便只在必要时抵御风暴和炎热"。而且赖特还写道:"墙壁也要将外部世界带进屋子内,让屋子的内部通达屋子的外部。"赖特的建筑方案始终"致力于让墙壁具有屏风的功能,成为一种打开空间的方式"[①]。以这种方式

---

[①] Frank Lloyd Wright, "The Natural House", in: *The Essential Frank Lloyd Wright. Critical Writings on Architecture*, Bruce Brooks Pfeifer ed., Princeton: Princeton University Press, 1954, pp. 319–364, 328.

保持开放的、被分隔开的房间让房间的内部与外部活生生地交互运作。或者,如赖特所言,"现在再也没有作为外部的外部了"①,再也没有和内部分离开的外部,与此同时,内部也是室内(interior)②,它构造出自己的周遭。依照赖特意义上的建筑学,"我们再也没有作为两个分离之物的内部和外部"。而是相反,"外部能够进入内部,内部能够而且确实通达到了外部。外部是内部的,内部是外部的③"。

我们可以通过参观赖特设计的房子来了解他这里说的是什么意思,例如参观草原住宅(Prairie Houses),或者参观美国风住宅(Usonian Houses),又或者参观他的杰作(这是最有说服力的证据)——位于宾夕法尼亚西部的流水别墅(Fallingwater)。为了了解他的意思,我们同样也可以参观那些受赖特影响的建筑师——赖特给他们以最初的冲击和动力——所建造的房屋,这些建筑师有路德维希·密斯·凡德罗(Ludwig Mies Van der Rohe)、瓦尔特·格罗皮乌斯(Walter Gropius)、理查德·诺依特拉(Richard Neutra)、鲁道夫·辛德勒(Rudolph Schindler)或者勒·柯布西耶(Le Corbusier)④。当代的建筑师有安藤忠雄(Tadao Ando)、彼得·卒姆托(Peter Zumthor)或者约翰·帕森(John Pawson)。除却这些建筑师的艺术之间的差异,他们的方案一直是一致的而且是清晰可见的。有待于经验的是敞开之连续性(continuity),是内

---

① 也可以译为"再也没有外部本身了"或"再也没有单纯的外部了"。——译者注
② 根据作者的说明,此处"interior"的意义是"与外部连通的内部",与"单纯的内部"(the inside)相区分。这个词作者只使用了这一次,我们译为"室内"。——译者注
③ 此句原文为:"They are of each other." 为了突出 of 的属格作用才选择按字面翻译,这句话也可以译为"内部与外部相互依存"。——译者注
④ Paul Venable Turner, "Frank Lloyd Wright and the Young Le Corbusier", in: *Journal of the Society of Architectoral Historians*, Oakland: University of California Press, 1983.

部与外部的交互运作,内与外共属一体就仿佛硬币的两面。在这类建筑物中,房间——如果诸房间竟可以被划分为分离的房间的话——不仅是空间性的(spacious),房间就是空间(space)。房间是作为空间的房间,相应地,空间是作为房间的空间。让我们再一次引述赖特的话,在这类建筑物里,"房间-空间本身"显现出来。①

尽管我们可以经验到赖特所说的"房间-空间",尽管在这种经验中我们能够强烈地直觉到它,但我们仍很难说出这种脉络中的空间是如何被构想的。从而空间就会显明为一个奥古斯丁意义上的真正的哲学现象:我们知道某个东西是什么,但我们无法描述它,更无法规定它②。不过也没必要把事情搞复杂。如果赖特及其追随者了解他们所追求的东西,那么他们所造的建筑物本身必定显示了什么是"房间-空间"以及什么是房间中的空间。因此,只还需要对之稍稍留意,辅以一些反思,应该就能对成问题的现象做出稳靠的描述。

我们应该从比较而言更为我们熟悉的东西——房间而非空间——开始。人人都知道房间,尤其是因为房间是位置(place)③——工作的位置、休息的位置、开会的位置等等。一座建筑物或多或少都被明确地划分为房间,建筑物不仅提供房间(rooms),而且提供出空间(room),建筑物自身作为空间就是一个位置:可以住居的位置。但建筑物还不只是一个位置;就它也

---

① Frank Lloyd Wright, "The Natural House", in: *The Essential Frank Lloyd Wright. Critical Writings on Architecture*, p.332.
② Augustin, *Confessions XI*, 14, 17.
③ "place"也可以较为日常地译为"地方",房间是地方,工作的地方、休息的地方、开会的地方、居住的地方。仅仅是为了保持术语一致我们才在此选择较为别扭的"位置"译法。——译者注

占据位置而言,它还是一个特殊的位置。建筑物的位置必须和[作为位置的]建筑物本身区分开。建筑物树立于其上的那个位置之前就在那里了,建筑物被拆毁后这个位置还是在那里。但是,建筑物就其本身而言也是一个位置;例如,熊溪(Bear Run)所在的溪谷是流水别墅所在的位置,它本身不是建筑物这样的位置。但这两种位置互相依存。建筑物被设计和建造为——按照勒·柯布西耶的说法——"*réponse au site*"(对场所的应答)。建筑物要是建在别处,它就不再是同一个建筑物。而另一方面,场所也是对建筑物的应答。它让建筑物作为在那里的存在而在那里。因此,对于流水别墅或者勒·柯布西耶设计的朗香的圣母院教堂(Chapel Notre-Dame-du-Haut in Ronchamp)来说,位置是双重的。这两种位置互相强化交合并因此作为别具一格的位置而共属一体。通过立于场所之上的建筑物,位置本身可以被经验到。

作为房间(room)的建筑物或多或少被严格地划分为诸房间(rooms),这建筑物不仅是一个位置,也不仅提供出一个位置,而且这个位置还是自由空间(free space),或者我们可以说:空间中的自由。有一块自由空间,是可供移动的空间性的自由(spatial freedom to move),它也可以用来放置或储存物品。建筑物里的房间也是为了多种多样的活动或遭遇,同样也是为了事物的显现,从而是敞开的或自由的;例如,画作需要自由空间来在场,家具也需要自由空间来在场,人们需要自由空间来相遇并为了彼此而在场。但建筑物并非只是自由空间;它们也需要自由空间来显现并作为可通达之物被经验到。就建筑物而言,不仅位置是双重的,而且自由空间也是双重的,两种自由空间同样也互相强化交合;空间在其自由中在此,并且能够以一种别具一格的方式被经验。

房间不只是位置和自由空间;房间同样也按比例延伸,就此而言房间是广袤(wideness)的受到限制的显现。但广袤本身是不受限制的。原则上我们总是可以沿着任何一个方向不断地走下去,因此限制只能切入(interrupt)不受限制的广袤。限制留下标记,有时标记出内部和外部。按赖特的话说,如果内部可以通达外部、外部能够进入内部的话,那么建筑物的广袤就特别清晰了;这样一来,建筑物的受到限制的广袤就能够被经验到。接着,同样自明的是,建筑物的受到限制的广袤融入到不受限制的广袤本身。建筑物是广袤之中的广袤。从内部与外部的交互运作中可以直接地看出这一点。

建筑物,尤其是称得上艺术品的建筑物特别地提供出一种有关位置、自由空间和广袤的强烈经验,或者我们也可以简单说:一种特别的对空间的经验。空间本身并非别样于位置、自由空间和广袤的东西。对所谓的空间的经验总是显现为一种对位置、对自由空间和对广袤的经验,但并不一定是在同样程度上经验这三者;位置可能居于主导地位,但自由空间和广袤也可能居于主导地位,或者所有这三者可能在几乎同样的程度上被经验。无论如何,空间在本质上在这三个面向中被经验。

但这肯定不是说,有关这三个面向的思考会穷尽对空间的描述。对空间的经验还要更加复杂;例如,对空间的经验还包含了方位(orientations),就此而言,这种经验通常只能被表示地点的短语——如"这儿""那儿""在……旁边""紧挨着""远离……""低于……""在……下面""超出……"和"在……上面"——表达出来。

就经验建筑物而言,空间的另一个面向甚至比上面提到过的定位可能性更加本质,这另一个更加本质性的面向是空(emptiness)。但空只有先附加上与实(fullness)的对比才成为空间的一个本质性的面向。空间不一定是空的。诚然,只有空间是空的,它才能被充实。但充实过的空间仍是空间,所以空间本身不能被等同于空。只不过空间在空的时候能更加强烈地被经验到。一个空的房间就是一个房间，它本来就不是为了［容纳］某种东西。这就澄清了，空必定不能与纯粹的虚空（vacuum）混淆起来。空的房间中仍然有着某些东西，也就是那些组建着这个房间的东西，例如墙壁、窗户、门、天花板和地板，里面甚至可能还有桌子、凳子和椅子。尽管如此，如果所有这些东西是属于房间的而不是在房间中的话，我们仍会对空有这样的印象。接下来，房间将强烈地显现为空间性的；的确会有赖特所说的房间-空间，相应地，空房间将会提供出最强烈的对空间的经验。这种经验会显明逗留于房间和建筑物中伴随着一种别具一格的对空间的经验，以及显明这种伴随是如何发生的。

## 三

这就又回到了居住这一主题上。如果居住可以被理解为住居在任何一种建筑物中的话，那么居住就因此依赖于建筑物，这样一来，居住就别具一格地是空间性的。但居住并非仅仅发生"在"空间"中"；它并不等同于一种"对"空间的经验。居住和空间如此亲密地共属一体，我们甚至可以把居住定义为去生活空间（living space）。居住就是去生活空间（to live space）[1]；居住是作为生活的空间的一种别具一格的显现。

经过之前有关建筑学的思考，我们似乎不难说明，如何才能

---

[1] 此处将"to live space"译为"去生活空间"。加一个"去"字以表明这里的"生活"是动词，后文仿此。动词"to live"在英文中一般没有及物的用法。作者以"to live space"这一短语要表达的意思是，类似于"说话"、"玩游戏"并非"对"话的说、"对"游戏的玩，居住、生活与空间的关系亦并非"对"空间的居住、"对"空间的生活，而是以一种自然的、非对象的方式居住（动词！）空间、生活（动词！）空间。——译者注

更详尽地了解上面说的这些话。依据之前的思考,居住只能被描述为生活位置、自由空间和广袤。空间的这些面向在居住中表现出来,它们本身与生活一起被经验到——就像语言本身在说话中被经验到、游戏在玩耍中被经验到一样。然而,这种经验(指居住——译者注)绝不能被还原为空间的诸种特殊面向;空间(空间本身)必定就在这种经验之中。唯有如此,位置、自由空间和广袤才称得上是空间的诸面向。居住——作为去生活空间——必定有双重含义;居住必定是去生活空间的特殊面向,以及在这些面向中去生活空间[本身][①]。

为了彰明这一点,我们可以再一次考察对房间中的空间的住居。对我来说,如果一个房间是一种在此(being here)的可能性,那它就是一个居住的位置。然而,作为"在此",这种居住有一种独特的性质。总是已经有事物无处不在地围绕着我。但是,在一个住居的房间中,这些事物并不仅仅在那里(there),在我之外的其他位置上。毋宁说,它们也在此(here),在这房间或者建筑物里。这些事物在我的周遭中在此,它们也在这建筑物的延展开来的此之中在此。它们属于建筑物所是的这种周遭,因此也属于在这房间、在这建筑物里的我的在此。这并不是说这些东西是我的。它们可能是别人的,但在这房间和建筑物中,我尤其地与它们相关联。在此关联中它们属于我,我以一种别具一格的方式处于它们之间。将它们与我联系起来、将我与它们联系起来的东西,就是这个房间或者这座建筑物本身。作为位置的房间就是这种关联(correlation)。房间就是事物与我之间的关联;它是关联活动(correlating)。

---

[①] 也可以译为"居住必定是对空间的特殊面向的经历,以及在这些面向中对空间的经历"。——译者注

房间的延展开来的此并不排除事物也可能在那里。事物甚至能以多种不同的方式在那里。在那里的事物是我可以通达的；我可以指向它们，与它们打交道，在它们那一方面，它们会在那里（there）、在对面（over there）显现自身（show themselves）。一个房间并非只是一个延展开来的此，而且还是让事物显现的自由空间。在房间的这一特殊而且出众的性质中（指房间的"此"——译者注），我与事物的交道以及事物的显现变得尤为清晰。在一个特殊的房间中，事物可以就在那里[存在]，就像[我们所在的]这个房间让事物就在那里[存在]，作为在对面的对象而站立（standing as objects over there）①；它们是可通达的，就像这个房间提供出它们的可通达性一样。这种可以被通达，以及相反地可以让事物就在那里[存在]，就是联系和关联。但这必须和位置的关联区分开。后者并不让事物在周遭环绕着我，也并不让我处身于诸事物之间；位置的关联让显现（appearance）得以可能，因为位置是由通达与对象性的关联（connection of access and objectivity）组建而成的，也即以一种别具一格的方式组建而成的。

事物就在那里（there）、在对面（over there），它们并不仅仅作为显现被经验到，甚至也不仅仅在显现中被经验到。事物也与我产生距离（distanced from me），它们也互相间产生距离。② 它们或多或少是切近的，或多或少又是遥远的。在房间中或建筑物中，我与事物的距离以及事物之间相互的距离是依据于对房间或建筑物的限制活动而被测量的。在房间或建筑物的受限制的距离中，事物能够以别具一格的方式有距离。房间或建筑物让诸事物

---

① 英语"object"是对德语"Gegenstand"的翻译，"Gegen-stand"从字面上看就是"在对面-站着"。文章中的"over there"即是对"gegen-"这一前缀的翻译。——译者注
② 此处也可直译为"事物远离我，它们之间也互相远离"。——译者注

各自的距离得以可能。

唯有在广袤中,距离才是可能的;距离是受到限制的广袤,就此而言,距离能够被经验为切近(nearness)和遥远(remoteness)。又因为广袤本身是不受限制的,所以它可以让距离改变。在这种距离的改变中,事物接近或者远离。但在每一种距离的改变中都有一种关联;唯有对有距离的东西,才能与之产生关联。没有距离,就没有关联,因此,关联是从广袤产生的。广袤本身并非关联,而且正如前面已经说过的,关联也不仅仅是广袤,它还是位置和自由空间。只不过在房间或建筑物的受到限制的广袤中,我们能以别具一格的方式经验到关联。这是在距离中的关联。由于广袤不受限制的性质,它也是一种与超出特殊的房间限制之外的事物的可能关联。

空间,是事物与我们之间的关联活动与联系活动。但空间并不仅仅特殊地联系着和关联着;它是所有特殊关联或联系的潜在状态,这些关联本身是空间性的。作为这种潜在状态,空间并不按照经验周围之物的方式被经验到,即作为对象性地显现出来的事物或者作为在距离中的事物被经验到。我们不能和空间打交道;它从每种意向性态度(intentional attitude)面前隐没。尽管如此,空间——作为关联性的潜在状态——还是在每一种意向性态度中被经验到,通常是默默地(tacitly)被经验到,因为我们在意向(intention)中关注或者瞄向的是我们与之打交道的事物。在意向性态度中,空间就与这种意向一道被经验。意向把距离连接起来,而意向又只有在距离中才得以可能;关注某种显现之物时,我们穿过了显现之自由空间,并与我们身处其中、在那里环绕着我们的周遭事物打交道。

但尽管我们不能与空间打交道,我们却能留意空间。住居或有待于住居的房间不仅仅是空间这种关联性的潜在状态的实例,而且它们还是为了提供出位置、自由空间和广袤,从而把我们和我们打交道之何所交关联起来而被筑造和安置的东西。因此,房间使空间的关联性质得以被规划、设计和实现,空间的关联性质能在其建筑学的实现中(即建筑物中)被经验到。

　　这种经验并非种种经验中的一种。在一座作为真正的建筑艺术品的建筑物中,建筑物总是对我们在场。通常,如果建筑物并不是真正的艺术品的话,这种在场就会显得勉强和卑微。如果我们在一座建筑物里住上或长或短的一段时间,它就不再会吸引我们的注意力,这和参观游览的情形不同。它不会把我们从我们的活动中抽离出来。相反,它将会不显眼地聚集(gather)起我们可能会与之打交道的事物,并以此唤起我们对一个整体(whole)或强或弱的印象。并非一切事物都适合这个整体,某个东西应该或不应该留在房间里,这是由我们来决定的。这就表明,建筑物的整体并不是封闭的,而是向添置和改变开放的,是我们来决定是否要添置某物或改变某物。而且,如果我们让一切都按照它们已经是的这样继续存在,房屋整体或建筑物整体就可以被经验到。这个整体——作为关联活动和联系活动——为我们的行动或遭遇奠定基础并囊括了一切行动或遭遇。因此,这种整体不怎么在特殊的经验中对我们在场——因为特殊的经验是对特殊的东西的经验——而是在经验活动本身(experiencing as such)之中在场。经验活动在这个语境中不应当被理解为经验的实行;毋宁说,经验活动是经验中的意向活动(intending),是后者的延展和延伸,因此是其空间性。经验活动在一种先然的、无须工具的测量活动中测量房间。与特殊的经验不同,经验活动不仅测量出从此处到意向对象那里的距离,它还测量整个房间,包括其他打交道的可能性,一般而言,它测量出我们与之交道之物的脉络(context)。这通常是一种默默的而非明确的测量。它会被熟悉、融入习惯而被适应。它还会融入在此的、去中心化的(decentered)许多其他人中间,与我共享一个房间,这个房间也是一切东西的共同的房间。

如此被理解的经验活动即是居住,更确切地说,是日常生活的居住。正如刚才指出的,如果与他人以及与事物的联系的潜在状态在日常居住中在场,日常生活本身就不能是非本真的。不需要一种特别的事件把生活带入本真状态。然而,在对房间的经验中在场的空间能够或多或少地在场;就其在场而言,它的在场有强弱程度之分。在房间中对空间的经验能够在沉思(contemplation)中——确切地说不是聚焦于特殊事物上的沉思,而是去中心化的、非意向的沉思——达到一种特殊的清晰性,这种沉思的非意向的态度使得房间的整体性本身出现——材料的交互运作、敞开和封闭、让光线进入[房间]的方式、声音和寂静,一言以蔽之:房间的氛围(atmosphere)以及(基于空之上的)房间-空间,房间中的空间。这样一来,居住仿佛就不只是我们的行动和遭遇的根据。毋宁说,居住就是居住——它发现了我们的空间性,让我们得以去经验空间,后者复又让我们如空间为我们存在的那样存在。居住,如果不被抽离出来,那它就是去生活空间。

# "家"的歧异①

## ——海德格尔"家"哲理的阐发和评析

### 张祥龙

### (山东大学 哲学与社会发展学院)

## 一 西方世界和海德格尔思想中的"家"

西方人一直以矛盾的心理看待"家"(Heim, Heimat, Herd, Haus; home, house)。一方面,西方文化从古希腊、基督教那里接受了要超越家庭甚至破除家庭以进入普遍、永恒和神圣境界的冲动,如基督所说:"我来是叫'人与父亲生疏,女儿与母亲生疏,媳妇与婆婆生疏。人的仇敌就是自己家里的人'。爱父母过于爱我的,不配作我的门徒;爱儿女过于爱我的,不配作我的门徒;不背着他的十字架跟从我的,也不配作我的门徒"(《新约·马太福音》,10:35 – 38);另一方面,作为我们这种人类——现代智人——的成员,西方人又无法真正从家和家人关系之外找到领会生命终极意义的线索,于是古希腊人心中的世界和人生,就要由众神的家庭即亲子、兄妹关系而创造和维持,而《旧约》中全知的耶和华神还是要通过亲子关系才能测试出亚伯拉罕的信仰,《新约》的耶稣基督则一定要作为神的儿子来道成肉身。

这是一种根本性的纠结。因此,耶和华一方面无法不用亲子

---

① 此讲稿脱胎于敝文《海德格尔与儒家视野中的"家"》。

关系来测试他选择的亚伯拉罕,另一方面则要将这测试做成对亲子关系的消灭,也就是命亚伯拉罕杀掉他的独子以撒来献祭,以证明他是信神的;而作为圣父之独子的耶稣则要将人间的亲子和家庭关系变为某种意义上的"仇敌"关系。从古希腊起头的西方哲学想摆脱古希腊神话中混乱的或乱伦的家庭关系乃至它们在人间的悲剧体现,力求通过"本原""存在""理式""实体"的超越性滤掉那些性别特征和家庭繁衍的不确定,以思想上无性繁殖的方式来达到永恒。于是,西方哲学在 2000 多年中似乎摆脱了家的纠缠,希望在存在论、认识论和价值哲学中找到不生不灭的东西,但也只是造就出了一个让笛卡儿、康德等人慨叹的观念间的战场,众说纷纭而莫衷一是。到了 20 世纪,在现象学要"朝向事情本身""进入生活本身"的思想冲动中,在海德格尔和列维纳斯这里,出现了或再现了"家"。海德格尔已经意识到:家的思想地位并不比存在本身低。

人们观察到,海德格尔的个人性格和他的哲学中有一种"系家性"(Heimatverbundenheit)[①]或"念家性"(Heimverlangen)(GA 16,10)[②],并持续终生。从他晚年写的《田野路》《钟楼的秘密》和 20 世纪 30 年代写的《我为什么要留在这里?》等小文章中可以看出,他是一个极其挚爱家园——故乡、家乡山野、乡人——的人,将自己的思想工作看作与耕田、牧羊、修房的农人工作是一类的,而完全不同于城里人和媒体把事情搅乱和弄肤浅的做法。更重要的是,这种系家性直达他思想的核心,不深入了解它,我们对海德格尔哲学的理解就缺少了一个重要维度,但迄今为止,这方

---

[①] *Heidegger-Handbuch: Leben – Werk – Wirkung*, Dieter Thomä, Katrin. Meyer, and Hans Bernhard Schmid eds., Stuttgart · Weimar: Metzler, 2003, S. 3.

[②] "GA" 是海德格尔《全集》(*Gesamtausgabe*, Frankfurt am Main: Vittorio Klostermann Verlag, 1975 年起)的简称。

面的阐发和评论还很少很弱。希望此文有助于改变此局面。

## 二 海德格尔对"家"的负面看法

由于海德格尔也是西方人,而且首先是一名在天主教家庭和社团氛围中成长起来的思想者,他在其思想"转向"(20世纪20年代末30年代初)之前,对"家"的看法基本上是负面的,起码从表面上看是如此。

在《存在与时间》中,海德格尔通过分析"恐惧"(Angst)而触到"家"问题。恐惧是人类缘在(Dasein)具有的一种原发的处身情境(Befindlichkeit),我们在其中感到"无家"或"阴森怪异"(unheimlich 或 uncanny)。海德格尔就将其延伸为"不在家的存在状态"(das Nicht-zuhause-sein)(SZ, 188 – 189)①。这种阴森怪异感提示人,他在日常公众的"大家伙儿"(das Man)那里得到的"在家"或"在家中存在"(Zuhause-sein)的感觉,实际上是幻觉或一种丧失真态自身的症状。揭除在家存在的遮蔽,摆脱大家伙儿的平均化裹挟,个体化的缘在才可能进入朝向自身死亡、倾听良知呼唤和做出先行决断的真态生存,也就是进入存在与时间的真理光明之中。因此,在此书中,与他人"共存在"(Mitsein)的"家"或"在家"是一个否定性的词。尽管不真态(uneigentlich)的生存与真态的生存之间有存在论的关联,不等于分析哲学中的假与真的真值关系,尽管海德格尔也极简略地说到真态的团体生存形态或共存在形态,但说到底,只有通过不在家的存在状态或这种状态参与造就的被个体化的缘在存在(SZ, 265 – 266),理解人类本性和存在真意的视野才会被打开。

---

① Martin Heidegger, *Sein und Zeit*(简称"SZ"), Achtzehnte Auflage, Tübingen: Max Niemeyer Verlag, 2001; GA 2.

20世纪20年代末开始,这种情况有了改变,但《存在与时间》中的这种看法仍然存在于他的后期作品中,从未被放弃,只是不再是唯一的或主导的了。

《形而上学导论》和《荷尔德林的赞歌〈伊斯特尔〉》通过审视古希腊最伟大的悲剧作家索福克里斯的剧作《安提格涅》的第一首合唱歌词,提出了人类"无家状态"的问题。海德格尔将此歌曲的开头翻译为:

Vielfältig das Unheimliche, nichts doch
über den Menschen hinaus Unheimlicheres
ragend sich regt. (EM, 112; GA 53, 71)①

试译为:

世上有许多种阴森怪异者,但还没有哪种能在耸立的阴森怪异方面超出人类。

在海德格尔的翻译中,关键词"Unheimliche"(阴森怪异者)对应于希腊词"τὰ δεινά"或"τό δεινόν"。这希腊词的意思是"可怕者""有巨力者"或"压倒者"。而德文词"Unheimliche"意味着"阴森怪异者""巨大者""非常者",基本上可以对应之。但是海德格尔用这个词时,也要或者说是特别要强调它字面的意思,也就是像他在《存在与时间》中做的那样(SZ, 188 - 189),将它当作"Un-heim-lich-e"或"无-家-的-状态"或"无家状态"。这个"无家状态"的意思却似乎不在希腊词"δεινόν"里边。然而,海德格尔

---

① Martin Heidegger, *Einführung in die Metaphysik*(简称为"EM"), Tübingen: Max Niemeyer Verlag, 1987; Martin Heidegger, *Hölderlin's Hymne "Der Ister"*, *Gesamtausgabe*, Band 53(简称为"GA 53"), Frankfurt am Main: Vittorio Klostermann, 1984 (1942).

坚持认为:"将'δεινόν'首先译作'无家的'(unheimlich),按后边解释给出的理由看来,是有道理、能成立的,甚至是必要的",同时也承认"这样的翻译乍一看是陌生的、强暴的,或从'语文学的'角度来讲,是'错误的'"(GA 53,74)。由此可以知道,他是多么急迫地需要"Unheimliche"这个词中隐含的双关,也就是在"阴森怪异者"与"无家状态"之间的理路联系,以便将他对人性的探讨与对家的探讨结合起来。于是他在《形而上学导论》中写道:

> 我们将这阴森怪异者或无家状态(das Unheimliche)当作那样一种东西来理解,它将我们从"在家状态"(Heimliche)——家园的(Heimische)、习惯的、熟悉的、安全的状态——中抛出。这不在家状态(Unheimische)就不再允许我们成为家乡产的(einheimisch)了,而在其中就有着那种征服状态(Über-wältigende)。但人乃是最阴森怪异者或最无家者,不仅因为他要在这么理解的无家状态中间度其一生,而且是因为他首先和经常地会从他所习惯的和家园的界限里跑出来溜掉,还因为他是作为施暴者(Gewalt-tätige),就在朝向无家的阴森状态的方向上,迈过了家乡状态的界限。而这无家的阴森状态(Unheimliche)就应作为征服状态来理解。(EM, 115-116)

海德格尔认为:这种希腊思想主张"在家状态"就是人们"首先和经常习惯的和熟悉的状态"。而《存在与时间》对于它的表达就是"日常状态"(Alltäglichkeit)(SZ, 71)。这是一种非真态的缘在生存状态,虽然海德格尔有时也强调它与真态状态一样是被我们的天然存在领会引导着的,但"首先和经常地"会因为它执着于"习惯中的舒适"(das Behagen in der Gewohnheit)(SZ,

370)而遮盖住缘在的真态生存意义。因此,存在的压倒性力量和人(对于这种力量)的施暴式揭蔽的源头,也就是人的阴森怪异处的源头,就不但都被海德格尔认为是"无家状态",而且被视为是缘在的或起码是西方人的历史命运。正是由于这"无家状态",人违反了"在家"的生活方式或日常状态,变得强暴起来,以至于在压倒性的存在上打开缺口,并凭借那涌入的存在力量赢得自己的历史位置。海德格尔这么写道:

> 这最阴森无家者(人)是其所是,乃是因为:它从根本处栽培和保护着此家源状态,却只是为了破其壁而出,让那压倒性的东西涌入。存在本身将人抛入这个打破状态,而这状态就驱使人超出他自身,冒险朝向存在,让存在在作品中出现,由此而将这存在者作为一个整体打开。(EM, 125)

> 只有通过这种被存在本身逼迫着的困境,人类存在者的本性才会向我们开启。(EM, 124)

按照这种类似于《存在与时间》的观点,人的本性就处于"无家状态"之中,或阴森怪异、施暴反常和无家可归的状态之中。它似乎与他20世纪30年代后的另一些讲法有冲突。比如与他在《荷尔德林诗的阐释》中所言者——"在这里,'家园'意指这样一个空间,它赋予人一个处所,人唯在其中才能有'在家'之感,因而才能在其命运的本己要素中存在"(《荷诗阐释》,15;GA 4, 16 - 17)①——相冲突。但是,如果人凭借施暴或"让存在在

---

① 海德格尔:《荷尔德林诗的阐释》(简称为《荷诗阐释》),孙周兴译,商务印书馆,2000年。

[艺术]作品中出现",最终为人赢得的是一个家园般的历史位置的话,那么这个冲突似乎就可以避免了。流传较广的《形而上学导论》没有直接讨论这个问题,因而可能给读者造成了一种印象,即在海德格尔看来,人类存在者们与具有压倒性力量的存在的关系,注定了是无家的和施暴的。要纠正这个不正确的印象,只有扩大对海德格尔著作的阅读范围。

### 三 肯定意义上的"家"通过"大地"而出现

20世纪20年代末,海德格尔开始以肯定性的方式来谈论家了。比如在1929/1930年的冬季学期讲稿中,他引用了诺瓦利斯(Novalis)的话:"哲学是真态的怀乡病,一种对无处不在家状态的本能渴望。"(GA 29/30, 7)①沿着这样的思路,他将"怀乡病"当作"哲学活动的基本情绪"(GA 29/30, 7)。而在《艺术作品的本源》(1935—1936)中,通过由艺术作品带到一起的"大地"(Erde)和"世界",他讲到肯定意义上的家。他写道:

> 神庙作品阒然无声地开启着世界,同时把这世界重又置回到大地之中。如此这般,大地本身才作为家园般的基地[heimatliche Grund,又可译作"家基"]而露面。(《林中路》,24; GA 5, 28)②

这段引文及相关的上下文让我们看到大地或家基的某些特点。首先,它不是一种可对象化地观察和测量的大地,而是被某

---

① GA 29/30, *Die Grundbegriffe der Metaphysik. Welt – Endlichkeit – Einsamkeit*, 1992. 原文是:"Die Philosophie ist eigentlich Heimweh, ein Trieb überall zu Hause zu sein."
② 海德格尔:《林中路》,孙周兴译,上海译文出版社,2008年; Martin Heidegger, *Holzwege*, GA 5.

件艺术作品兴发的、必与世界的敞开相对而露面者。"由于作品建立一个世界并制造大地,故作品就是这种争执的诱因。"(《林中路》,31;GA 5,36)在海德格尔的其他著作中,特别是在解释荷尔德林诗歌的著作中,他将世界的这一面又称作"苍天"(Himmel)或"光明"(Licht)。其次,这大地本身又包含一个互补的对立,也就是,大地同时是前来和(为了拯救的)后撤、开启和锁闭、出现和掩藏。"作品在这种自身回归中让其出现的东西,我们曾称之为大地。大地乃是涌现着—庇护着的东西。"(《林中路》,28;GA 5,32)再次,它超出了一切强制现代心灵的东西,或操纵着"对力量的意愿"的东西。"大地是那不被强迫的无为无息。"(自译;GA 5,32)① "大地使任何纯粹计算式的胡搅蛮缠彻底幻灭了。虽然这种胡搅蛮缠以科学技术对自然的对象化的形态给自己罩上统治和进步的假象。"(《林中路》,28—29;GA 5,33)它是最终意义上的"任其自行"。最后,大地凭借它与世界的创造性冲突,为一个人群或民族提供了历史生存居所。换言之,它不限于"美学",而是可以在人类历史的形成中扮演重要的角色。"立于大地之上并在大地之中,历史性的人类建立了他们在世界之中的栖居。"(《林中路》,28;GA 5,32)但这"大地"在海德格尔思想中源自"非真理",也就是与真理光明相对的隐藏和黑暗。

在《论真理的本性》一文的 1930 年初稿中,海德格尔从《老子》的第 28 章引用了一句话:"知其白,守其黑"②,以说明真理

---

① 此句的德文为:"Die Erde ist das zu nichts gedrängte Mühelose-Unermüdliche."我对它的理解与孙译不同,故自译。
② 海德格尔提供的德文译文是:"Der seine Helle kennt, sich in sein Dunkel hüllt (Lao-tse)."有关事实的出处,见拙著《海德格尔传》,商务印书馆,2007 年,第 242—244 页,及书前影印页。

（揭蔽、开启）与非真理（遮蔽、隐藏）的相互依存的关系。此文代表了海德格尔要纠正《存在与时间》44节B部分所表达的真理（Wahrheit, a-letheia）与非真理之间的不平衡关系的努力。在那里，真理是一种揭开蔽障而显露出的光亮。即便在缘在（Dasein）的实际状态中，非真的沉沦和遮蔽（Verdecktheit, Verschlossenheit）是本质性的，其原初性并不差于真理的开光；但对于缘在的整体而言，真理的揭蔽（Entdecktheit, Erschlossenheit）毕竟被认为是不真或遮蔽的前提（SZ, 222），缘在的本性即时间性也毕竟是在真态的充分揭蔽（Ent-schlossenheit, 决断）之中得到揭示的（SZ, 62, 64）。换言之，相比于非真理或生存的遮蔽状态，真理在那里是处于一个更加本源的和优先的位置上。这完全符合西方传统哲学和宗教的基本见地。

如果联系起来阅读，我们可以认为海德格尔在《论真理的本性》初稿中所引《老子》语中的"白"（Helle, 在德语中意指"光亮"）——在《老子》中意味着"阳"的一面——就是《存在与时间》《论真理的本性》中的"真理"以及《艺术作品的本源》中的"世界"，而"黑"（Dunkel）则是相应的"非真理"和"大地"。于是我们发现《论真理的本性》中那笨拙却重要的陈述——"真理与非真理在本性上并非相互无关痛痒的，反倒是相互归属的"（WM, 188）[①]，在《艺术作品的本源》中不但再现，而且加强为"真理在本质上即是非真理（Un-wahrheit）"（《林中路》, 35；GA 5, 41）。由于海德格尔对于"家"的肯定性见解基于他对于"大地"的发现，而此相对于光亮天空的黑暗大地在海德格尔那里与《老子》28章中讲的"黑"有关，因此我们可以说，海德格尔关于

---

[①] Martin Heidegger, *Wegmarken*（简称为"WM"）, zweite, erweiterte und durchgesehene Auflage, Frankfurt am Main: Vittorio Klostermann, 1978.

"大地"和"家"的思想可能在一定程度上受到过《老子》的影响,起码与之有深刻共鸣。这种中国思想的"入侵",也是可以用来解释海德格尔关于人的"家／无家"本性说前后矛盾的一个事实。

## 四 "家"的空间-时间性和诗性

海德格尔在更多的著作中深化了"家"的含义,特别是它的生存空间和时间的意义。在《返乡／致亲人》(1943年)一文中,海德格尔告诉我们:

> 在这里,"家宅〔园〕"意指这样一个空间,它赋予人一个处所,人唯在其中才能有"在家"之感,因而才能在其命运的本己要素中存在。这一空间乃由完好无损的大地所赠予。大地[于是]为民众[Völkern,各民族]设置了[einräumen,空出了]他们的历史空间。大地朗照着"家宅"。如此这般朗照着的大地,乃是第一个"家宅"天使[Engel "des Hausses"]。(《荷诗阐释》,15;GA 4,16 - 17)①

这里讲的"家宅"(Hauss)指狭义的或空间化的家,它使人不失其本性地获得自己的历史命运或历史空间。它来自大地,而"完好无损的大地"则要求与光明的对立和互补。这光明(Licht)在海德格尔的语词中的另一种表示就是"世界"。由于与光明有这种互对一体关系,大地才成为它自身并能"朗照"(*auf-heitern*)

---

① Martin Heidegger, GA 4, *Erläuterungen zu Hölderlins Dichtung* (简称为"GA 4"), 2. Auflage, Frankfurt am Main: Vittorio Klostermann, 1996.为了保持本文用语的一致性,这里将孙译中的"家园"(Hauss)改为"家宅",以便将"家园"留给"das Heimische"。以下如有极少量的这类调整,也在它初次出现时将孙译用语放在"〔 〕"之中。

家宅。因此,在这一段之后,海德格尔马上写道:

> "年岁"为我们称之为季节的时间设置空间。在季节所允诺的火热的光华与寒冷的黑暗的"混合"游戏中[请读者注意此句用语与海德格尔为《老子》"知其白,守其黑"提供的德文译文(见第47页脚注②)的相关性],万物欣荣开放又幽闭含藏。在明朗者[Heitere]的交替变化中,"年岁"的季节赠予人以片刻之时,那是人在"家宅"的历史性居留所分得的片刻之时。"年岁"在光明的游戏中致以它的问候。这种朗照着的光明就是第一个"年岁天使"[Engel des Jahres]。(《荷诗阐释》,15;GA 4,17)

可见这两位天使,即家宅天使和年岁天使,也就是人类生存的原本空间与时间,或大地和光明,相互需要和补足,家宅天使的空间性已经有了"历史"的时间性,而年岁天使则需要家宅的空间来构成自己的季节时间(四季是家化的)。它们一起使得这明朗者(Heitere)可能。而这明朗者就是充分意义上的人类历史居所和群体家宅。海德格尔于是继续写道:

> 大地与光明,也即"家宅天使"与"年岁天使",这两者都被称为"守护神",因为它们作为问候者使明朗者闪耀,而万物和人类的"本性"就完好地保存在明朗者之明澈中了。依然完好地保存下来的东西,在其本质中就是"家园〔乡〕的"[heimisch]。使者们从明朗者而来致以问候,明朗者使一切都成为有家园的[Heiteren, das alles heimisch sein läßt]。允诺这种家园要素,这乃是家〔故〕乡的本质[das Wesen der Heimat]。(《荷诗阐释》,15—16;GA 4,17)

大地与光明的交接产生了明朗者,在其中一切事物和人群得到其本性。以这种方式,人拥有了家。"明朗者"这个关键词当然不意味着一种纯粹的光明,而是光明与大地(或黑暗)的争斗性遭遇所生发者。正是在艺术作品特别是真正的诗歌中,有那种遭遇和明朗者的发生。"诗人的天职是返乡,唯通过返乡,家乡才作为达乎本源的切近国度而得到准备。"(《荷诗阐释》,31;GA 4,28)因此,要合适地理解这明朗者,我们可以来看一下海德格尔在《思想的基本原则》中的话,在那里他诉诸他心目中的两位诗性思想者——荷尔德林和老子。原文是:

> 此黑暗却是光明的隐藏之处(Geheimnis),……这种黑暗有它本身的清彻。真正知晓古老智慧的荷尔德林在他的诗《怀念》第三节中说道:"然而,它递给我/一只散发着芬芳的酒杯,/里边盛满了黑暗的光明。"
>
> ……困难的倒是去保持此黑暗的清彻;也就是说,去防止那不合宜的光亮的混入,并且去找到那种只与此黑暗相匹配的光明。《老子》(28章,V. v. 施特劳斯译)讲:"那知晓自身光明所在者,将自己藏在他的黑暗里。"["Wer seine Helle kennt, sich in sein Dunkel hüllt.""知其白,守其黑。"(海德格尔在1930年《论真理的本性》初稿中引了这句话,但在正式出版此文时舍弃了它。但它毕竟还是要在这篇写于1958年的文章里正式再现。)]这句话向我们揭示了这样一个人人都晓得但鲜能真正理解的真理:有死之人的思想必须让自身没入深深泉源的黑暗中,以便能在白天看到星星。(GA 79, 93)①

---

① Martin Heidegger, GA 79, *Bremer und Freiburger Vortraege*, 1994.

这里讲的"黑暗的光明"或"藏在黑暗里的光明"（黑中白），比如星光，就是这位使人类之家可能的明朗者。另一方面，"处于一片赤裸裸光亮中的光明（Lichte），'比一千个太阳还亮'，就［与黑暗］分离开来，也就不再是澄明（Lichtung）了"（GA 79,93）。所谓"澄明"，是指在稠暗森林中的一块空地，一个光明与黑暗交接的地方。不过，光明在此还是占了上风。因此，这个词就被海德格尔用来转译古希腊人讲的"真理"（aletheia）或"揭蔽见光"。而"比一千个太阳还亮"则是指原子弹的爆炸，乃现代技术可怕力量的象征，将澄明单质化为赤裸的光明。海德格尔对于家或家园的肯定性思想，从头到尾都关注着现代技术意识形态的威胁，而这种意识形态竟可以回溯到古希腊的形而上学与数学，甚至古希腊人发现的"真理"。正是这种威胁使得人无家可归（unheimatlich, unheimlich），迫使海德格尔要在后期提出起隐藏作用的"非真理"来抗衡。这种对现代科技的揭蔽真理的危险性的反思，可以看作是"家"在海德格尔那里通过"大地""非真理"和"隐藏"而获得正面含义的一个重要动机。

## 五　家即存在

海德格尔关于家的思想在《荷尔德林的赞歌〈伊斯特尔〉》（《全集》53卷）①里得到了最清晰的表达。此书可以看作是他解释荷尔德林的《返乡》和索福克里斯的《安提格涅》的一个结合，虽然前者现在被荷尔德林的《伊斯特尔》替代了。由此，海德格尔就直接面对人类的返乡冲动和无家状态的遭遇。

"伊斯特尔"是多瑙河某一部分的名字。在海德格尔看来，

---

① Martin Heidegger, *Hölderlin's Hymne "Der Ister"*, *Gesamtausgabe*, Band 53（简称为"GA 53"）。

这河在荷尔德林的赞歌中得到了一种更深的意义,因为它"根本性地有助于人在本己要素中成为有家园者"(ist er eine wesentliche Hilfe für das Heimischwerden im Eigenen)(GA 53, 24)。理由就是:"这河流'是'这样的地域,它充溢着人类存在者们在大地上的居所,决定着他们属于什么地方和在何处得其故乡。"(GA 53, 23)这"地域"(Ortschaf)须在纯粹发生的乃至生存时间的意义上理解,也就是作为这河流的"曾在"和"来临""消逝"和"预示"(GA 53, 33)的交织。由于这交织,消逝者不仅仅意味着一去不复返,而是存在于预示着的内在回忆(Erinnerung, Erinnern)里。"消逝也可以是一种不易觉察的逝入到正来临者里边,逝入到对正来临者的决定性归属中[的过程]。"(GA 53, 34)在这样一种缘发生的视野中,这地域或河流从本性上就是一种"漫游","在双重含义上同时是消逝和充盈的预示"(GA 53, 35)。这就是引导海德格尔在《荷尔德林的赞歌〈伊斯特尔〉》的第二部分也是最长的部分中,解释索福克里斯的《安提格涅》的哲学河道。

　　甚至"伊斯特尔"这个名称也隐含着这种交织互补。它曾是罗马人给多瑙河下游起的名字,但是荷尔德林却用它来指称这河的上游,"就好像下游的多瑙河回溯到上游,由此而转回到它的源头"(GA 53, 10)。海德格尔从荷尔德林的诗歌中引述了好几个例子,以表明这样的交叉命名或"在两个地方之间的转移"(GA 53, 42)是有意为之并富于含义的。"这河流在真实[而非事实]的意义上是回流着的"(GA 53, 43),因为它是返乡归家之路,一种在消逝中的回返。"这河流[除了是漫游的地域之外]从根本上讲也同样是地域的漫游。成为有家园者(Heimischwerden)的出口和入口就在这地方(Ort),而这地方的本性就是:它在漫游(wandert)。"(GA 53, 42)可以看出,以上所引述的海德格尔所讲的"家宅天使"和"年岁天使",在此就直接体现在这条时空交织的河流里,因为它就意味着"明朗者"和广义的"家"。

在海德格尔对于《安提格涅》的解释中,这"消逝"就成为"无家"或"阴森怪异",而"来临"或"预示"就转作"成为有家者"。除了那些相似于《导论》的关于"δεινόν"的讨论之外,海德格尔在此提出了一个新问题:安提格涅应不应该被拒斥于这段合唱曲末尾提到的炉灶(Herd)(GA 53,121)①也就是家的中心或象征之外呢?回答似乎一定是肯定的,因为安提格涅不仅属于忒拜城长老们要驱赶的那些无家化者们中的最极端者,甚至还是对这"最极端"的进一步强化(GA 53,129)。这里的背景是:安提格涅是俄狄甫斯和伊俄卡斯忒(俄狄甫斯之母)的女儿,也就是来自一个乱伦的家庭。她挑战忒拜城邦之王克瑞翁的律令,埋葬了因反叛城邦而死于非命的兄长。然而,在一个更深入的思考中,无家状态却并不必然意味着要从炉灶之家那里被驱除,因为对于海德格尔而言,这状态有两种:"就'δεινόν'被视为无家状态而言,它有对立而又最具内在互转联系的两种:一种是在存在者中无出路流浪的无家,另一种则是由于归属于存在而成为有家园者的无家。"(GA 53,147)第一种被称为"不真正切身的"或"非真态的"(uneigentlich)的无家,而第二种则被称为"真正切身的"或"真态的"(eigentlich)的无家(GA 53,146)。这种区分是《存在与时间》《形而上学导论》等著作中没有的。

安提格涅所归属的是真正切身的无家,在其中她决断地忍耐

---

① 这合唱曲的最后诗行是:"能够做出这样[无家化]事情的人,/不应该受到信任而坐到我的炉灶旁边,/也不应该允许他用其妄想来混淆我的知识。"(Nicht werde dem Herde ein Trauter mir der, / nicht auch teile mit mir sein Wähnen mein Wissen, / der dieses führet ins Werk.)(GA 53,72,74)在德语中,"Herd"有"炉灶""发源地"和"家""安乐窝"诸含义。

和经受了所有存在者中的这个无家存在者的痛苦,而不去向"更高的和更低的诸神"(GA 53, 145)求告;于是她得到了那个不可被对象化的、"没有人知道它从哪里出现"的"不成文的和不可更改的神圣箴言"(GA 53, 145)。她那忍受痛苦的决断可以比作荷尔德林的诗歌中伊斯特尔河的回流,在其中"消逝也可以是一种不易觉察的逝入到正来临者里边,逝入到对正来临者的决定性归属中[的过程]"(GA 53, 34)。也就是说,安提格涅通过经历原发的时机化(Zeitigung),在其中曾在与将临的交织盛行,预示和纪念觉醒过来,而找到了人类神圣本性的不成文的表达;而这种寻得既不是在更高处,也不是在更低处,而是就在人类生活的动荡和发生的"中间"达到的。因此她比那最无家者还要更无家,因为她将这无家纳入了她的本性之中,或者说那"没有人知道它从哪里出现"者之中。只有通过这真态无家的隐藏,她才能被涌入到存在的揭蔽真理之中,那里炉灶的"火焰"正在家的正中处燃烧(GA 53, 130)。

所以,安提格涅应该被家中炉灶接受,而这家炉在海德格尔语汇中正是对存在的另一种表达。他这样写道:

> 此炉灶,这家园的家居处(die Heimstatt des Heimischen),正是存在本身;在它的光明、辉彩、红晕和温暖中,所有存在者都合适地会聚起来了。(GA 53, 143)
>
> 这炉灶是表达存在的词,它作为这显象在安提格涅的话语中被命名,它决定一切,甚至超出了众神。(GA 53, 150)

至此我们已经明白地看到,海德格尔对于"家"问题的探查是被他终生关注的存在意义的问题推动着的。家或炉灶不是任何现成的存在者,而是纯存在,它在一切对象化之前就被以非把捉的方式知晓了,于是它就可以经受最无家状态的"还原"。"因为她[安提格涅]如此这样地在存在中成为了有家园者,她在众存在者中就是最无家的人。"(GA 53, 150)另一方面,存在本身之所以不同于对象化的存在者们,是因为它是人类的原本之家,是人在任何情况下也认同的或受其吸引的家园。

就在这么一个从根本上联接了"家"探讨与"存在"探讨的视野中,海德格尔在他的《论人道主义的信》(1946年)中这样写道:

> 这个词[家乡,Heimat]此处被在一种根本的意义上思考,不是爱国式地或民族主义式地,而是存在历史式地(*seinsgeschichtlich*)。然而,这里说到这家乡的本性还有这么一个意图,即将现代人类的无家可归状态(Heimatlosigkeit)从存在历史的本性那里加以思忖。……这么理解的无家可归状态就在于存在者对于存在的遗弃(Seinsverlassenheit des Seienden),它是存在遗忘状态(Seinsvergessenheit)的症状。①(GA 9, 338 – 339)

海德格尔探求存在意义的事业,就其为人们所熟知的文献范围而言,始于在《存在与时间》开头处提出"存在遗忘"(SZ, 2)的问题。在这本大作中,可以找到与以上所介绍的大多数解决"家"问题思路相似的或可以对比的思想和术语。除了那些已经

---

① Martin Heidegger, *Wegmarken*, 1. Auflage, *Gesamtausgabe*, Band 9 (简称为"GA 9"), Frankfurt am Main: Vittorio Klostermann, 1976. 原文是:"Dieses Wort wird hier in einem wesentlichen Sinne gedacht, nicht patriotisch, nicht nationalistisch, sondern *seinsgeschichtlich*. Das Wesen der Heimat ist aber zugleich in der Absicht genannt, die Heimatlosigkeit des neuzeitlichen Menschen aus dem Wesen der Geschichte des Seins her zu denken. ... Die so zu denkende Heimatlosigkeit beruht in der Seinsverlassenheit des Seienden. Sie ist das Zeichen der Seinsvergessenheit."

提及的相似之处——比如存在与炉灶、先行决断的缘在与安提格涅——之外，我们还可以观察到"存在"探讨与"家"探讨这两条线路之间的更多的可比性。比如，"家"路线中人的"阴森怪异"有"存在"路线上的缘在之"去存在"（Zu-sein）本性或"生存"（Existenz）性与之对应，它在《存在与时间》中对立于现成的存在（Vorhandensein, existentia）（BT, 9）。海德格尔在《荷尔德林的赞歌〈伊斯特尔〉》中讲到的非真态的无家状态则平行于《存在与时间》所讲的缘在的非真态性。而无论是哪种——家的或缘在的——非真态性和真态性，都与《存在与时间》中讲的非真理、遮蔽和真理、揭蔽对应。但如上所及，这种关系在《论真理的本性》中被改变或调整了，非真理获得了比非真态更丰富得多的含义，所以取得了比真理还要更原本的地位。

关于如何达到终极状态或领悟——无论是真态的家还是存在本身——的方式，"家"路线所显示的是"在无家状态中成为有家园的"，而"存在"路线对它的展示是通过非真态的众牵挂（Sorge）形态而进入真态的形态。尽管两者不等同（其区别下面会涉及），但有大体上的可比性。后者可以被理解为在直面自己的死亡和倾听自身良知呼唤时做出先行决断的真态缘在，它清除掉了缘在之缘（Da）或牵挂中的现成状态，由此而获得境域中的自由（BT, 46-65）。在"家"路线中，这样的真态缘在的一个重要形象就是做出了先行决断的安提格涅，而达到这家园终极态的过程的形象则是伊斯特尔之河，它同时在两个方向上奔流，因而能在消逝中来临。在"存在"路线里，这条河就是由先行决断开启的时间性（Zeitlichkeit），即理解存在本身意义的视域，因为"时间性乃是此原发的在自身中并为了自身的'出离自身'"[①]（SZ, 329）。

---

① 原文是："Zeitlichkeit ist das ursprüngliche 'Außer-sich' an und für sich selbst."

这两条路线之间的一个重大区别是在存在路线中缺失了大地。正如以上所论证的,《论真理的本性》讲的原本的非真理、隐藏和黑暗(此文第一稿中引用了《老子》的话语)是这大地的初露,而这大地的思路在海德格尔研究"家"问题时扮演了关键性的角色。作为"家宅天使"的大地为民族提供了历史的空间,由此而与象征生存时间性的"年岁天使"形成构造性的对子。以这种方式,大地为海德格尔的整个思想事业提供了一个"家基""地域"或其源本性不亚于时间性的生存空间性。它实际上是对于《存在与时间》中时间性优先于空间性这样的一个缺陷的纠正,而此优先的另一种表达则是真理对于非真理、真态性对于非真态性的优先。这也就是海德格尔为什么后来要公开承认在《存在与时间》中将时间性当作空间性源头的做法是错误的或"站不住脚"(sich nicht halten)①,这种认错对于他来讲是极其罕见的。

在这个新视域中,海德格尔开始为他的思想探讨采用一批新的语词,比如"艺术作品"、"语言"、"诗"、"自身的缘发生"(Ereignis)、道路(Weg, weegen)等等。在《艺术作品的起源》中,他将神庙这样的艺术作品视为处身于开启的世界和庇藏的大地之间的东西(GA 5, 28),而且进一步主张所有的艺术在本性上都是诗(GA 5, 59)。诗是原初语言(Sprache)的言语方式,而这语言被他看作是"人类本性之家"(Behausung des Menschenwesens)(GA 9, 333)或"存在之家"(das Haus des Sein)(GA 9, 333, 358 - 361)。要看到这两种"家"即"存在之

---

① 原文出自《时间与存在》一文:"《存在与时间》70 节要将缘在的空间性归因于时间性的企图,是站不住脚的。"("Der Versuch in 'Sein und Zeit' §70, die Räumlichkeit des Daseins auf die Zeitlichkeit zurückzuführen, läßt sich nicht halten." Martin Heidegger, *Zur Sache des Denkens*, 2., unveränderte Auflage, Tübingen: Max Niemeyer Verlage, 1976, S. 24.)

家"与"家宅之家"的联系,应该不会太困难。因此,"诗人[活在作为存在之家的语言中者]的天职是返乡,唯通过返乡,家乡才作为达乎本源的切近国度而得到准备"(《荷诗阐释》,31;GA 4,28)。总之,"在与存在的关系中,人类的能存在(Seinkönnen)是诗性的(dichterisch)。人类在大地之上无家地存在于家园之中(Das unheimische Heimischsein des Mensdren auf der Erde)就是'诗性的'"(GA 53,150)。用海德格尔常引用的荷尔德林的诗句来讲就是:"充满了业绩,但人还是诗性地居住在这片大地上。"①(GA 9,358;GA 7,36,193,206;GA 12,135)

## 六 对海德格尔"家"哲理的简单评议

从以上的阐述中可见,作为一名西方的哲学家,海德格尔开始正视以上开头处讲到的西方文化和哲学面对"家"时的纠结或困境,即:既要超越、破除家,又离不开家。海德格尔自20世纪20年代末和30年代初的思想转向后,就明白地看出和论证这家是不能被超越的,更不用说破除了。就其原本性和在先性而言,家不输于西方人和海德格尔最看重的存在本身。人的生存论和思想上的无家可归就相当于遗忘了存在,它们内在相关,而且相互贯通和互补,都是人类特别是现代人类不安全、不美好和不幸福的根源。这是一个重大的哲学发现,其深远意义要超过海德格尔对存在本义的再发现。家毕竟要比存在具有更鲜明得多的生存论地位和含义,也与非西方文明特别是中华文明的古代哲理发生了更直接的关联。

其次,海德格尔从哲理上阐发了家的位置或特性,即必处于开启与遮蔽、明与暗、阴与阳的交接发生处。家特别是真态的家

---

① 原文是:"Voll Verdienst, doch dichterisch wohnet / der Mensch auf dieser Erde."

不是现成的,而是在根本性的对立互补中即所谓"明朗者"的阴阳朗照中生成和再生成的。但这不现成的真家也绝不虚无缥缈,甚至比存在离我们还要切近,因为人或缘在的本性就是隐藏和开显、空与时、暗与明、阴与阳交织的。人无论多么无家,但起码会想家、思乡。可要让"想家"变为"家思",或对于"家"的原本思想,在西方那崇尚光明真理、无余揭蔽和天堂期待的哲理和文化语境中,就需要一块暗不见底、隐藏着奥秘和向源头回归的大地来与之对峙,与之相互激发。

再次,海德格尔发现,为了让大地(及它与天空的对成)出现,或让那能激发出原本"家"思想的闪电雷鸣出现,必须有艺术作品创造出的夹缝(Riss),以引发根本的对立争斗。靠辩证法的对立统一或其他途径都不行,反而会更深地掩盖和加重人的无家可归状态。而这艺术作品的本源,就是原本的语言和它的秘创体现——诗。语言既是存在之家,又是家之存在处。所以广义的诗人(包括老子这样的"诗意思想者"),是人类家园、历史家园的启示者、发现者和预言者。

对于海德格尔的这样三个"家"思想的阐发,儒家完全赞同,高度评价,视之为当代西方哲学最重大的一个哲理成果。儒家以家为源头、为归宿,但不认为家或真家是现成的,而是一定要通过阴阳和阴阳之时空间来理解家,运用六艺而非任何观念化方式来修身,以发现、保持和更新真态的家,陶铸自己,教化百姓。

但是,儒家还是会批评海德格尔的"家"思想不够彻底和真切。首先,他没有真正说清楚"人类在大地之上无家地存在于家园之中"(GA 53,150)的可能性。真正无家的安提格涅在什么意义上或如何成为"有家园者",得到了家居灶火的照耀,几乎没有交代。可怜的、令人心碎的安提格涅来自一个完全破碎的家庭,被忒拜城国王之子爱恋但却没有成家,最后自尽于此国王命令的关押之中。由此看来，她的确是极其"无家的"，没有"在家存在"的舒适、安稳，没有日常生活的习惯平滑，而且根本就不屑于它们。她以一己弱质之身，不顾妹妹的劝告，主动选择对抗家国之主即国王克瑞翁而牺牲自己，的确如海德格尔所言是向存在的压倒性力量的反常怪异的争斗，甚至好像是施暴性的打开缺口之举。但是，这就会使她返回家园或赢得一个真态的家吗？西方历史上颇有一些行这类壮举之人，从苏格拉底、耶稣到无数殉教者和为理想献身者，都这样冲出家庭，按照他们听到的神的声音，"背着他的十字架"跟从他们心目中的终极光明和真理。但他们中有谁是像伊斯特尔河那样往中有返，逝中生来，在离家中归家了呢？好像没有，起码就苏格拉底弟子柏拉图阐发的"理想国"和基督教追求的上帝之城而言是这样的。就此而言，"家"甚至在海德格尔那里也还是有"歧异性"的，也就是不真态的、需要被摆脱和突破的家（属于存在者层次）和真态的、需要被再发现和回归的家（属于存在本身的层次）的分歧和异质。通过大地、两种天使（家的时空间）、河流等等，海德格尔努力寻找它们之间的通道，也如上所言具有重大意义，但毕竟只是存在论层次上的定位、开显，却没有存在者层次上的接应。但这两种家之间却正是存在者与存在本身的关系，不可能只通过存在这一边来统摄这种歧异关系。换言之，必须在"不同于存在"（列维纳斯语）的存在者层次也找到使家成立的大地，或者说，存在者意义上的家正是与存在之家相对的那个黑暗、收藏的大地。没有它或使它可能的朗照，存在论的大地和朗照就不会真正开通两种家之间的真实通路。

但是，海德格尔毕竟给了我们一条线索，以发现两种家之间的秘道。它就是那个"没有人知道它从哪里出现"的"不成文的和不可更改的神圣箴言"（GA 53，145），它可以被我们进一步地加以追究。海德格尔没有再追究这箴言的家庭(Familie)含义，多半因为他不屑于或不敢于进入这个歧异的、（似乎）缺少诗意的存在者层次。这箴言可以被理解为是安提格涅心目中高于国王所立法律的"自然法"，在此情境中宣示着家人关系——这里是兄妹关系——神圣至上。因此，她不能不依照它而去埋葬她的兄长，不使之被暴露，被残伤，被羞辱。而我们从悲剧和传说中看到，她做了这件悖逆现成的家国之法的事情，不仅因此而烈死，更重要的是，因此而维护了家人的血脉关系，并因此而在出家、离家中归了家、成了家。因为这个理由，她才应该被忒拜城长老们在家灶的炉火边接待，因为她用自己的生命成就了、再现了那个给予家人和家庭以终极保护的箴言。这种家人血脉关系在艺术里的真态化，才是真正的家宅之炉火圣灶。

  正是在此处，我们看到海德格尔"家"思想的破绽。他还是只在"想家"，既想望家，又想象家出现的哲理条件；但由于他的真态生存形态在根本发动处的个体化，就无法或是没有进入对于家的实际生活的思想，也就是一直躲避、忽视让家有真正生命力和活的时空间的非个体的家人关系，简言之，就是家的家庭形态，暗中将这形态打发到了缘在的不真态的共存在(Mitsein)或"大家伙儿"(das Man)混世的实际状态中。他的个体主义视野让他看不到，这种家人关系不但并非注定了是不切身的或非真态的，而且可以是自身的艺化、诗化或真态化形态的源头，那些伟大的诗意思想者和圣贤，也只是从这个源头汲取生命灵感而已。因此，没有这种存在者维度中的和大地化的家人关系及其神圣箴言化，那个无家可归的可怜女孩子就不会是在悲惨的阴森怪异中升华归家的安提格涅。索福克里斯并不能创造出那"不成文的和不可更改的神圣箴言"，只能感受到它的无名伟大而开显之罢了。"家"在后期海德格尔那里的确相当于存在，但这存在过于虚浮，还是一个没有与存在者在对峙中互补打通的"存在论"而已，并非活在大地化缘在世界生命中的存在本身、家本身。海德格尔毕竟还只是当代西方的道家，以老庄的诗意天道为家，只知个人化的天地阴阳交合，却未窥见夫妻化的阴阳造端、亲亲—孝悌—艺化—齐家—仁民—爱物—治国—平天下的儒家大诗意境界。用列维纳斯的术语讲就是，海德格尔的全部"家"思想中还缺少一个超越存在论的"面容"，也就是父母子女、兄弟姐妹的身体化面容，只有它们能让原本的道德在艺化中出现，因为它才是孝悌化的或实际生活化的大地。而我们伟大的海德格尔，还未能真正地栖居于其上。

（谨以此文纪念我的一位刚去世不久的老师，即我在美国托莱多大学读硕士时的老师乔治·伽什锐[George P. Guthrie]教授。他的课让我强烈感受到现象学的内在魅力，他的人格和信仰则一直在向我显示着西方文明美好的那一面。）

# 此在之迷途

## ——关于《存在与时间》的得与失

张志伟

(中国人民大学 哲学院)

本文主要结合海德格尔思想"转向"期间的一些文献,思考《存在与时间》在海德格尔思想中的地位,论文的标题几经修改。写一篇关于海德格尔哲学的论文通常总会面临两难:如果弃用海德格尔艰涩难解的术语而使用"清晰"的语言,你自己都会感觉不靠谱;如果用海德格尔的术语来表述,貌似所能做的不过是直接端出海德格尔的文献,你什么都不用做也不能做。总之,如何解释和分析海德格尔的思想,我们只能尽力而为,而最好的办法或许是形成我们自己的问题。不过就目前这篇论文而言,仍然还是在海德格尔的问题和思想框架之内摸索。

海德格尔因《存在与时间》(1927年)而一举成名。然而,自从海德格尔的早期讲演录出版以来,尤其是1989年《哲学论稿——从本有而来》出版以来①,《存在与时间》在海德格尔哲学

---

① 海德格尔的思想"转向"当然并不是从主要在1936年至1938年写作的《哲学论稿——从本有而来》才发生的,以后我们将看到,实际上海德格尔从1929年《康德与形而上学疑难》开始就已经意识到了《存在与时间》的问题,而"转向"至少应该从1930年的讲演《论真理的本质》开始。只是鉴于《哲学论稿》最集中、明确地批评了《存在与时间》,所以我们以此作为标志。

中的地位就显得十分尴尬了。不仅按照西奥多·基泽尔的研究，《存在与时间》中的思想基本上在早期讲演中都已经有了①，而且这部"残篇"之所以未完成的原因在于海德格尔放弃了由此在来解答存在的意义问题的道路。结果就是：《存在与时间》这条"此在之路"或者早就有"前车之鉴"，或者"此路不通"，不是被此前的思想所"预演"，就是被后来的思想"超越"了。

当然，如何看待《存在与时间》，海德格尔有他自己的说法，而且不止一种说法。例如，在 1953 年《存在与时间》第七版序言中海德格尔说：虽然该书的第二部不再补续，否则必须重写第一部，"但是，即使在今天，这条道路依然是必要的，对存在问题的追问正激荡着作为此在的我们"②。1962 年海德格尔在给理查森的信中解释了"转向"的问题："'海德格尔 I'和'海德格尔 II'之间所作的区分只有在下述条件下才可成立，即应该始终注意到：只有从在海德格尔 I 那里思出的东西出发才能最切近地通达在海德格尔 II 那里有待思的东西。但海德格尔 I 又只有包含在海德格尔 II 中，才能成为可能。"③虽然作者对自己作品的评价不可不信，但也不可全信，读者"自有公论"。不过，我们认为海德格尔上述这两段话还是言之成理的。我们的看法是，虽然《存在与时间》存在着种种问题，还没有完全从形而上学"第一开端""跳出来"，而海德格尔的主旨是开辟"另一个开端"，但是，《存在与时间》必须被看作是从第一开端到另一个开端"之间"的"过渡"，

---

① Theodor Kisiel, *The Genesis of Heidegger's Being and Time*, Berkeley: University of California Press, 1993.
② 海德格尔：《存在与时间》，修订译本，陈嘉映等译，生活·读书·新知三联书店，1999 年，第 5 页。
③ 海德格尔：《给理查森的信》，见《海德格尔选集》（下），孙周兴译，上海三联书店，1996 年，第 1278 页。

没有这个过渡,我们无法展望那"另一个开端",一如没有尼采(或海德格尔解读的尼采),就没有形而上学的最后终结。

因为各种原因,本文局限在海德格尔20世纪30年代思想转向期间的一些著作与《存在与时间》之间关系的思考,这些著作包括《康德与形而上学疑难》(1929年)、《论真理的本质》(1930年)、《尼采》(主要是1936年至1942年之间的尼采讲座)和《哲学论稿——从本有而来》(1936—1938)等。

## 一　此在之路

海德格尔自称他的所有著作是"道路——而非著作"(Wege—nicht Werke)。问题始终只有一个,那就是"存在问题",不过他尝试了许多条通往存在的道路。在这些道路中,《存在与时间》肯定是其中的一条十分重要的路,就海德格尔试图通过对人之存在即此在的生存论分析构建某种"基础存在论"以便为一切存在论奠基而言,我们不妨称之为"此在之路"。

《存在与时间》开宗明义,"重提"存在问题。这意味着在形而上学中原本就有存在问题,所以才会有"重提"之说,而之所以要"重提"乃是因为形而上学忽略了存在与存在者之间的存在论差异,导致了存在的遗忘;之所以现在来"重提"则是因为海德格尔有了解答存在问题之不同以往的新思路,这就是此在之路。基于2000多年来形而上学一直在错误的道路上,海德格尔重提存在问题并不是要复兴形而上学,而是要重装再发,开辟完全不同以往的存在之路。

《存在与时间》对形而上学的批判意义深远,颠覆性的言辞几乎出现在每一页上:海德格尔将形而上学的超越性落实在人的存在即此在之上,不是以理论而是以此在的生存活动作为破解存在之谜的基础,克服主客二元式的认识论框架,以此在对存在的领会(Verstehen)作为分析此在"去存在"(zu sein)即生存(Existenz)的出发点,消除了关于存在的对象性思维方式,尤其是将形而上学中无限的超越性的存在与时间性即此在的有限性联系起来,表明存在必须通过此在的实际性(Faktizität)而现身,以"有终的将来"为核心构建起此在的时间性结构,通过"先行到死中去"将此在解释为"有界无限"之可能性的存在……。不过,《存在与时间》的着力点主要集中在如何通过此在的生存活动使存在得以显现上,而问题可能主要在这里。

按照海德格尔,存在虽然是存在者的基础和根据,但是一说到存在一定是存在者的存在,所以回答存在问题须从存在者入手,不过只有一种存在者可以当此重任,这就是我们向来所是的存在者——此在(Dasein)。虽然一切存在者皆因存在而存在,不过它们一旦存在出来就成了凝固的现成所予物,存在自身便隐而不显了,唯有人这种存在者与众不同,它始终处在"去存在"(zu sein)之中,存在则通过此在的存在而显现,故而此在的存在即"生存"或"实存"(Existenz)。所以,"在这个存在者身上所能清理出来的各种属性都不是'看上去'如此这般的现成存在者的现成'属性',而是对它说来总是去存在的种种可能方式,并且仅此而已"。因而人之所以是被称为"此在"并不表达它"是什么",而是表达它的存在。[1] 就此而论,此在的存在规定不同于非此在式的存在者的存在规定,描述存在者的存在规定乃"是什么"的"什么"即"范畴",而描述此在的存在规定则具有生存论的性质。[2] 然而正因为如此,我们不可能直接把握这个存在者的存在。"确实,此在在存在者层次上不仅是切近的甚或还是最切近的——我

---

[1] 海德格尔:《存在与时间》,第49—50页。
[2] 同上,第52页。

们自己甚至一向就是此在。虽然如此,或恰恰如此,此在在存在论上又是最远的",因为尽管此在具有某种存在之领会,而且向来已经处在对存在的某种解释之中了,这些都属于此在最本己的存在,但是"此在倒倾向于从它本质上不断地和最切近地与之有所交涉的存在者方面来领会本己的存在,也就是说,从'世界'方面来领会本己的存在",所以,此在特有的存在结构对此在始终蔽而不露,原因恰恰就是此在在存在者层次上及存在论上的优先地位:"此在在存在者层次上离它自己'最近',在存在论上最远,但在前存在论上却并不陌生。"①这意味着在此在的生存活动中,此在可能本己地显现自身,也可能不本己地显现自身,遂有本真状态与非本真状态之分。

按照海德格尔对此在的生存论分析,此在之"去存在"向来就是非本真的。

此在与其他此在以"共同此在"的方式生存于世,因而始终有"他人"在,这个"他人"并非你、我、他,而是一般的"常人"(das Man)。在日常生活中,常人展开了他的真正独裁,不过这个常人不是任何确定的人,一切人倒都是这个常人。就是这个常人指定着此在日常生活的存在方式。②说起来常人到处在场,他决定着此在怎样生存、怎样存在,从而免去了此在面临可能性之筹划选择的困境,卸除了此在在其日常生活中的责任,然而每当此在挺身而出需要决断之际,每当需要它承担责任之时,常人却总已经溜走了。

这个"常人"是谁?

如果我们问:此在是谁?答之曰:"常人。""常人"是"此在

---

① 海德格尔:《存在与时间》,第18—19页。
② 同上,第147—148页。

是谁"的答案。但是如果追问"常人"是谁,答案却是——"查无此人"而且"从无此人"。海德格尔将此在这种把自己交付给了并无其人的常人的存在方式称为"沉沦"(Verfallen),在他看来,此在自始就已经沉沦。因为沉沦对此在来说具有天生的安定作用,使它以为一切都已经被安排得井井有条,一切都处在最佳的安排之中,用不着它对自己的存在负责。相反,每当此在自己面对自己的存在时,一种"不在家"(unheimlich)的陌生感却总会油然而生。

由此可见,形而上学之所以遗忘了存在,乃根源于此在的沉沦。

但是,我们怎么可能被并无其人的"常人"控制一切呢?其实,常人并非不存在,此在自己就是常人:无论本真状态还是非本真状态,都是此在的生存,都是存在通过此在的显现。所以,海德格尔把此在的沉沦称为"从自身跌入到它自身"①。既然此在"从自身跌入了自身",就需要将此在从自身唤回到自身。海德格尔力图通过"畏"将此在"嵌入"无的背景,迫使此在意识到"我存在,且不得不存在",乃至"我存在,且不得不能在"。至于如何将此在迫入"无"中,海德格尔的回答是:"提前到死中去"向死而在。此在的死亡并非"存在到头",而在生存论上意味着"向终结而在"亦即"向可能性而在",从而始终保持自身为向着可能性开放的可能之在,敞开让存在在此存在出来的"通道"。于是,以"有终的将来"为核心,海德格尔建构了此在之生存的时间性结构作为解答存在问题的先验视域。

到此为止,海德格尔似乎已经为解答存在问题做好了准备工作,然而《存在与时间》出版不久,海德格尔便陷入了困境,这困境有内外两方面的原因。外因是《存在与时间》遭遇了误解。

---

① 海德格尔:《存在与时间》,第204—207页。

1973年在为《康德与形而上学疑难》(《康德书》)所作的第四版序言中海德格尔说,大约在20世纪30年代中期他就意识到了,仅仅通过《存在与时间》"人们还没有进入真正的问题",因而他把对康德的解读称作一条"疑难出路"(Zuflucht)。① 而出版《康德书》的动因,到1929年已经很清楚了:"人们误解了《存在与时间》中提出的存在问题",所以"在康德那里,我寻觅我所提出的存在问题的代言人"。② 在《尼采》一书中,海德格尔插入了讲座中没有的一段话,声称"在过去的十三年里,丝毫没有成功地唤起对这个问题的提法的理解——哪怕只是一种初步的理解"③。简言之,《存在与时间》受到了误解。然而,如果仅仅是误解,并不足以使海德格尔的思想发生"转向"乃至放弃《存在与时间》的"此在之路",这里肯定有"内因",即这条道路本身出了问题。

众所周知,海德格尔以对康德的强暴式解读而闻名,不过他对康德的解读并非没有道理。一方面按照他的说法,思想家之间的对话"遵循不同的法则",与历史语文学没有什么干系④,另一方面他在许多方面还是言之有据的,只不过所依据的文献大多与康德自身的矛盾或犹豫不决有关。像胡塞尔一样⑤,海德格尔青睐《纯粹理性批判》的第一版,正是通过发掘其中的想象力学说,海德格尔明确了自己的问题。

康德认为形而上学源于人的本性(自然倾向),所以在海德

---

① 海德格尔:《康德与形而上学疑难》,王庆节译,上海译文出版社,2011年,第1页。为了译名之统一,译文或有所改动,以下不再注明。
② 同上,第2页。
③ 海德格尔:《尼采》(下卷),孙周兴译,商务印书馆,2002年,第825页。
④ 海德格尔:《康德与形而上学疑难》,第3页。
⑤ 胡塞尔:《纯粹现象学通论》(大观念 I),李幼蒸译,商务印书馆,1992年,第161页。

格尔看来《纯粹理性批判》并非认识论之作,其任务是通过对理性的"批判"为形而上学"奠基"。关于理性的基本能力,康德有"三元说"和"两枝干说",他声称"一般经验和经验对象的知识的可能性所依据的三种主观的知识来源:感官、想象力和统觉"①,但是却又说"人类知识有两个主干,它们也许出自一个共同的但不为我们所知的根源,这两个主干就是感性和知性"②。针对康德的矛盾,海德格尔揭示了其陷入混乱的原因以及在第二版的退缩,主张想象力并不是感性与知性的中介,而是两者的共同基础。换言之,并不是像康德在《纯粹理性批判》第二版客观演绎中所修改的那样,想象力作为中间环节一方面从属于感性直观,另一方面形成图像所遵循的是知性范畴的综合统一规则,恰恰相反,想象力才是感性和知性的基础,感性的领受性和知性的自发性都根源于想象力,它们是从想象力"生发"出来的。

按照《纯粹理性批判》中关于先验想象力说明,想象力乃是即便对象不在场也能够在直观中表象对象的能力③。虽然这个规定是第二版才有的,不过它也意味着"在对存在物有所经验之前,想象力就已事先形象了关于对象性自身的境域外观。但是,这种在时间的纯粹图像中的外观形象活动(Anblickbilden),并不在关于存在物的这种或那种经验之先,而是事先就已经在所有可能的经验之先了。因此,在提供外观时,想象力从一开始就完全不依赖于存在物的在场。这样的极少依赖就导致了想象力对纯粹图式的如实体亦即持存物的前-形象过程(Vor-bilden),一般来说,首先是将常驻的在场这样的东西带入眼帘,而惟有在这常驻

---

① 康德:《纯粹理性批判》(注释本),李秋零译,中国人民大学出版社,2011年,A115,第136页。
② 同上,A15／B29,第47页。
③ 同上,B151,第117页。

的在场的境域中,这个或那个'对象的当前'本身才能够显现出来"①。因此,"《纯粹理性批判》中的生产性的想象力绝不和对象的图像形象活动有什么瓜葛,而是和对象性之一般的纯粹外观相关联。它不受经验制约,它是使经验首先得以可能的纯粹生产性的想象力"②,即先验(超越论的)想象力。

那么,如果我们追问先验想象力从哪里形成了关于对象性的一般外观形象,我们就遇到了"先验对象"。在第一版主观演绎之"三重综合"之后,康德进一步追问知识的对象是什么。按照批判哲学的立场,知识的对象不是物自身,但是知识必须是有对象的,这个对象被康德看作是使知识不至于变成任意的,亦即保证知识有对象而且是具有统一性的对象,他称之为"先验对象 = X"③。"这个 X 是我们完全不能够知道的'某物'。但是,它的不可知,并非因为这个 X 作为一个存在物被遮盖在显象之幕的'背后',而是因为它完全不能成为某种知晓的可能对象,也就是说,它不能成为有关存在物的某种知识所占有的对象,因为它是个虚无,它根本不能成为那样的东西。"④"这个 X 就是'对象一般',这并不意味着一个普遍的、尚未规定的、站在对面的存在物。相反,这一说法指的是那个东西,它事先成就着一切可能的站在对面的对象的模糊梗概,事先成就着一个站在对面的东西的境域。这个境域全然不是对象,而且,如果对象仅仅意味着得到专题把握的存在物,那么,这个境域就是个虚无。"⑤

如果我们把先验想象力这种即便对象不在场也能够在直观

---

① 海德格尔:《康德与形而上学疑难》,第 125 页。
② 同上,第 126 页。
③ 康德:《纯粹理性批判》(注释本), A109,第 133 页。
④ 海德格尔:《康德与形而上学疑难》,第 116—117 页。
⑤ 同上,第 117 页。

中表象对象的能力,与作为虚无之境域为可能之对象提供可能性的先验对象联系在一起,先验想象力就是在无中形象出对象之外观的能力这一点便昭然若揭了,换言之,存在物通过先验想象力而得以显现为"对象",而在显现出来的存在物"背后"一无所有,那是存在的深渊(Abgrund)。由此我们知道康德为什么会在自己的"发现"面前"退缩"了。一方面,先验想象力的基础作用以理性臣服于感性的方式颠覆了传统的理性主义,另一方面想象力也把康德推到了存在的深渊面前。

借助于康德,海德格尔"重新"来到了存在的深渊面前,这一次他不再像《存在与时间》里那样执着于在显现出来的东西中保持显现,而是回问那从不显现的存在本身。1930年在《论真理的本质》这篇讲演中,海德格尔从真理的符合论说起,通过知识与对象符合一致的条件,进一步把上述问题"推进"到了无蔽状态与遮蔽状态的真理问题。这篇演讲继承了《存在与时间》第44节中关于真理的规定,把真理解释为"无蔽"或"解蔽"(aletheia),但是其中关于"遮蔽"的思想却中断了《存在与时间》中的"此在之路"。

传统真理观中的核心问题是"符合"问题,简言之,真理的本质在于知识与对象的符合一致。我们在此面临的难题是:知识(观念)与物不同,如何解释它们之间的符合关系? 既然两者不同,物如何能够成为我们的认识对象? 在某种意义上说,《存在与时间》把胡塞尔对事情本身的追问从纯粹意识的层面更深入了一层,深入到意识的存在(生存)的层面,现在海德格尔试图从意识的生存再深入下去,更进一步揭示比真理之无蔽状态更为源始的遮蔽状态,而其入手处就是深究知识与对象符合一致的根据。就认识活动而言,认识就是把某物"表象"为对象:"表象(vor-stellen)意味着让物对立而为对象。作为如此这般被摆置者,对立者必须横贯一个敞开的对立领域(offenes Entgegen),而同时自身又必须保持为一物并且自行显示为一个持留的东西。横贯对立领域的物的这一显现实行于一个敞开域(Offenes)中,此敞开域的敞开状态(Offenheit)首先并不是由表象创造出来的,而是一向只作为一个关联领域而为后者所关涉和接受。"①因此,认识活动把物表象为对象的前提条件是:一方面认识活动是开放的,另一方面物能够在认识活动的开放中显现出来,我与物必须"横贯对立领域"而"置身于"一个敞开领域,没有这个领域就谈不上去表象对象。由此可见,知识与对象的符合一致并不是真理的本质,真理的本质在于这个敞开领域,而人投身于这个敞开领域乃是人向对象开放的一种行为,海德格尔称这个行为为"自由",所以真理的本质就是自由。所谓自由就是让存在者成其所是,让存在者存在(Seinlassen),因而并非人占有自由,而是自由占有了人。

然而,我们把一切东西带到"无蔽"之中的自由的活动毕竟是具体化的,我们的揭示活动总是揭示某个或某些存在者,而当我们揭示存在者的时候,这种揭示同时也是一种遮蔽或掩藏,因为当我们把某个东西带到光明之中的同时,也就使得存在者的整体存在被遮盖了。这就像在茫茫黑暗之中点亮一支蜡烛,它只能照亮很小的地方,不可能将无边无际的黑暗统统带到光明之中来,其结果只能是反衬出来周围的黑暗。因此,"让存在自身本也是一种遮蔽。在此之在的绽出的自由中,发生着对存在者整体的遮蔽,存在着(ist)遮蔽状态"②。这种遮蔽状态并非"只见树木,不见森林"的错觉,即便我们可以把所有的存在者都带到光

---

① 海德格尔:《路标》,孙周兴译,商务印书馆,2000年,第212页。
② 同上,第222页。

明之中来,存在者之整体仍然是不显现的,因为解蔽同时即是掩藏。遮蔽状态并不是由解蔽才发生的,它比解蔽行动更源始、更古老。解蔽行动试图通过解蔽而使存在显现而达于无蔽状态,但解蔽的同时就是遮蔽,当我们试图使存在显现的时候,存在并不显现,显现的是存在者。"对有识之士来说,真理的原初的非本质(即非真理,Un-wahrheit)中的'非'(Un-),却指示着那尚未被经验的存在之真理(而不只是存在者之真理)的领域。"①

海德格尔称这个"非真理"的"遮蔽状态"为"神秘"(das Geheimnis)。随着科学技术对世界的"祛魅",貌似不再有神秘的东西,这个神秘的领域久已被遗忘了。于是,"此在不仅绽出地生存(ek-sistiert),而且也固执地持存(in-sistiert),即顽固地守住那仿佛从自身而来自在地敞开的存在者所提供出来的东西"②。由此,人误入歧途,陷入迷误。"人离开神秘而奔向方便可达的东西,匆匆地离开一个通行之物,赶向最切近的通行之物而与神秘失之交臂——这一番折腾就是误入歧途(das Irren)。"而"对被遮蔽的存在者整体的遮蔽支配着当下存在者的解蔽过程,此种解蔽过程作为遮蔽之遗忘状态而成为迷误(Irre)"③。按照海德格尔,人误入歧途是必然的,唯人可以陷入迷误,因为解蔽本身就是遮蔽,只是我们遗忘了遮蔽,固执于解蔽的东西,误入歧途而不自知。

这便切中了我们的主题:此在之迷途。

导致海德格尔中断了《存在与时间》中的此在之路的原因有很多,其中之一而且是一个十分重要的原因是:海德格尔虽然不

---

① 海德格尔:《路标》,第 224 页。
② 同上,第 225 页。
③ 同上,第 226—227 页。

再像形而上学那样把存在看作是对象性的东西,但是当他以现象学方法关注于存在如何通过此在而显现时,同样面临着与存在失之交臂的危险。由康德的先验想象力而直面存在的深渊,由反思真理的本质而触及了遮蔽状态之源始境域,海德格尔意识到按照此在之路只能通达存在者的真理,而不可能接近存在的真理。海德格尔之所以让康德充当其存在问题的"代言人",本来是为了以康德来支持他的此在之路,然而也使他置身于不显现的显现或遮蔽着的无蔽的真理面前。

我们或可将存在之遮蔽状态称为"虚无之境"。

## 二　虚无之境

初读《存在与时间》,给人的感觉是海德格尔已经为解答存在问题开辟了坦途。然而,伴随着《存在与时间》结尾处的一系列疑问,这条此在之路陷入了困境。如果说如上所述,海德格尔在 1929 年的《康德与形而上学疑难》中借助于康德哲学反思此在之路,那么在 1936 年开始到 20 世纪 40 年代对尼采的解读则可以看作是借助于尼采而彻底地反思形而上学,谋求开辟"另一开端"。海德格尔或许由此而意识到,《存在与时间》中对于存在的意义问题的追问尽管深入到了形而上学的根基处,但依旧还没有摆脱形而上学。

海德格尔把尼采确定为终结了形而上学的最后一位形而上学家:"作为一切价值的重估者,尼采向我们证明,他最终是归属于形而上学的,因而是与另一个开端的一切可能性鸿沟相隔的。"[①]究其原因,在他那里,"意义"重又成了"目标"和"理想"。

一切形而上学的基础是存在与存在者的区分,形而上学思的

---

① 海德格尔:《尼采》(下卷),第 661 页。

是存在者的存在。从柏拉图开始,表示存在的是 ousia,即在场(Anwesen)。ousia(在场状态)意味着存在状态(Seiendheit),从而意指存在者中的普遍之物,即最普遍之物中的最高普遍性。在形而上学中,存在与存在者的区分的依据和要义似乎就在于:撇开存在者的一切特殊性,以便保持作为"最抽象之物"的最普遍之物。在这种对存在与存在者的区分中,关于存在的本质内容并没有言说什么。① "这一事实十分明显地证明了:形而上学是多么明确地远离于任何一种对存在与存在者之区分的沉思,尽管它处处都用到这个区分。"② 存在者之为存在者是由存在者的存在来回答的,而存在者的存在亦即"是什么"的"什么"(Was),也就是存在者的"什么性"(Washeit),即本质,对柏拉图来说就是"理念"。虽然尼采颠倒了柏拉图主义,感性之物成为真实世界,超感性世界成为虚假世界,但是柏拉图的理念乃为理性原则,而理性原则变成了意义或价值,因而这种颠倒作为"对一切价值的重估",无非是把意义—价值从超感性世界"归还"给感性世界而已,归根结底仍然是存在者的存在而非存在的存在。由此而反思《存在与时间》,正如尼采重估一切价值的价值不同于柏拉图的理念,海德格尔重提的存在问题亦即存在的意义问题当然也与亚里士多德关于存在的意义的范畴体系不同,但是两者似乎有一个共同点,所思的仍然是存在者的存在而不是存在的存在。正如尼采将价值落实在超人身上,海德格尔亦将解答存在的意义问题落实在了此在身上,这就导致了《存在与时间》另一个失误:反主体性不彻底。

由于形而上学把意义赋予了存在者,存在反而成了无意义的

---

① 海德格尔:《尼采》(下卷),第842页。
② 同上,第843页。

状态。所谓"无意义状态"即存在之真理(澄明)的缺失。在《存在与时间》中,"意义"指的是筹划(开抛,Entwurf)领域,即在筹划中自行开启和奠基的存在之澄明,而这种筹划乃是那个在被抛的筹划中作为真理的本质展开而发生出来的东西。① 由于形而上学把真理的本质排除掉了,这样一种筹划的任何可能性都失效了。于是,"在这个完成了的无意义状态的时代里,现代的本质得到了实现"。没有一种历史性的深思绕得开两个共属一体的本质规定:一是人作为主体把自己设置和保障为存在者整体的关联中心,二是存在者整体的存在状态被把握为可制造的和可说明之物的被表象状态。这就是:把人规定为主体和把存在者整体规定为"世界图像"。②

因此,尼采揭示了形而上学的虚无主义本质。

通常理解的虚无主义指的是:唯有在我们的感官感知中可获得的亦即被我们亲身经验到的存在者,才是现实的和存在着的,此外一切皆为虚无,人们通常以实证主义这个名称来表示这种世界观。③ 不过对尼采来说,"虚无主义"具有更多的意味。尼采用虚无主义这个名称来命名一种由他本人最先认识到的历史运动,一种已经完全支配了先前各个世纪并且将规定未来世纪的历史运动;对于这种历史运动,尼采用一句话做了最本质的解释:"上帝死了。""这句话的意思是说:'基督教的上帝'已经丧失了它对于存在者和对于人类规定性的支配权力。同时,这个'基督教上帝'还是一个主导观念,代表着一般'超感性领域'以及对它的各种不同解说,代表着种种'理想'和'规范'、'原理'和'法则'、'目标'和

---

① 海德格尔:《尼采》(下卷),第658页。
② 同上,第662—663页。
③ 同上,第670页。

'价值',它们被建立在存在者'之上',旨在'赋予'存在者整体一个目的、一种秩序,简而言之,'赋予'存在者整体一种'意义'。"①在海德格尔看来,尼采揭示了形而上学的虚无主义本质:形而上学乃是本真的虚无主义。形而上学虽然基于存在与存在者的区分,但是它向来把存在理解为存在者的存在,并且以抽象的方式把握存在者的存在,这意味着存在的意义是通过存在者的意义来回答的,故而存在者有意义而存在是无意义的,然而形而上学却始终自欺欺人地认为它获得了存在的意义。尼采振聋发聩地揭示了存在的无意义状态,从而以人(超人)作为赋予存在者意义的"上帝"。就此而论,尼采终结了形而上学,但是由于尼采就此而放弃了存在问题,海德格尔称之为最后一位形而上学家。

海德格尔对尼采的虚无主义的思考与《存在与时间》有何关系?尼采意识到所有的形而上学都是人的形而上学,他要做的就是把人的东西归还给人,核心观念就是:上帝死了。而海德格尔在《存在与时间》中关于此在的沉沦的生存论分析,揭示了日常的此在并非自己存在,而是以"常人"的方式存在,他要揭示的是:常人"查无此人""从无此人",目的是要此在立足自身而在世,作为"能在"而让存在得以显现。尽管与尼采不同,海德格尔关注的是存在如何通过此在而显现,但是在不经意间他也踏上了尼采的道路,在反对理性主义的人的主体性的同时,却强化了另一种主体性——此在的生存论的主体性。因此,《存在与时间》最大的问题可能是:存在的显现乃是通过此在而呈现的,归根结底是此在的存在,而不是存在的存在,存在仍然有可能付诸阙如。所以,无论《存在与时间》对传统形而上学的批判多么深刻并且切中要害,此时的海德格尔却像尼采一样,仍然从属于形而上学。

---

① 海德格尔:《尼采》(下卷),第671页。

那么,形而上学为什么声称思的是存在但实际上思的是存在者?"并不是因为它拒绝存在本身作为有待思考的东西,而是因为存在本身付诸悬缺。"①"此间已经变得更为清楚的是:存在本身作为无蔽状态而本质性地现身,而存在者就在这种无蔽状态中在场。可是,无蔽状态本身作为这样一种无蔽状态依然蔽而不显。在与其本身的关联中,无蔽状态在它自身那里付诸悬缺。关键在于无蔽状态之本质的遮蔽状态,关键在于存在之为存在的遮蔽状态。存在本身付诸悬缺。"②存在以悬缺的方式"现身"而为存在者,存在者现身而存在悬缺,海德格尔称之为"存在的离弃状态"(Seinsverlassenheit)。③ 所以,面对存在,形而上学是无能的,而形而上学的无能不仅是它自身的问题,而且更重要的是存在本身在以无蔽状态呈现出存在者之际隐而不显。因此,形而上学不可能不是虚无主义:在它的视野里存在悬缺而为虚无,所以"不存在"或不是存在。由此可见海德格尔解读尼采的意图:尼采揭示了存在并不存在,而海德格尔则借此要对不"存在"(ist)的存在发问。自从存在者作为存在者本身进入了无蔽状态之后,存在便隐匿了自身,而存在者正是在存在的离弃中存在出来的。"这种无蔽状态一发生,就有了形而上学;因为形而上学乃是存在者之为存在者的这种无蔽状态的历史。有了这种历史,存在本身的隐匿就历史性地出现了,存在者之为存在者被存在离弃的状态就出现了,也就出现了一种历史,在其中存在本身是一无所有的。相应地,从此以后,存在本身就一直是未被思考的。"④

既然存在本身以悬缺的方式现身,我们如何思存在?

---

① 海德格尔:《尼采》(下卷),第984页。
② 同上,第984页。
③ 同上,第986页。
④ 同上。

存在以无蔽状态而使存在者存在,无蔽状态属于存在,而存在本身在无蔽状态中悬缺,亦即在隐匿中遮蔽了自身。无蔽状态本身的悬缺与遮蔽状态的保持出现在一个隐蔽之所中,无蔽状态的悬缺与遮蔽状态的保持并不是事后才来寻找一个寓所,这个寓所是与它们一道作为到达(Ankunft)而出现的,而存在本身就是作为这种到达而存在的。"存在之为存在的位置场所就是存在本身",这个场所就是人的本质。"人即使在唯一地根据存在者之为存在者认识存在时也已经与存在相对待,就此而言,人就在与存在打交道。人置身于存在本身与人的关联中,因为人之为人是要与存在者之为存在者打交道的。由于存在把自己托庇于无蔽状态中——而且只有这样它(Es)才是存在——,存在本身就与它的到达场所(作为其悬缺的寓所)一道发生出来了。这个所在(Wo)作为隐蔽之所的此(das Da der Bleibe)属于存在本身,'是'(ist)存在本身,因此被叫作此之在(Da-sein)。"①在这里,此在依然与众不同,它在存在与存在者"之间",亦即在无蔽状态与遮蔽状态"之间"。这个"之间"并非在两个东西"之间",存在者是东西,而存在则"悬缺"。与《存在与时间》不同的是,首先,海德格尔在那里虽然思入了存在之本源,但是焦点乃是无蔽状态,关注的是存在如何通过此在而显现出来,遮蔽状态仍然是未被思考的。因而其次,如果我们把"此在"(Dasein)理解为"在之于此",那么这里的此-在乃为"此之在"(Da-sein),前者指的是人的存在,后者则意指人(此在)进入其中得以展开的那个状态(境界)。② 我们不再从此在入手去思存在,而是寻求面向存在本身的方式。

于是,将尼采把握为西方形而上学的终结,构成了从第一开

---

① 海德格尔:《尼采》(下卷),第989页。
② 海德格尔:《哲学论稿——从本有而来》,孙周兴译,商务印书馆,2012年,第2页。

端向另一个开端的过渡。而《哲学论稿》要开启的就是这"另一开端"。

1936年至1938年写就的《哲学论稿——从本有而来》大约与《尼采》讲座同时,两者中有很多思想是一致的,例如存在离弃状态、第一开端与另一开端等等,不过《哲学论稿》由于特殊的"私人写作"性质,应该是了解海德格尔思想转向的最佳文献,当然也正因为如此,这部探索之作极其晦涩难解。由于海德格尔在形而上学的"第一开端"之外"发现"了"另一开端",遂使存在问题的性质发生了变化。《存在与时间》追问的是"存在的意义"问题,现在海德格尔仍然坚持这个问题是他的"独一问题",不过把这个问题解释为"存有的意义"问题①,即"关于存有之真理的问题"。由此,海德格尔在《存在与时间》与《哲学论稿》之间划清了界线,也可以说是在第一开端与另一开端之间划清了界线。

按照海德格尔,"第一开端的基本情调乃是惊奇,惊奇于存在者存在,惊奇于人本身存在着,在人所不是的存在者中存在着"。"另一开端的基本情调乃是惊恐。在存在之离弃状态中的惊恐与在植根于这样一种创造性的惊恐中的抑制。"②所谓第一开端即哲学的开端亦即形而上学的开端,哲学家们惊异于存在者的存在,追问存在者"是什么"的"什么"即本质。因而其"主导问题"是"什么是存在者"。由存在之离弃状态所激发的"急难"(Not)迫使我们思的是"什么是存有的真理",此为另一开端的

---

① "存有"(Seyn)系"存在"(Sein)的古式写法,海德格尔以此来思非形而上学意义上的"存在"和"存在历史"。参见《哲学论稿》,第1页,孙周兴注。存有的含义复杂丰富,且很难用形而上学的语言表述,大致与"本有"(Ereignis)意思相同,自行遮蔽的敞开状态、离基深渊、存在离弃状态的急难……都与此相关。"存在"很容易陷入形而上学之对象性思维方式的陷阱,被设想为不同于众在者的最高的存在者,而"存有"则具有"生发"或"发生"的意味。

② 海德格尔:《哲学论稿》,第51页。

"基础问题"。① 从第一开端到另一开端,从主导问题到基础问题,并非"进展",而只能"跳跃"。

当我们意识到存在者"存在"而存在不"存在"时,便遇到了"存在离弃状态":存在以自行隐匿的无蔽状态让存在者存在而使自身不存在,即是说,存在以离弃出存在者的方式隐匿自身。《存在与时间》把相关的存在的遗忘归之于形而上学,归之于此在的沉沦,而现在海德格尔则归之于"存有":人并没有离弃存在(遗忘存在)的本事,归根结底是存有以离弃自身呈现出存在者的方式,造成存在拒不给予的"急难"(Not),从而迫使人直面"离基深渊"(Abgrund),由此而开启"另一开端"。换言之,非由此"急难",不能让人"回忆"起"存有"。由此我们可以理解,为什么另一开端的基本情调是惊恐或惊惧:本有是"原始-基础"(Ur-grund),"这个原始-基础唯在离-基深渊中作为自行遮蔽者而开启自身。不过,离基深渊却完全被无-基(Un-grund)伪装起来了"。所以,"对于基础的探基必须冒险一跳,跃入离-基深渊之中,必须去测度和经受住离-基深渊本身"。"离-基深渊"作为基础之离失,乃是作为"空虚"的敞开者的首次澄明。② 存在者之存在对我们来说是熟悉的,因为它们原本就是理性对存在者的普遍性的"增补"③,存在反而是无意义的。而当我们"发现"了存有之自行隐匿的无蔽状态时,处于无蔽状态的存在者失去了意义,自行隐匿的存有仍然是深渊(Abgrund),因为它从不显现。

海德格尔在《形而上学导论》中追问:"为什么存在者存在而无反倒不在?"形而上学惊异的是存在者的存在,实为存在者之

---

① 海德格尔:《哲学论稿》,第77页。
② 同上,第406页。
③ 同上,第69页。

为存在者,作为第一开端它"必然地制服一切,因为它也吞掉了虚无,把它当做'非'(Nicht)和反(Gegen)吸收掉或者完全消灭掉"①,而海德格尔"惊恐"的是不存在的无。当然,惊恐并不是退缩,而是使人回行,从而在惊恐中开启出存有之自行遮蔽。②就此而论,从第一开端到另一开端不可能像"搭桥"一样"过渡",只能"跳跃"——因为开端只在跳跃中发生③。就此而论,《存在与时间》还只是"向跳跃的过渡"④。

存有以离弃存在者的方式隐匿,当存在者存在之际,存在不能也存在。形而上学之"存在的遗忘"自有其原因。然而,"存在不存在,但我们仍然不能把存在与虚无等同起来。而另一方面,我们又必须下决心把存有设定为虚无——如果'虚无'说的是非存在者"⑤。海德格尔一生的问题是存在,但他始终试图言说的却是——虚无,套用孙周兴先生的话,此乃"说不可说之神秘"。《存在与时间》也言说虚无,不过海德格尔主要是从此在在世来讨论的,此在有畏,畏启示着无,此在畏之者乃"无何有之乡"(nirgends),实际上即是此在之"能在世"本身,所以此在的沉沦亦须由自身之"良知"呼唤回自身,以便向死而在。"但要紧的其实不是把人之存在消解于死亡中,并且把它解释成单纯的虚无状态,相反地倒是:把死亡拉进此在之中,为的是掌握在其离基深渊般的广度中的此在,因而对存有之真理的现实性的基础做出完全的测定。"⑥向死而在使此在置身于有无"之间"(Zwischen),朝

---

① 海德格尔:《哲学论稿》,第186页。
② 同上,第17页。
③ 同上,第239页。
④ 同上,第244页。
⑤ 同上,第303页。
⑥ 同上,第301页。

向离-基深渊,亲临虚无之境。①

虚无之境,虚无有"境"。此在在存在者和存在论上的"优先地位"表明它处在有无之间,《存在与时间》似乎关注的是无如何成为有而不失其无的本性(可能性),而《尼采》和《哲学论稿》则是由有而回望无,前者关注的是作为此在之此,后者关注的则是此在之"在",这个"在"不存在,此-在恰于在与不在"之间"。

### 三 迷途知返

海德格尔在《尼采》出版时,在第五章"欧洲虚无主义"第21节插入了一段反思《存在与时间》的话:

> 在《存在与时间》一书中,根据关于存在之真理的问题,而不再是根据关于存在者的真理的问题,我已经作了一个尝试,试图从人与存在的关联而且仅仅根据这种关联来规定人的本质;在那里,人的本质在一种得到确凿界定的意义上被称为此之在(Da-sein)。尽管对一个更为原始的真理概念作了从实事上看必然的因而同时的阐发,但在过去的十三年里,丝毫没有成功地唤起对这个问题提法的理解——哪怕只是一种初步的理解。一方面,这样一种无所理解的原因在于我们那种不可根除的、自我加固的对于现代思想方式的习惯:人被看作主体;对人的一切沉思都被理解为人类学。而另一方面,这样一种无所理解的原因也在于那种尝试本身,也许因为这种尝试其实是某种历史性地成长起来的东西而不是什么"制作品",所以它来自以往的东西,但又要挣脱以往的东西,由此必然地并且持续地依然回指着以往的道路,

---

① 海德格尔:《哲学论稿》,第303页。

甚至乞灵于以往的东西，以便去言说一个完全不同的东西。然而，首要地，这条道路在一个关键地方中断了。这种中断的原因在于：这条已经踏上的道路和已经开始的尝试有违自身的意愿而进入那种危险之中，即：只是重新成为一种对主体性的巩固；这种尝试本身阻碍了那些决定性的步骤，也就是说，阻碍了在步骤实行中对这些步骤的充分描绘。一切向"客观论"和"实在论"的求助都还是"主体主义"。关于存在之为存在的问题处于主体-客体关系之外。①

在这段话中，海德格尔解释了《存在与时间》之所以"失效"的内外两方面的原因。外因是人们习惯于形而上学的思路，内因则是他试图摆脱但最终没有能够彻底摆脱形而上学的束缚，并且重蹈了主体主义的覆辙。不过，虽然《存在与时间》的写作"中断"了，它要解答的问题仍然存在，只不过转换了解答问题的角度或方式。就海德格尔后期思想而论，这一转换或"转向"并不简单，甚至可以说耗费了他毕生的精力。

《存在与时间》的"此在之路"之所以失效有很多原因，我们以为其中最主要的原因有三个：其一是没有彻底摆脱形而上学的影响，以形而上学的语言来克服形而上学是行不通的。其二是消除传统哲学之主客二元式的认识论框架、克服主体中心论的工作半途而废，因为不经意间海德格尔强化了另一种生存论的主体中心论，这并非他的本意。其三，没有现象学方法就没有《存在与时间》，存在论就是现象学，反之亦然。但是，现象学方法所能获得的效果有限，显现"背后"虽然没有东西，然而恰恰是这个"没有东西"值得深思。

---

① 海德格尔：《尼采》（下卷），第825—826页。

首先，用形而上学语言不可能克服形而上学。一打开《哲学论稿》，扑面而来的是这样一句话："哲学不可能以其他任何方式公开呈现出来，因为所有基本语词都被用滥了，与语词的真正关联被摧毁了。"①海德格尔质问道："以今天越来越广泛地被滥用和乱说的日常语言，是不能道说存有之真理的。如若一切语言皆为关于存在者的语言，存有之真理竟可能被直接道说吗？抑或能够为存有发明一种全新的语言吗？"②他的回答是：不可能。因为所有的哲学语言，所有的形而上学语言，甚至所有的日常语言，都是用来描述和表达存在者的，面对存在，我们无语。其实，《存在与时间》在这方面已经做出了最大的努力。海德格尔一再强调对此在之存在的描述属于生存论性质，而不能使用存在论意义上的范畴。例如，海德格尔在《存在与时间》第一部第一篇第一章提出"此在分析的课题"时就强调，此在这种存在者的"本质"在于它的"去存在"，若非要问它是什么，也必须从它"怎样去是"即它的存在（existentia）来理解，不过他主张用 Existenz（生存）而不是 existentia 来称呼此在的存在，因为古语 existentia 作为存在论的术语具有现成存在的意思。③ 但是，Existenz 毕竟是 existentia 的对应词，误解在所难免。在《论人道主义的书信》中，海德格尔认为即便是萨特在声称"实存先于本质"的时候，他也仍然是在形而上学意义上将 Existenz 理解为 existentia 的，把形而上学的命题 essentia（本质）先于 existentia（实存）颠倒过来，依然还是一个形而上学的命题。④

因此，《存在与时间》语言的失误既有人们的思维惯性作祟，

---

① 海德格尔：《哲学论稿》，第 1 页。
② 同上，第 85 页。
③ 海德格尔：《存在与时间》，第 49 页。
④ 海德格尔：《路标》，第 385—386 页。

也有海德格尔的问题。除非对所有的哲学概念弃之不用，否则难以开辟新路。而这正是《哲学论稿》要做的工作。

其次，海德格尔尽心竭力地批判主体主义，但是在《存在与时间》中他自己却重蹈覆辙。

此在与存在有着存在论的关系，它存在论地存在即生存（Existenz），因而此在与存在具有某种相互构成的关系：此在因存在而存在，存在因此在而显现为存在。当海德格尔声称此在对它的存在有所作为的时候，便埋下了生存中心论的"种子"。貌似此在对存在具有"生杀大权"：或者本真地在世而使存在显现，或者非本真地在世而把存在凝固化为现成所予的存在者，而且实际上此在通过形而上学一向遮蔽着存在。由此，海德格尔颠覆了主体中心论，却强化了生存中心论。在某种意义上说，萨特所发挥的个人与自由恰恰是海德格尔竭力要避免的，但看上去却的确是《存在与时间》的应有之义，这恐怕是海德格尔始终拒绝存在主义（生存主义或实存主义）的根本原因。于是在《哲学论稿》中，至少有两方面的相关变化，其一是此在变成了此-在，其二是人并不直接就是此在，他需要"成为"此在。

在某种意义上说，此在（Dasein）与此-在（Da-sein）的"重心"不同，此在乃存在在此，而此-在则是在此之在。《存在与时间》的问题是如何打开或开放此在的"此"（da），让存在由"此"而"在"。《哲学论稿》中的 Da-sein 则意在探索人如何成为或进入 Da-sein，如何通过存有之自行隐匿的无蔽状态"道说"自行隐匿的存有。不仅如此，人既是此-在又不是此-在，他需要"成为"此-在。此-在"这个存在者""并不是这个'人'和以其方式存在的此-在（在《存在与时间》中还是十分容易误解的），而不如说，存在者之为此-在，乃作为某种确定的、未来的人之此在的基础，而非作为自在之人'的'基础；即便在这一点上，《存在与时间》也没有足够的清晰性"。因而,"此-在——标识着在其可能性中的人的存在;也就是说,它根本不再需要附加'人的'这个形容词了。在何种可能性中呢?在其至高的可能性中,即成为真理本身的奠基者和保真者的至高可能性"①。

《存在与时间》中突出的是议题是如何使此在本真地在世,从而使存在通过它的可能性而得以显现,这不仅有可能陷入生存中心论的危险,而且更重要的是在强调存在之显现的同时忽略了存在之遮蔽。从海德格尔的角度,这或许可以看作现象学的"局限",现象学关注的是显现,而且现象之外无他,现象即本质。胡塞尔现象学将纯粹意识看作世界显现的条件,海德格尔的《存在与时间》将此在之生存活动看作存在显现的"条件",不过他亦意识到,存在通过此在的显现毕竟是此在的存在而非存在的存在,在此在所显现的存在中,存在不显现,存在不存在。但恰恰是不存在的存在,亦即显现反衬出来的遮蔽,才是真正的源始境域——虚无之境。仅仅执著于显现之无蔽状态,即便强调其非现成性的性质,仍然并不比形而上学更接近存在。

既然存在不在显现之中,显现反衬出来的是遮蔽,我们如何持守这个虚无之境?

据说海德格尔在1930年做《论真理的本质》的演讲时曾经引用过老子《道德经》第二十八章:"知其白,守其黑",不过在修改发表时删去了。然而,海德格尔对老子的这句话情有独钟,经过1946年与萧师毅共同研读老子,在《思想的原则》(1957年)中他最终还是把这句话说了出来。思想的原则的起源,设定这些定律的思想的所在,这里所谓所在和地方的本质,所有这一切对我们来说都还笼罩在一片幽暗之中。也许,这种幽暗在所有思想那

---

① 海德格尔:《哲学论稿》,第317页。

里随时都在活动。幽暗不同于昏暗,幽暗是光明之奥秘。幽暗保存着光明,光明属于幽暗。"如果光亮散落到一种'比千百个太阳还亮的'单纯光明中,那么,光就不再是澄明了。困难的是,保持黑暗的纯正性,也就是说,避免对不得体的光明的混合,去发现与黑暗相合的光明。老子说(第十八章;V.v.施特劳斯译):'知其白,守其黑。'关于这一点,我们还要加上一个尽人皆知却又少有人能做到的真理:终有一死的人的思想必须落入井泉深处的黑暗中,才能在白天看到星辰。"①

知其白,守其黑。有黑方有白,但有白才能知道黑。人试图将黑暗带入光明,以便看到黑暗,由此而成就了一片明亮的天空,于是我们把这世界居住为家,由此而遗忘了黑暗。殊不知,人无论如何没有照亮世界的本事,是黑暗(存在)通过人(此在)而呈现了世界,它以这种离弃自身的方式激发出存在的急难,召唤人迷途知返——人必先踏入迷途,才有可能返归本源。海德格尔在《尼采》中打了一个比喻:如果我们把存在与存在者比喻为一条河的两岸,那个既不是存在者也不属于存在的东西能够作为河流在存在者与存在之间流动吗?②《哲学论稿》中有答案:"存有作为神和人的'之间'而本质性地现身,但却是这样,即:这个'之间'空间首先为神和人设置了本质可能性,那是这样一个'之间',它向其河岸奔腾,由于这一奔腾才首先让河岸成为河岸,它总是归属于本-有之河流,总是遮蔽于神和人的丰富可能性中,总是那些不可穷尽的关联的此岸与彼岸——在这些关联的澄明中,世界得以接合和沉没,大地得以展开自身并且忍受毁灭。"③

---

① 海德格尔:《同一与差异》,孙周兴、陈小文、余明锋译,商务印书馆,2011年,第131—132页。原文中"《老子》第十八章"有误,应为第二十八章。
② 海德格尔:《尼采》(下卷),第878页。
③ 海德格尔:《哲学论稿》,第503页。

存有作为"之间"乃是这河流,人必须投身于存有而成为"之间"才能进入此-在。不过,此-在投身于存有的这条"河流"没有"两岸",只有一岸——存在者,所以存在对此在来说乃是"离基深渊"。此在是存在者,而且是被存在"选中"开启存在的存在者,此在的确在存在与存在者"之间"(Zwischen),不过不是在两个东西之间。这个"之间"即存在与存在者之间、有无之间、显现与遮蔽之间……但"之间"只有一边是"实在的",另一边是深不可测的深渊,我们之所以对存在"视若无睹",乃是因为存在是看不见的。就此而论,《存在与时间》的此在之路,处于形而上学第一开端向另一开端的"过渡":形而上学基于存在与存在者之间的区分而思存在者是什么,《存在与时间》基于存在与存在者之间的存在论差异而以此在之时间性结构作为思在的先验境域,《哲学论稿》则意在"消除"存在与存在者之间的差异,而此-在的"之间"克服分离并不是由于它在存有与存在者之间架起了一座桥,而是由于它把存有与存在者同时转变入了它们的同时性(Gleichzeitigkeit)之中,从而并不因此而退回到形而上学乃至恢复存在者对于存在的优先性。① 因此,存在与存在者的存在论差异既是必然的,也一直是灾难性的。②

回到本文最初海德格尔关于《存在与时间》的解释:此在之路中断了,但是这条路却仍然是必要的。的确如此。如果没有对 Dasein 的生存论分析,从第一开端到另一开端的"一跃"就没有"立足点",或者说,没有可供起跳的"跳板"。我们必须陷入迷途,才会去摸索回家的路。所以"迷途知返"是双重的:一方面海德格尔中断了此在之路,虽然不能说由此而走上"正路",至少变

---

① 海德格尔:《哲学论稿》,第16页。
② 同上,第263页。

换了不同的方式;而另一方面海德格尔恰恰是由此而返回到形而上学的源头去揭示形而上学未思的东西。

总而言之,我们在讨论中主要涉及了几位哲学家:柏拉图、康德、尼采和海德格尔自己。仅就这几位哲学家而论,柏拉图代表了西方哲学的基本观念:追问存在者之存在,以抽象的方式增补"存在"为理念,由此"正式"开启了存在之离弃状态。但是,并非柏拉图代表哲学离弃了存在,而是存在离弃了自身,即通过呈现存在者的方式离弃自身,其结果是"引导"人去思存在本身,乃有第一开端,因此,形而上学自有其必然性和必要性。康德如临深渊般地窥测到现象"背后"深不可测的存在;尼采则将两个世界即真实的现象与虚假的本质合而为一,将存在汽化为最后一缕青烟,乃将"急难"彻底激发出来;而海德格尔则试图开启另一开端:回归不存在的存在,回归本有,探寻虚无之境。由此可见,存在之路"一波三折",《存在与时间》可视为居间的"过渡"。

到此为止,我们仍然是在海德格尔的问题境域和思想路线中试着理解海德格尔。海德格尔试着理解虚无之境,我们试着理解海德格尔。问题是,如果人在迷途,伟大者有大的迷途,萦绕我们心头的问题仍然挥之不去。海德格尔曾经追问尼采是否克服了虚无主义[1],我们也可以同样追问:海德格尔克服了虚无主义吗?

"有伟大之思者,必有伟大之迷误。"
(Wer groß denkt, muß groß irren.)[2]

无论如何,人在迷途。

---

[1] 海德格尔:《尼采》(下卷),第966页。
[2] 海德格尔:《从思的经验而来》,见《海德格尔选集》(下),第1159页。

# 德国古典哲学

# 希望概念在康德道德及宗教哲学中的两种含义①

## 杨小刚

（中山大学 哲学系）

虽然"我可以希望什么？"作为批判哲学的三个基本问题之一被提出，但与其他两个问题相比康德并无一部专门的著作对其做出回答。② 希望概念在康德哲学体系中的含义因此是一个有趣的问题。③ 我们会发现，希望概念的关键含义在康德著作中经

---

① 康德著作引文页码除《纯粹理性批判》之外均依据普鲁士科学院版康德著作全集，《纯粹理性批判》页码依据第二版即 B 版。中文翻译参照：《纯粹理性批判》，邓晓芒译，人民出版社，2004 年；《实践理性批判》，邓晓芒译，人民出版社，2003 年；《判断力批判》，邓晓芒译，人民出版社，2002 年；《单纯理性限度内的宗教》，李秋零译，中国人民大学出版社，2003 年。偶尔略有改动，不一一说明。康德著作按照通行德文方式缩写，《纯粹理性批判》为 KrV，《实践理性批判》为 KpV，《判断力批判》为 KU，《道德形而上学的奠基》为 GMS，《单纯理性限度内的宗教》为 Religion，《反思》手稿为 Reflexionen。

② 学者们试图找出一部相应的著作作为对"我可以希望什么？"的回应，从而可对康德批判哲学的完成加以定位。就此存在《判断力批判》和《单纯理性限度内的宗教》两个备选项。例如史蒂芬·帕姆奎斯特认为，《判断力批判》给出了一个不能让人满意的答案，而三年后的《单纯理性限度内的宗教》进行了一次新的尝试，使康德的批判工作最终完成。参见 Stephen Palmquist, "Does Kant Reduce Religion to Morality?", in: Kant-Studien, 1992, 83(2), pp. 129–148, here p. 135。

③ 对此主题的一个系统性研究参见 Michael Conradt, Der Schlüssel zur Metaphysik: Zum Begriff rationaler Hoffnung in Kants kritischer Moral – und Religionsphilosophie, Tübingen: University Dissertation, 1999。不过迈克尔·康哈德(Michael Conradt)并未考察希望概念的含义转变的内在逻辑，这是本文关心所在。

历了一个转变,前后两种含义分别体现在他早期对道德及晚期对宗教的理解中。以提出希望问题的"纯粹理性的法规"(以下简称"法规")为界,之前与之后著作中的两种不同含义及功能是本文讨论的主题。我们将首先对"法规"的相关文本加以解释,不过康德在此章中的论述十分扼要。另一方面我们看到,他写于18世纪60至70年代的《反思》(Reflexionen)手稿中存在不少有助于理解"法规"中的希望概念的笔记,我们会结合这些笔记加以分析。之后的希望概念,如香港浸会大学学者史蒂芬·帕姆奎斯特(Stephen Palmquist)所认为,在《单纯理性限度内的宗教》中扩展和深化了自身的含义。但其新含义并非在宗教哲学著作中才第一次呈现,而是在《实践理性批判》中就初露端倪,在那里,希望所具有的旧的功能已被扬弃,新的功能尚未完全确立。所以我们继而会对第二批判尤其是"纯粹实践理性的辩证论"(以下简称"辩证论")中的相关段落略加阐释。按照帕姆奎斯特的观点,第三批判对希望问题给出一个不充分的解答[1],但稍加检视会发现,康德在这部著作中使用"希望"一词时,多是反讽的用法,指的是通过纯粹理性对经验知识加以扩充的希望[2],这正是第一批判针对的对象,故而他的观点能否成立值得怀疑。尤其在第三批判的"上帝存有的道德证明"一节中希望问题丝毫未见诸康德笔端,相反,无论是在第一批判的"法规"还是在第二批判的

---

[1] Stephen Palmquist, "Does Kant Reduce Religion to Morality?", in: Kant-Studien, p. 135.
[2] 参见 KU,全集卷 V,第 188、400、409 页以下。唯一一处间接涉及希望问题的地方是:"在对来生的希望方面,如果我们不是求教于我们按照道德律的规范必须自己去实现的终极目的,作为有关我们的使命的理性判断的指导线索(因为这种判断只是在实践的关系中被看作是必要的或值得采取的),而是求教于我们的理论认识能力,那么出于这种意图的心理学就正如上述的神学一样,除了关于我们的能思的存在者的这样一个否定性的概念,就再提供不出丝毫更多的东西了。"(全集卷 V,第 406 页)

"辩证论"中这一问题都与上帝存有的证明密切相关。尽管意味着希望之实现的至善作为终极目的是第三批判中"道德神学"一节的核心主题,康德在此尚未思考希望与终极目的之间的关系,这个问题直到宗教哲学著作的第一版前言中才得以明确。所以第三批判对于我们理解希望概念的含义无关紧要,本文不做考虑。最后着重要考察的是《单纯理性限度内的宗教》中对希望问题的最终论述,但我们也无法对整本著作中的"希望"一词做系统解释,而仅仅是聚焦于第一版前言,对希望概念的第二种含义和功能给予一个基本的描绘[1]。

## 一 希望作为道德行为的动机

德国学者克劳斯·杜辛(Klaus Düsing)指出,"法规"中的希望概念的独特之处在于,康德将对与自身德性相匹配的幸福的希望视为践行道德律的动机或谓驱动力(Triebfeder)。[2] 而这一功能在《实践理性批判》中被赋予了对道德律的敬重(Achtung fürs Sittengesetz)。与杜辛观点相左的是,康德从未将对与德性相一致的幸福的希望直接称为道德动机,反而说,道德律"在动因(Bewegungsgrund)上没有别的,只是要配得上幸福(Würdigkeit, glücklich zu sein)"(*KrV*, B834)。按照康德后来在《道德形而上学的奠基》中的定义,动机是欲求主观上的根据,动因则是客观上的根据(*GMS*,全集卷 IV,第 427 页),可以说前者是某种心理

---

[1] "希望"一词在康德上述著作中的其他含义不在本文考虑范围内。康哈德总结了希望概念的四种功能:认识的、实践的、系统的和启迪的。参见 Conradt,第 81 页以下。本文探讨的两种含义可视为希望的实践功能的不同表现。康德历史哲学中的希望概念也是一个庞大的主题,同样不在本文考虑范围内。参见 Conradt,第 10 页,注 6。

[2] Klaus Düsing, "Das Problem des höchsten Gutes in Kants praktischer Philosophie", in: *Kant-Studien*, 1971, 62(1), pp. 5–42, here p. 16f.

驱动力,后者是对这种驱动力做出的合理化解释。动机虽然不能等同于动因,但二者密切相关。

在探讨究竟是对幸福的希望还是配得幸福构成道德实践的动机之前,首先需要回答的是,动机对于道德律的践行而言为何是必需的,道德律为何不能使得自身的执行成为可能。在"法规"中康德将道德律与实用规律(das pragmatische Gesetz)加以类比,认为动机是二者的执行不可缺少的要件。实用的实践规律与纯粹理性的实践规律都规定了我们应该如何行为,但我们为何要如此行为并不内含于实践规律之中,反而是确定遵从何种实践规律的前提。以经验为基础的实用规律告诉我们,满足我们各种偏好(Neigung)的自然原因是什么。其动机,即追求幸福——幸福也就是所有偏好的满足——的偏好,说明了我们为何要让这些自然原因发生(KrV, B828)。而道德律"一般地考察一个理性存在者的自由,以及这自由与幸福的按照原则的分配相一致的那些必要条件"。这些条件构成道德律的内容,而使自己配得幸福说明了它们为何应该得到满足。在康德看来,一个理性的世界中,道德的行为者应该按照其配得幸福的资格获得成比例的幸福。一个纯粹理性的行为者不是出于追求幸福的感性偏好履行道德律,而仅仅是为了让自己配得幸福(KrV, B834 以下)。

在出版《纯粹理性批判》之前的 18 世纪 60 至 70 年代写下的《反思》笔记中,康德批评了斯多亚派的这一观点:无须外在的动机,道德律即能够得到执行。道德律的实践是康德与古代哲学诸学派争辩的一个核心问题[①],争论的主要对象是伊壁鸠鲁派和斯

---

① 参见 Klaus Düsing, "Das Problem des hochsten Gutes in Kants praktischer Philosophie", in: *Kant-Studien*, 第 11 页以下; Ulrike Santozki, *Die Bedeutung antiker Theorien für die Genese und Systematik von Kants Philosophie: Eine Analyse der drei Kritiken*, Berlin, New York: Walter de Gruyter, 2006, p. 163f.。

多亚派。康德认为,"伊壁鸠鲁想要赋予德性动机,却取消了德性的内在价值。芝诺想要赋予德性内在价值,却取消了德性的动机"(*Reflexionen*,全集卷 XIX,第 176 页,6838 号)。伊壁鸠鲁将对幸福的欲求作为德性的动机,而这对康德而言只是实用规律的动机,不具有道德价值;斯多亚派的代表芝诺将德性本身视为幸福,并断言德性无须外在的动机即能保证自身的践行。伊壁鸠鲁的错误在于给予德性一个错误的动机,而斯多亚派则错误地将道德的评判(Dijudikation)原则视为道德的执行(Exekution)原则,并让人相信自己拥有一种自己并不拥有的能力。① 对于斯多亚派的自负的批评解释了康德为什么认为道德律必需一个外在的动机。

与伊壁鸠鲁派和斯多亚派相对,基督教学说在早年的康德看来对道德动机做了正确的理解。② 与行为法则或者是经验的或者是先天的类似,康德认为行为的动机同样或者是经验的或者是先天的。他认为,道德动机必须是先天的,即不受任何经验条件限制,而只有基督教恰当地阐明了这一先天动机。"只有基督同时赋予德性以内在价值和动机。……这种动机摆脱了所有自然

---

① Ulrike Santozki, *Die Bedeutung antiker Theorien für die Genese und Systematik von Kants Philosophie: Eine Analyse der drei Kritiken*, p. 165. 参见 *Reflexionen*,全集卷 XIX,第 112 页,6619 号,第 176 页,6837 号。
② 除开伊壁鸠鲁、斯多亚派和基督教的观点,康德还考虑了另外两种早先哲学家们提出的道德动机,即道德情感和强迫。康德很早就通过对英国道德哲学家如莎夫特伯瑞(Shaftesbury)和哈钦森(Hutcheson)的批评指出,同情或者其他相似的道德情感不能够成为道德动机。参见 Paul Menzer, "Der Entwicklungsgang der Kantischen Ethik in den Jahren 1760 bis 1785", in: *Kant-Studien*, 1899, 2 (1-3), pp. 290-322, here p. 296f. 亦参见 Klaus Düsing, "Das Problem des hochsten Gutes in Kants praktischer Philosophie", in: *Kant-Studien*, p. 15. 而在强迫之下的合法则的行为虽然从律法上而言是好的,从道德上而言却不是好的,因为它不具备内在价值,所以康德也否认强迫是道德动机。参见 *Reflexionen*,全集卷 XIX,第 240 页,7064 号,及第 222 页以下,6998 号和 7002 号。

的制约。这种源自彼世的动机就自身而言也已经等同于对于所有利益的放弃。……另一个(智性的)世界实际上就是幸福与道德严格匹配的地方……"(*Reflexionen*,全集卷 XIX,第 176 页,6838 号)①这里,一个幸福严格按照道德分配的智性世界被明确地与道德动机联系起来。"法规"将智性世界的理念称为至善的理想,对其含义做了进一步展开。有德之人配得幸福的资格并不能实现幸福,所以道德需要一个智性且同时道德的世界的补充。这另一个世界"只是一个理念,但却是一个实践的理念,它能够也应当对感官世界现实地有影响,以便使感官世界尽可能地符合这个理念",因此这个理念"具有客观的实在性"(*KrV*, B836, 837),并作为我们希望的对象具有主观的有效性。康德继而说道:"没有一个上帝和一个我们现在看不见却希望着的世界","德性的这些高尚的理念虽然是赞许和惊叹的对象,却不是立意和实行的动机(Triebfeder)"(*KrV*, B840-841)。

基于此,我们可以同意杜辛说的,康德将对一个幸福严格按照德性成比例分配的智性世界亦即至善的希望视为道德行为的动机②,这与康德说道德行为的唯一动因是为了让自己配得幸福并不矛盾,因为让自己配得幸福预设了幸福是自己所希望的。幸福的公正分配仅在智性世界中才能够也必然会实现。不过智性世界是配得幸福者获得成比例幸福的实现,并非实现的原因,亦

---

① 参见 Klaus Düsing, "Das Problem des hochsten Gutes in Kants praktischer Philosophie", in: *Kant-Studien*, p. 15; Ulrike Santozki, *Die Bedeutung antiker Theorien für die Genese und Systematik von Kants Philosophie: Eine Analyse der drei Kritiken*, p. 165。
② 康哈德认为康德的论述在将道德动机的功能归于至善还是希望之间摇摆,但在实践的意义上至善作为道德行为的动机和对至善的希望作为道德行为的动机二者等同。参见 Conradt,第 86 页。从康德后来对动机的定义来看,幸福与德性的联结作为至善是客观的理念,希望则是道德主体与至善之间的对象化和投射性关系,因此如果要说的话,也只有后者可能是道德行为的主观根据。

即并非幸福与道德的必然联结的原因。故而必需一个理性的世界的创造者,即上帝。上帝作为至高的本源的善保证德性与幸福的必然联结,这二者是至高的派生的善(das hochste abgeleitete Gut)(*KrV*, B838-839)。① 康德如此回答他提出的希望问题:我可以希望,当我配得幸福时,能够获得公正地分配给我的幸福。至此可以确定早期道德动机理论的四个不同要素:幸福、配得幸福、智性世界和上帝。希望以配得幸福为基础指向智性世界中幸福的公正分配,上帝的意志保证幸福的必然实现。

## 二 早期道德动机理论的内在困难

然而,单就理论本身而言,希望如何发挥道德动机的功能并不清楚。对于幸福的愿望(Wunsch)通过某种生理作用或者对个人利益的实际考量促使人们去认识和实践实用的规则。所有人都想要幸福,所以想要并能够通过经验认识,如何使自己幸福,继而在实践中运用这些实用的规律。如果希望以同样的方式促使人们遵从道德法则,就和基于人的自然天性产生的对幸福的愿望并无区别。但对于康德来说,希望不同于具有经验、生理性质的愿望,并非如日常理解的是内心一种原初的情感状态(affektive Verfassung),而是对至善的一种纯粹智性的先天表象。但要解释智性的表象如何能够推动道德实践的发生则颇为棘手。

将希望视为道德动机的特殊困难在于道德行为纯粹的合法则性(Gesetzmaβigkeit)。在早期的"反思"中康德就区分了出于原则的合法则性(Gesetzmaβigkeit aus principien)和出于强迫的合法则性(Gesetzmaβigkeit unter Zwang)。前者是道德的善,后者是

---

① 参见 Klaus Düsing, "Das Problem des hochsten Gutes in Kants praktischer Philosophie", in: *Kant-Studien*, p. 21。

法律的善(*Reflexionen*,全集卷 XIX,第 240 页,7064 和 7065 号)。在第二批判中康德将其重新界定为出于义务的行为和符合义务的行为之间的区别,只有为了道德律本身而发生的出于义务的行为才具有道德价值(*KpV*,全集卷 V,第 81 页)。出于原则的合法则性或者说出于义务的行为是道德的评判原则,而非执行原则,这在"反思"和第一批判中都有明确表述。"对德性在纯粹性和后果上的评判是按照理念进行的,对道德律的遵守是按照准则进行的。"(*KrV*, B840, 841。亦参见 *Reflexionen*,全集卷 XIX,第 184 页,6864 号;第 220 页,6988 号;第 248 页,7097 号)道德的评判原则确定一个行为是否具有道德价值,道德的执行原则则关心道德律如何能够被作为行为准则(Maxime)而接受。道德行为意味着将先天的法则应用到后天的实践中来①,希望作为道德动机就必须促使具纯粹合法则性的行为发生。康德在"反思"中说道,道德律能够在对至善的希望中以这样的方式被作为命令接受:道德律"先天地将适当的结果与其规则联结起来,也就是将预兆和威胁摆到面前",也就是说,道德律借助希望所表象的对行为之结果的预兆和可能产生的威胁而被作为准则接受。他进一步确认说:"道德法则就自身而言不具有义务效力(vim obligatoriam),而只包含规范(norm)。它包含判断的客观条件,但不包含实行的主观条件。后者在于和我们对幸福的欲求相一致。"(*Reflexionen*,全集卷 XIX,第 248 页,7097 号)这样的表述让人怀疑,此时的康德是否能够严格地区分智性的希望和感性的愿望。

考虑到康德论述的逻辑,问题会更让人困惑。尽管康德曾明

---

① 参见 Lewis W. Beck, *A Commentary on Kant's Critique of Practical Reason*, Chicago: University of Chicago Press, 1960, p.209f.。

确否认,道德律自身能够成为道德动机(同前,第240页,7064号),但他在"法规"中的某些表述会让人以为他改变了早期的观点,认为道德律自身使其执行成为可能,比如他说:道德律"命令我们,仅仅为了配得上幸福我们应当怎样做"(*KrV*, B834)。为了让自己配得幸福虽然与对至善的希望并不矛盾,但孰先孰后决定了究竟哪一个才能在道德律的执行中发挥效力。对希望问题的回答表明,为了让自己配得幸福的实践亦即道德实践在逻辑上先于对至善的希望。行为出于原则的合法则性是配得幸福的条件,而配得幸福是希望获得相匹配的幸福的条件。对此有两种可能的解释:如果将配得幸福的资格视为最终获得幸福的手段,那么对配得幸福的追求事实上服从于对幸福的生理愿望,由此产生的道德实践将失去道德价值;另一种解释是仅仅为了让自己配得上幸福而接受道德律作为行为的准则,如此一来,道德实践的动力就不是来自对至善的希望,而仅仅是对配得上幸福的追求,这同样意味着希望缺乏实践效力。第一种解释非常荒谬,因为如果将幸福作为目的,而又非伪君子,则无人会将配得上幸福作为实现幸福的手段。第二种解释下,要么是纯粹为了道德律的、使自己配得幸福的行为没有希望的推动也会发生,亦即道德律自身促成自己的执行——这是康德明确否定了的,要么是对配得幸福的追求已经接近康德后来关于对法则和人格的尊重的主张,因为配得上幸福即人格的价值。无论怎样,这一解释已经阐明希望作为道德动机的失效。[1]

对至善的希望以使自己配得幸福的道德实践为前提,故不可能对道德实践的发生造成影响,道德律无法通过希望以因果关系的形式促成自身的执行。道德律如何通过因果关系的形式促成

---

[1] Lewis W. Beck, *A Commentary on Kant's Critique of Practical Reason*, p. 242f.

自身的执行,是康德早期就尝试解决的问题。如果他早期如杜辛说的提出了希望作为这一问题的解决,那么这一方案也最终因其内在困难而失败,也许正因此他更改了自己的道德动机理论。康德在《道德形而上学的奠基》中宣称,人的理性根本上无法先天地规定,一个先天的法则如何造成经验的道德实践。回答这一问题以及纯粹理性如何能是实践的、自由如何可能这两个问题,"所有人类理性都无能为力,所有从中寻找解释的努力和工作都无果"(*GMS*,全集卷 IV,第 460 页)。康德现在认为,对一个智性的道德动机做出规定超越了人类的能力①,因为这要求去探究智性世界如何对感性世界发生影响。到了《实践理性批判》中,康德不再认为道德动机必须是纯粹智性的,转而接受了以前被他批判的道德情感学说,不过他要寻找的是这样一种独一无二的道德情感,它是经验的,但同时与智性的理念相联结,它不受制于任何欢愉和痛苦,但也是一种心理上的"负担"(pathologische Unannehmlichkeit)(*KpV*,全集卷 V,第 75 页),促使道德行为的发生,他找到的即对法则和人格的敬重。他重申,"法则如何自为地、直接地成为意志的规定根据,对于人类理性而言是一个无法解决的问题"(同前,第 73 页),但对法则的敬重成为沟通道德律和道德行为之间的桥梁。

## 三 道德与宗教的联结

在道德动机功能被明确地赋予对道德律的敬重之后,希望的新功能尚未确定,不过它在之后的宗教哲学中扮演的角色在第二批判中已经有迹可循。第二批判延续了早期的一个论证思路。在第一批判之前的"反思"中对至善的希望被称为"道德的必要

---

① 参见 Klaus Düsing, "Das Problem des hochsten Gutes in Kants praktischer Philosophie", in: *Kant-Studien*, p. 27。

条件"(conditio sine qva non)。尽管康德倾向于将其视为道德行为的动机,但事实上并未论证希望对于道德律的执行必不可缺,而是采用了类似归谬推理(reductio ad absurdum)的方式。通过描述缺乏希望的道德生活的荒谬性证明希望是道德实践的必要条件,对至善的希望意味着宗教生活,因为只有上帝能保证至善的实现。他说道:"无宗教则良知不可能。"(*Reflexionen*,全集卷XIX,第188页,6876号)"如果拒绝上帝,则有德的人就是傻子,聪明人会是无赖。"(*Reflexionen*,全集卷XVII,第485页,4256号)没有宗教的理性将陷入自我矛盾,因为植根于理性自身的道德律的实践者所追求的如是不可能之事,他就将沦入"荒谬的人生"(absurdum practicum)之中(*Reflexionen*,全集卷XVIII,第193页,5477号)①。"法规"中也指出,如果没有对一个智性世界的希望,亦即没有上帝,没有宗教,没有实现至善的可能性,人们将"不得不把道德律看作空洞的幻影,因为道德律的必然后果(理性把这后果与道德律联结起来)没有那种前提就必然会取消"(*KrV*, B839)。②《实践理性批判》用"正直的斯宾诺莎"的形象延续了这样的论述:他要么将至善"彻底作为不可能之事而放弃",要么必须"接受一个道德的创世者,即上帝的存在"(*KpV*,全集卷V,第451页以下)。③

用这样的归谬推理,康德论证了道德与信仰之间必然的联结。

---

① 参见 Giovanni B. Sala, *Kants "Kritik der praktischen Vernunft": Ein Kommentar*, Darmstadt: Wissenschaftliche Buchge sellschaft, 2004, p.252。
② 杜辛就此评论说:"若至善不可能,则道德律在要求我们致力于不可能之事。既然我们以这种方式从一开始就不能在此世为道德律创造客观的现实,那么我们也就完全无法将其理解为有约束力的命令。"(Klaus Düsing, "Das Problem des hochsten Gutes in Kants praktischer Philosophie", in: *Kant-Studien*, p.16)
③ 参见 Reiner Wimmer, *Kants kritische Religionsphilosophie*, Berlin: de Gruyter, 1990, p.68。

作为德性与幸福的必然联结的至善概念中包含了实践理性的二律背反：对幸福的欲求既不可能是德性的原因，德性也不可能是实现幸福的原因，至善概念要求的二者的必然联结故不可能。① 颁布了道德律的理性却必然要求与德性相匹配的幸福的实现，否则这世界便与理性所要求的世界的合理性相悖。康德在"辩证论"中提出著名的三个悬设来消除实践理性的二律背反，对这三个出于理性要求的合理性而被断定但不能被证明的命题的持有被称为理性信仰（同前，第126页）。与早期的思路保持一致，康德由此说明了道德与宗教之间的关系。他说道："道德律通过作为纯粹实践理性的目标和终极目的的至善引向宗教，引向对一切作为上帝戒令的义务的认识。"（同前，第129页）在这里，希望概念再次出场："只有当宗教到来时，也才会出现有朝一日按照我们曾考虑过的不至于不配享幸福的程度来分享幸福的希望。"希望不是先行于道德行为的动机，而"只是从宗教才开始"（同前，第130页）。

不过关于希望的论述仅止于此，康德此时直接关心的是道德与宗教之间的联结，它以德性与幸福的必然联结为前提，即作为至上之善（bonum supremum）的德性必须在逻辑上蕴含作为完满之善（bonum consummatum）的德福一致。如上所述，康德用类似归谬推理的方式证明这一点，但他的观点无论是在德国唯心论后辈还是在新康德主义者那里都遭到批评。例如柯亨和卡西尔都质疑道德需要和具有与至善的必然联系。② 英国学者刘易斯·怀

---

① 对实践理性二律背反的解释参见Sala，第260页；Beck，第246页以下；Wimmer，第67页。
② 参见Dieter Henrich, "Historische Voraussetzung von Hegels System", in: *Hegel im Kontext*, Dieter Henrich ed., Frankfurt am Main: Suhrkamp, 1971, pp. 41-72, here p. 50f.; Klaus Düsing, "Das Problem des hochsten Gutes in Kants praktischer Philosophie", in: *Kant-Studien*, p. 5f.; Stephen Palmquist, "Does Kant Reduce Religion to Morality?", in: *Kant-Studien*, p. 130。

特·贝克(Lewis White Beck)在其评价甚高的《实践理性批判评注》中也提出类似的批评。他认为,至善作为所有条件的无条件的整体只与单纯的思辨兴趣相关,是理论理性的对象。为了与自身保持一致,为了使自身得到满足,理性才需要至善,但至善与道德实践无关。道德没有义务去促进至善的实现。[1] 对于这些批评者而言,一个被贬低得一无是处也要在荒谬的生活中恪守内在道德律的悲剧英雄[2]是与康德的道德哲学相合的,而"慰藉的希望"仅仅会成为嘲讽的对象。可以说,第二批判中基于至善概念提出的道德与宗教之间的联结并不让人信服,由上帝所保障的至善仅仅被视为一个理性基于自身的思辨兴趣提出的补充,对于道德实践而言则是多余之物。

## 四 希望作为对终极目的的想象

尽管第二批判通过对至善概念的分析论证了道德与宗教之间的联结,但希望概念在其中并不具有关键的理论含义。《单纯理性限度内的宗教》第一版前言延续了这一主题,在这里可以发现希望的新含义,即作为对终极目的的想象为道德与宗教之间的联结提供另一重基础。在"辩证论"中,道德与宗教之间的联结以德性与幸福的联结为前提。康德探讨了德性与幸福之间的联结是分析的还是综合的。他直接否认了前者,因为二者不可能同一。他指出,二者的联结只可能是综合的,即原因和结果的关系,但如上所述,这种联结的实现只能由上帝保证(同前,第110—114页)。但就规定了意志的理性出于自身的自洽,要求德性与幸

---

[1] 参见 Lewis W. Beck, *A Commentary on Kant's Critique of Practical Reason*, p. 244f.。
[2] 参见 Giovanni B. Sala, *Kants "Kritik der praktischen Vernunft": Ein Kommentar*, p. 252, 注246。

福的必然联结而推出对上帝存在的悬设而言,这一论证方式可谓分析的,因为它以矛盾律为依据,即颁布道德律的纯粹理性不可能要求意志行善却不关心善是否实现。《单纯理性限度内的宗教》则诉诸人对先天目的的想象(Zwecksvorstellung),用综合的方式论证了二者的关系。"辩证论"中已阐明道德会引向宗教,不过分析式的论证会引发这样的质疑:对康德来说,宗教是否可以还原为道德?①《单纯理性限度内的宗教》提供的另一种论证则表明,宗教不可能还原为道德,因为宗教拥有多于道德的东西,道德正因此才必然导向宗教,这多出来的东西就体现在希望概念上。

第二批判中至善作为一切欲求对象无条件的整体亦被称为意愿的终极目的或至高目的(同前,第155、129页)。就康德伦理学的形式化规定来看,道德律并不包含一个终极目的,被道德律所规定的意志与目的之间的联结不是分析的。因为道德律并不要求意志以实现某个目的为义务,而仅仅要求它遵守形式化的法则,只是通过必然伴随着意志的希望,亦即对目的的想象,二者才联结起来。在第一版前言中康德论述说:"即使道德为了自己本身起见,并不需要必须先行于意志规定的目的的想象,它也很可能与这样的目的有一种必然的关系。也就是说,它不是把这样一种目的当作依照法则所采用的准则的根据,而是把它当作它的必然结果。原因在于,倘若不与目的发生任何关系,人就根本不能做

---

① 帕姆奎斯特区分了两种意义上的还原:一种宽松的,一种严格的。在宽松的意义上,还原意味着一个要素或一个系统的根源可以被另一个要素或系统所解释,但不能被其替代。在严格意义上,还原指不仅可以被解释,也可以被替代。他认为,康德体系中的宗教并非像传统认为的,可在严格意义上还原为道德,而只是在宽松意义上可还原为道德。见 Stephen Palmquist, "Does Kant Reduce Religion to Morality?", in: *Kant-Studien*, p. 129f. 。

出任何意志规定。因为意志规定不可能没有任何结果,而对结果的想象必须能够被这样接纳为一个目的,即它虽然不是作为选择能力的规定根据和在意图中现行的目的,却是作为选择能力被法则规定而产生的结果(finis in consequentiam veniens[目的转化为结果])。"(*Religion*,全集卷 VI,第 4 页)康德论证过,意志倘若以任何先行的对欲求对象的想象为根据,便会丧失其道德价值。然而对目的的想象又不是无关紧要之事,它必然伴随着对意志的规定,因为意志规定必然会产生某种结果。每一件道德的举动都会被问,它的结果是什么,因为"对'从我们的这种正当行为中究竟将产生出什么'这个问题会有怎样的回答,以及即使此事并不完全由我们掌握,但我们还能够以什么作为一个目的来调整自己的所作所为,以便至少与它协调一致,这些对理性而言都不可能是无关紧要的"(同前,第 5 页)。

  目的是随后而来的结果,然而对目的的追问和想象与意志一样是人类心灵的基本能力,康德称之为一种自然需求,"为自己的所作所为在整体上设想某种可以由理性加以辩护的终极目的"(同前)。终极目的是"包含着其他所有目的的不可避免的同时又是充足的条件的目的"(同前,第 6 页),德性和幸福必然在这一终极目的中被联结起来,由此构成的便是至善,意志以及规定意志的道德律也必然与这一终极目的联结在一起。康德在此讨论了这种联结是分析的还是综合的。此时他明确指出,"与所有人的一个道德立法者的单纯理念相一致","与一般义务的道德概念是同一的,并且就此来说,要求这种一致的命题也是分析的"。正如我们提及的,道德立法者这一理念的自洽要求德性与幸福的联结,这一命题是分析的。不过,意志接纳作为终极目的的至善却是一个先天综合命题,因为至善的实现"是一个超出了尘世上的义务概念,并附加了义务的后果(一种效果)的命题,是一个不包含在道德律之中,因而不能以分析的方式从道德律中引申出来的命题"①。康德进一步将这一先天综合命题产生的原因归于人的自然有限性:人的"实践能力不可避免的局限性之一,就是无论采取什么行动,都要探寻行动所产生的结果,以便在这一结果中发现某种对自己来说可以当作目的并且也能证明意图的纯粹性的东西"(同前)。此处的论证逻辑是:"使至善成为终极目的"这一先天综合命题以"人不可避免地会追问自身行为的目的"这一命题为前提,而后者对于康德来说同样是一个不证自明的先天综合命题。当行为被道德律所规定时,虽然道德律既不保证也不要求任何目的的实现,然而当人们追问并想象自身道德行为的目的时,与之相一致的终极目的只能是至善。

对终极目的也就是至善的设想使得实践理性的内涵并未被道德律所穷尽。康德说道:"实践理性仍然超出了道德法则,这种超出之所以可能,乃是由于把法则与人的那种必须在法则之外为一切行动设想一个目的的自然属性联系起来了。"(同前)在第一版前言中康德并无一处提及对至善的希望,然而为一切行动设想目的这一自然属性除了是希望这一基本的心灵活动之外不可能是别的。对至善的希望是超出道德律之外的东西,正是因为这多出来的却又与道德律保持一致的东西,道德不可避免地引向宗教。在解释完人的目的想象这一自然属性之后,康德得出结论说,因为人必然会将至善设想为一切道德行为的终极目的,而由于人力的局限,道德行为不可能是至善的原因,所以必须假定上帝的存在以保证至善的最终实现。《单纯理性限度内的宗教》延续了第二批判中道德和宗教必然联结的观点,但依据不再是理性

---

① 参见 Klaus Düsing, "Das Problem des höchsten Gutes in Kants praktischer Philosophie", in: *Kant-Studien*, p. 31f.。

自洽的要求,而是人对目的的追问这一基本的心灵能力。我们完全有理由用希望来称呼这种心灵能力,不同于第二批判的论述的是,希望不是在宗教到来之后才被提出,而是道德导向宗教的中介。可以说,对至善的希望在宗教哲学著作中被赋予了一个新的功能:不再是道德行为的动机,而是联结道德与宗教的纽带。因为对至善的希望,道德才不可避免地导向宗教。宗教以之为基础的是超出道德律却又与其协调一致的对至善的希望,因为人抱有对至善的希望这一先天事实,道德才与宗教必然联结起来。

## 五 结 论

在《纯粹理性批判》出版之前的时期,康德就致力于思考纯粹先天的道德律在经验世界里如何具有效力这一问题,亦即探索道德行为的动机。在将基督教的智性世界理念与他所理解的斯多亚派和伊壁鸠鲁派的道德动机理论比较后,康德倾向于将道德行为的动机功能归之于对这样一个德福一致的理想世界亦即至善的希望。然而对康德理论做深入考察后会发现,对至善的希望并不能胜任这一功能,由此也解释了为何后来康德发展出另一套道德动机理论,将其归之于对道德律的敬重。而希望概念在他的哲学体系中仍然占据了一个关键性位置,这在后来的宗教哲学著作中得到表现。康德终其一生都关心道德与宗教之间的关系。《实践理性批判》给人造成这样的印象:康德是宗教的摧毁者,基督教神学的传统命题只是理性为了保持自洽而需要的理论悬设,因此宗教完全依附于道德。而《单纯理性限度内的宗教》为宗教奠定了新的基础,根据第一版前言的论述,宗教与道德的必然联结不再是思辨理性保持自身一致的要求,而是依赖于希望这一人所拥有的对终极目的的表象能力。只要承认希望是人先天的自然属性,就可以同意,道德不可避免地通过希望导向宗教。

# 德国现代哲学

# 舍勒与卡西尔对"人是什么?"的回答

张任之

(中山大学 哲学系)

## 引子 达沃斯论辩及其隐匿的第三者

卡西尔与海德格尔1929年的达沃斯论辩是20世纪哲学思想史中的重大事件。弗里德曼曾在其深富启发的著作《分道而行:卡尔纳普、卡西尔和海德格尔》[①]中为这场论辩引入了一个第三者:卡尔纳普——一个当时并不出名的达沃斯的听众。弗里德曼讨论了卡尔纳普、卡西尔和海德格尔之间的思想争执,并借此分析了分析哲学和现象学、英美哲学和欧陆哲学的"分道而行"。这一分析是十分有趣且富有吸引力的,但这一达沃斯论辩的不著名的第三者的引入或多或少有些突兀。因为诸如此类的第三者——当时并不出名的听众,而后成为重要思想家——并不是一个,而是可以有很多,比如雷马克(Erich Maria Remarque)、列维纳斯(Emmanuel Levinas)、宾斯旺格(Ludwig Binswanger)、芬克(Eugen Fink)和波尔诺夫(Otto Friedrich Bollnow)等。

本文也试图引入一个达沃斯论辩的第三者,一个并未参加达沃斯论辩但却以隐匿的方式在场的第三者:舍勒。舍勒当然不

---

① Michael Friedman, *A Parting of the Ways: Carnap, Cassirer and Heidegger*, Chicago: Open Court, 2000;中译本参阅:迈克尔·弗里德曼:《分道而行:卡尔纳普、卡西尔和海德格尔》,张卜天译,北京大学出版社,2010年。

可能参加 1929 年的达沃斯论辩,他于 1928 年 5 月 19 日突然去世。1929 年春第二届达沃斯高校课程的核心主题是:人是什么? 哲学人类学替代单纯的理性哲学成为讨论的基础。① 从主题来看,如若舍勒还活着,他完全可能成为达沃斯的主角。

1929 年 3 月 18 日、19 日的上午和 25 日的下午,卡西尔在达沃斯分三次做了题为"哲学人类学的基本问题"(下文简称"海德格尔讲座")②的报告。3 月 27 日上午,他另外以"舍勒哲学中精神(Geist)与生命(Leben)的对立"(下文简称"舍勒文稿")③为题做了一场演讲。这篇演讲直接涉及舍勒 1927 年 4 月 28 日在"人与大地"研讨会上所做的报告《人的独特位置》,在该报告中舍勒强调了一种精神与生命的二元论。④

---

① Gottfried Salomon, "Die Davoser internationalen Hochschulkurse", in: *Davoser Revue* 4 (1929), Nr. 5 vom 15. 03. 1929, S. 123. 转引自:"Editorische Hinweise", in: Ernst Cassirer, *Davoser Vortrage. Vortrage über Hermann Cohen, Ernst Cassirer Nachgelassene Manuskripte und Texte* (ECN), Bd. 17, hrsg. von J. Bohr und K. Chr. Kohnke, Hamburg: Felix Meiner, 2014, S. 328.
② 参阅 Ernst Cassirer, "Heidegger – Vorlesung (Davos) Marz 1929", in: ders., *Davoser Vortrage. Vortrage über Hermann Cohen*, ECN 17, S. 1 – 73.
③ 这篇演讲随后经扩充修改后于 1930 年以"当代哲学中的'神'与'生命'"为题发表,参阅 Ernst Cassirer, "'Geist' und 'Leben' in der Philosophie der Gegenwart", in: *Neuen Rundschau*, 41. Jahrgang der freinen Bühne, S. 244 – 264. 本文的引文根据下列文本译出: Ernst Cassirer, "'Geist' und 'Leben' in der Philosophie der Gegenwart", in: Ernst Cassirer, *Geist und Leben. Schriften zu den Lebensordnungen von Natur und Kunst, Geschichte und Sprache*, hrsg. von E. W. Orth, Leipzig 1993, S. 32 – 60; 以及 Ernst Cassirer, *Aufsatze und kleine Schriftrn* (1927 – 1931), *Ernst Cassirer Gesammelte Werke* (ECW), Bd. 17, Text und Anmerkungen bearbeitet von Tobias Berben, Hamburg: Felix Meiner, 2004, S. 185 – 205。(后引此文简作: *GL*)
④ 参阅 Manfred S. Frings, "Nachwort des Herausgebers", in: Max Scheler, *Späte Schriften*, GW 9, Bern und München 1976, S. 345f., 以及参阅 Wolfhart Henckmann, "Zur Metaphysik des Menschen in Schelers Schrift *Die Stellung des Menschen im Kosmos*", in: G. Raulet (Hg.): *Max Scheler. L'anthropologie philosophique en Allemagne dans l'entre – deux – guerres. Philosophische Anthropologie in der Zwischenkriegszeit*, (转下页)

卡西尔达沃斯报告的论题与第二届达沃斯高校课程的核心主题十分切合,而海德格尔报告的论题看起来就不完全切题了。1929 年 3 月 18 日、19 日以及 20 日的下午,海德格尔也分三次做了题为"康德的《纯粹理性批判》与形而上学奠基的任务"①的报告。海德格尔试图去论证,康德的第一批判是形而上学的一次奠基活动,这种奠基在本质上意味着在"形而上学的形而上学"之内对人的本质的追问。在此意义上,海德格尔的报告也是切合第二届达沃斯高校课程的核心主题的。海德格尔达沃斯报告的综述稿表明,该报告的主要思路与他同一年底出版的《康德与形而上学疑难》(下文简称《康德书》)前三章的内容是相应的。根据《康德书》的献辞("纪念马克斯·舍勒")和第四章("探究哲学人类学和作为基础存在论的此在形而上学")的讨论,人们很容易想象,在海德格尔的达沃斯报告和论辩的背后隐藏着舍勒的影子。事实上,在其最后一次马堡讲座(1928 年)②中,海德格尔已经深入探究了舍勒晚期哲学与他自己的基础存在论之间的关系。

卡西尔在达沃斯的最后一次讲演是直接针对舍勒的,或更确

---

(接上页) Paris 2002, S. 62 – 95。这篇演讲的修订文稿首先发表于 *Leuchter*, Bd. 8: *Mensch und Erde*, Darmstadt: Otto – Reichl Verlag, 1927, S. 161 – 254,随后经扩充修订后以《人在宇宙中的位置》(*Die Stellung des Menschen im Kosmos*)为题出版。本文的引文根据下列文本译出: Max Scheler, "Die Stellung des Menschen im Kosmos", in: ders., *Späte Schriften*, GW 9, Bern und München 1976。(后引此文简作: Stellung)

① 参阅海德格尔本人为此报告所做的提要,载 Martin Heidegger, *Kant und das Problem der Metaphysik*, GA 3, Frankfurt am Main: Vittorio Klostermann, 1991, S. 271 – 273. (出自该书的译文均参照了中译本:海德格尔:《康德与形而上学疑难》,王庆节译,上海译文出版社, 2011 年。偶有改动,不一一注明。)

② Martin Heidegger, *Metaphysische Anfangsgründe der Logik im Ausgang von Leibniz*, GA 26, Frankfurt am Main: Vittorio Klostermann, 1978.

切地说,是针对舍勒哲学人类学中的精神与生命的两极性的。卡西尔的这一演讲可以回溯到他的 1928 年的手稿群,在那里,卡西尔试图在其符号形式的哲学框架内论证一种文化哲学人类学。对精神与生命相互关系的追问构成其文化哲学人类学的起点。就此而言,舍勒是卡西尔无法绕开的对手,当然舍勒已无法回应来自卡西尔方面的批评。尽管海德格尔在其《康德书》的第四章对哲学人类学展开了批评,但在根本的立场上,海德格尔无疑距离舍勒更近。在一定程度上,人们甚至可以说,海德格尔在达沃斯论辩中的相关讨论可以视为他针对卡西尔对舍勒批评的回应,一个对来自批判哲学或新康德主义方面的批评的现象学式的回应。

本文将首先在精神与生命问题的语境中勾勒卡西尔对舍勒批评的要点,继而在舍勒哲学人类学的背景中检视这些批评,随后我们将再转向卡西尔并尝试展示其文化哲学人类学的基本观念,最后我们将在与海德格尔的对勘中关注舍勒哲学人类学的最终目标。根本来说,无论是达沃斯论辩的两位主角,还是达沃斯论辩中隐匿的第三者,他们都关心这一问题:人是什么?①

## 一 在精神与生命问题上卡西尔对舍勒的批评

在其"舍勒文稿"中,卡西尔通过对克莱斯勒的那篇"思想最

---

① 本文不拟全面探究舍勒的哲学人类学和卡西尔的文化哲学的人类学,但这两方面无疑将构成我们此项研究的背景。本文也不拟系统比较舍勒和卡西尔的思想(有关于此,可参阅 Ernst Wolfgang Orth, "Max Scheler und Ernst Cassirer. Wissensformen und symbolische Formen als kulturphänomenologische Perspektiven", in: *Phänomenologische Forschungen* 2012, Hamburg: Meiner, S. 213 – 231; 中译参见恩斯特·沃尔夫冈·奥特:《马克斯·舍勒和恩斯特·卡西尔——作为文化现象学观点的知识形式和符号形式》,张存华译,载《广西大学学报》[哲学社会科学版], 2016 年第 1 期, 第 62—72 页),而是专注于卡西尔和舍勒那里精神与生命的对立,并在此问题框架内,思考更为一般的哲学问题。

深刻也最独特"①的短文《木偶戏》(1810年)的分析进而指出,现代哲学植根于浪漫派哲学中,特别是在自然与精神的重大对峙或生命与认知的两极性上。② 在卡西尔看来,浪漫派哲学支持这种对峙,而舍勒则无条件地拒绝了任何一种一元论的同一哲学的尝试,他并不试图克服精神与生命的二元论,但尽管如此,他仍然勾画了"这种二元论,这种在存在自身之中的原初分裂的含义与意义,这是一种完全异于西方传统形而上学的图像"③。卡西尔对舍勒的精神与生命的学说展开了讨论并进行了批判,限于篇幅,我们这里只能简要将其核心要点勾勒为四个方面:

**1. 什么是"精神"或应如何理解"精神"?**

在卡西尔看来,舍勒那里的"精神"原初是绝对无力的,"在精神与生命的对抗中,精神所能利用的所有力量(Kraft)都绝非得自其本身,而是必须在一条极为曲折的道路上,逐步地通过禁欲(Askese)和欲求压抑的行为,在生命本身的领域中攫取力量"④。因此,卡西尔认为,舍勒的精神概念"显而易见地"会让人想起亚里士多德的定义。为了回答"精神如何对它本身并不属于其中的世界施以任何作用?"这样的问题,亚里士多德发展了他的目的论。但是舍勒却拒绝这种目的论的世界观,对他来说,西方的有神论的世界观是没有根基的胡言乱语。若果如此,卡西尔接着追问,若精神原初是绝对无力的,那么它对欲求压抑的引导又是如何可能的呢?"如果人们完全在舍勒最初定义的意义上把握'精神',它将永

---

① Ernst Cassirer, "Heinrich von Kleist und die Kantische Philosophie", in: ders., *Idee und Gestalt. Goethe. Schiller. Hölderlin. Kleist*, Darmstadt: Wissenschaftliche Buchgesellschaft, 1971, S.191.
② Ibid., S.34.
③ Ibid., S.35.
④ Ernst Cassirer, *GL*, S.39.

远不能以任何形式超出自己而发生作用。"①事实上,对于卡西尔而言,若将精神从本质上规定为绝对无力的,这是无法理解和完全不可能的。

**2. 如何理解精神与生命的关系?**

根据卡西尔,舍勒那里的"生命"概念无异于单纯的"冲动"(Drang),即一种对无规定之物和无目标之物的欲求。因此,精神和生命属于完全不同的世界,无论是从起源上或是从本质上而言,二者都是完全陌异的。卡西尔由此追问道:"那么它们如何仍能施行一个完全统一的成就? 它们如何可能在建构某一特殊的人类世界、'意义'世界中相互协作互相渗透?"②换句话说,如果生命在本质上就是单纯的"冲动",本质上被规定为"精神盲",那么,生命欲求就根本不可能进入精神的法则性和观念与意义的结构,进而它也不可能给精神以力量。卡西尔强调:"舍勒给予精神的东西,他必然又从生命中抽回;他肯定于后者的,又必然否定于前者。"③因此,在观念盲的生命与陌异于生命的精神之间的对立是原本的,或许只有通过某个"奇迹","冲动的精神化"和"精神的生命化"才得以可能。

**3. 如何理解舍勒的学说与"古典学说"之间的关系?**

舍勒所反对的"古典学说"赋予精神以超越所有现实之物的绝对实质性的"强力"(Macht)。与之相对,舍勒则认为精神原初是没有能量(Energie)的。在卡西尔看来,"强力"或"能量"的概念必须首先要得到明确的界定,而舍勒恰恰没有能在起效用(Wirken)的能量和构形(Bilden)的能量之间做出区分。卡西尔

---

① Ernst Cassirer, *GL*, S. 44.
② Ibid., S. 40.
③ Ibid., S. 50.

则试图借助这对区分导向其本己的学说：起效用的能量是直接作用于人的周围世界的，而构形的能量则将自身保持在自身之中，并在纯粹构形而非现实性的维度活动；"人类的精神不直接面对物而是将自身编入一个本己的世界，一个指号的(Zeichen)、符号(Symbol)的和意义的世界"①。卡西尔区别了间接的构形的行为和直接的起效用的行为，"使自身产生效果的行为始终是一种双重运动：引力和斥力不断地交替。……这种双重规定适用于每一种构成(Gestaltung)活动和'符号形构(Formung)'活动"②。在自我和它的周围世界之间的张力只能通过符号形构的中介消解。因此，对于卡西尔来说，如果"强力"或"能量"的概念能得到明确界定的话，那么，在舍勒自己的学说与"古典学说"之间就不再真正存在一种"彻底的逻辑对立"。

**4. 如何理解舍勒的哲学人类学与其形而上学的关系？**

卡西尔认为，精神和生命的两极性构成了舍勒哲学人类学的基本思想，其哲学人类学的基本原则是存在于精神和生命领域中的"张力、不相容的差异和对立"③。但是，在舍勒那里人们还可以发现另一个值得注意的形而上学的对立，即，精神与生命的对立不再只是纯粹功能的对立，而且也是实体性的对立。卡西尔说："在他[舍勒——引者]那里，形而上学的旨趣最终仍然超过了现象学的旨趣：精神成为一种特殊的存在，高居于单纯的生命存在之上。"④卡西尔自己则试图拒绝这种"形而上学的旨趣"，在他看来，精神和生命的关系不应在实体性意义上，而仅仅只应在功能性意义上被理解。因此，所谓的"张力、不相容的差异和对

---

① Ernst Cassirer, *GL*, S. 45.
② Ibid., S. 46f.
③ Ibid., S. 49.
④ Ibid., S. 52.

立"需要得到重释:"真正的戏剧并非发生于精神与生命之间,而是发生于精神自己的领域之中,发生在它真正的焦点上。"①也就是说,并非生命对抗精神,而是精神自我对抗。

## 二 基于舍勒的思想对卡西尔针对舍勒批评的检视

前一节我们亦步亦趋地勾勒了卡西尔对舍勒的批评,本节我们将在舍勒的语境中进一步检视这些批评。

因为卡西尔看起来只熟悉舍勒的《人在宇宙中的位置》(《人的独特位置》的修改稿)一文,加之他更注重引入其自己的立场,所以他对舍勒的批评并未能切中舍勒哲学人类学的主要问题。本文无法详细展示舍勒哲学人类学的全部以及他与卡西尔的思想关系,这里仅关注两个关键问题。

第一,如前所述,在其"舍勒文稿"中,卡西尔借助对起效用的能量和构形的能量的区分,在对舍勒哲学人类学中的"禁欲"的分析中导入了他自己的学说。在他看来,舍勒相信"禁欲"具有精神的-道德的力量,通过"禁欲",周围世界将被人客体化。但卡西尔追问道,如果精神原初是无力的,那么这种客体化的行为是如何可能的呢,它又是以何为条件的?② 对卡西尔本人来说,客体化的条件恰恰就是"符号形构",正是以这种"符号形构"为中介,自我与其周围世界的张力才得以消解。

在我看来,卡西尔在此误解了舍勒的思想。在舍勒那里,"强力"(Macht)、"能量"(Energie)和"力量"(Kraft)是同义的,但是,"能力"(Fähigkeit)概念却明确区别于这些概念。当舍勒说"精神原初就没有本己的能量"或"原初无力的精神"等时,

---

① Ernst Cassirer, *GL*, S. 54.
② Ibid., S. 50f.

这只意味着,"精神所无能为力的是：自己创造或消除、增加或减少任何欲求的能量"①。但是,精神具有自己的"能力",即一种"观念化"(Ideierung)或者"现象学还原技艺"的能力。② 舍勒强调:"这个把本质与此在分离开的能力构成了人的精神的根本特征,这个根本特征乃是人的精神一切别的特征的基础。"③可以说,正是因为这种能力,人成为"能说不者"(Neinsagenkönner)、"生命的禁欲者"和针对一切单纯现实性的永远的抗议者。借助这种能力,精神只是"指引"(leiten)和"引导"(lenken)生命。通过禁欲、压抑和生命的升华,精神从原初强有力的生命中获得其原初所没有的能量或力量。对舍勒来说,在纯粹形式上,精神原初是绝对没有任何力量、强力或能量的,尽管它具有一种基本的能力。每一个对现实性或欲求所说的"不"都是精神自身的活动,这种"不"所引起的绝非精神的存在,而只是给精神提供能量,并由此而不断给精神输送"沉睡在被压抑的欲求中的能量"④。在此意义上,舍勒可以宣称:"精神绝不到处是创造性的原则,而只是一种设置界限的、在本质可能的框架内获得偶然现实性的原则。"⑤

就此而言,卡西尔混同了舍勒那里的"强力""能量""力量"和"能力"概念,因此他的批评并未能切中舍勒哲学人类学的主

---

① Max Scheler, Stellung, S. 49.
② 参阅 Max Scheler, Stellung, S. 40ff.; 以及参阅 Max Scheler, "Die deutsche Philosophie der Gegenwart", in: ders., *Wesen und Formen der Sympathie/Die Deutsche Philosophie der Gegenwart*, GW 7, Bern und München, S. 309; Max Scheler, "Phänomenologie und Erkenntnistheorie", in: ders., *Schriften aus dem Nachlass, Band I, Zur Ethik und Erkenntnislehre*, GW 10, Bonn 1986, S. 380. usw。
③ Max Scheler, Stellung, S. 42.
④ Ibid., S. 45.
⑤ Ibid., S. 101, Anm. 1.

要问题。基于这种混同,卡西尔也勾销了在舍勒本己的学说和他所批评的"古典学说"之间的对立。在他看来,因为舍勒的精神原初是无力的,而它又能说"不",那么舍勒的立场就与"古典的人的理论"在如下这一点上相一致:精神被赋予超越所有现实之物的绝对实质性的"强力"。然而如前所述,舍勒这里的"说不"的"能力"被严格区别于"强力""能量""力量",因此在这两种学说的根本立场之间存在着巨大的差异。

此外,卡西尔还称赞舍勒"运用超凡的辩证能力和高超的技能"突显出在精神和生命之间的"张力、不相容的差异和对立",并且成功地取消了"轻松的'一元论'的任何解决尝试"。[①] 但在舍勒那里,尽管精神与生命是有本质区别的,但人之中这两个原则是相互依赖的,"精神和生命是相辅相成的,把它们放到一个原初的敌对或对抗状态中,是一个根本的错误"[②]。事实上,舍勒也一直试图找到这两个原则之间的统一性。这一点把我们带向下一个问题。

第二,卡西尔还错误地将舍勒那里的精神与生命的对立与笛卡尔以来的旧形而上学中的心—身对立等同起来,在他看来,"我们可以把舍勒对生命和精神一致性问题的回答与笛卡尔关于躯体与灵魂一致性问题的回答相提并论"[③],舍勒的哲学人类学与其形而上学之间并不存在大的间距,"如果人们想在舍勒的人类学框架中获得这个问题[精神和生命的关系问题——引者]的答案,人们似乎必须去冒跌入黑暗的风险,人们似乎必须重新涉及形而上学的世界基础的统一,而这个基础仍然将把对于我们来说明显异质的东西统一起来,编入一个整体之中"[④]。看起来,

---

① 参阅 Ernst Cassirer, *GL*, S. 49。
② Max Scheler, Stellung, S. 67, 也参阅 S. 62。
③ 参阅 Cassirer, *GL*, S. 43。
④ Ibid., S. 41.

卡西尔并没有完全把握住舍勒哲学人类学和其形而上学的关系，因此也并未能清楚地认识到舍勒那里身体（或躯体）—心灵、生命—精神的关系。

事实上，在晚期舍勒那里存在着三组不同的概念对子，即，"身体（或躯体）—心灵"[①]"精神—生命"以及"精神—冲动"。它们在舍勒晚期哲学中分别扮演着不同的角色。

首先来看第一组概念对子"身体（或躯体）—心灵"。在此视角下，舍勒清楚地批判了笛卡尔的学说，并与之划清界限。[②] 在他看来，笛卡尔将一切实体区分为"广延物"和"思维物"，由此他就把"一大堆关于人的本性问题的最严重的错误引入了西方意识"[③]。在一定意义上，人们也可以说，这个千百年来一直保持着生命力的身心问题在舍勒这里失去了它的形而上学等级，因为"生理的心理的生命过程在本体论上是严格同一的。……所谓'生理的'和'心理的'不外是我们对同一个生命过程所做观察的

---

[①] "身体"（Leib）是舍勒现象学的重要主题，在其最重要的著作《伦理学中的形式主义与质料的价值伦理学》中，舍勒曾专门对身体问题做了现象学分析。对于舍勒来说，作为"心理物理中性的被给予性"的"身体"在每一个实际的身体感知都作为感知的形式或"范畴"（康德意义上）而起作用。在舍勒现象学的意义上，身体并不属于人格领域和行为领域，而是属于对象领域。舍勒将身体一般与"身体心灵"（Leibseele）和"身体躯体"（Leibkörper）相区分。身体，或者说，"对它的直接的总体感知，既在为身体心灵这个被给予性奠基，也在为身体躯体这个被给予性奠基。而正是这个奠基性的基本现象才是严格词义的'身体'"。舍勒也将身体称作"原现象"（Urphänomen）（参阅 Max Scheler, *Der Formalismus in der Ethik und die materiale Wertethik*, GW 2, Bern und München 1980, S. 399）。但是，在其哲学人类学的语境中，"身体""躯体"（Körper）和"身体躯体"的概念并没有明确的区别。

[②] 参阅 Max Scheler, Stellung, S. 56 – 62; 以及参阅 Stanislaw Kusmierz, *Einheit und Dualitat, Die anthropologische Differenz bei Helmuth Plessner und Max Scheler*, Bonn 2002, S. 51 – 55。

[③] Max Scheler, Stellung, S. 56.

两个侧面"①。因此,传统的身心对立被舍勒勾销了。舍勒区分了心理物理存在的四种不同的层级:(1)最低的层级是没有意识、没有感觉和表象的"感受冲动"(Gefühlsdrang),它表现为一种普遍的生长和增殖的冲动,作为一种"出离的"感受冲动在一切植物、动物和人身上都存在;(2)第二种心灵的本质形式可以称作"本能"(Instinkt)或"本能的行为",它是包括人在内的动物生命的特征;(3)第三种心理形式是一种"联想记忆"(assoziatives Gedächtnis)的能力,它仅仅在高等动物那里可见;(4)心理物理存在的第四种本质形式是原则上仍受官能约束的"实践理智"(praktische Intelligenz),这种实践理智仍然是"有机官能地—欲求地—实践地"结合起来,因此并非无限制地开放的,它只能出现在少数更高级的动物那里。② 总的来说,这四种不同的层级都属于心理物理的或生命的存在,简言之,都属于"生命"的维度。在此意义上,"身体(或躯体)—心灵"的对立是属于这个维度的,基于"心—物生命实则是一体"③,这一对立最终被舍勒勾销了。

对舍勒来说,人之中还存在着另外一个原则,另外一个维度,即"精神"。哈默曾指出,舍勒那里有三个无法相互还原并且本质不同的层面:身体、自我(心理性的:心灵)和人格。身—心的对立属于生命层级,而生命—精神的对立则与人格相关。④

显然,卡西尔混置了"身体(或躯体)—心灵"与"生命—精神"这两组概念对子,他也没有注意到舍勒那里"精神—生命"和"精神—冲动"这两组对立之间的区别。对于舍勒来说,后一组

---

① Max Scheler, Stellung, S. 58.
② Ibid., S. 13ff., 17f., 22f., 27f.
③ Ibid., S. 60.
④ Felix Hammer, *Leib und Geschlecht. Philosophische Perspektiven von Nietzsche bis Merleau-Ponty und Phanomenologisch-systematisch Aufriss*, Bonn 1974, S. 117.

对立涉及的是形而上学的问题域,而前一组对立则关涉哲学人类学的问题。这意味着"精神—冲动"的形而上学对立在哲学人类学中被论题化为"精神—生命"的对立。① 舍勒将精神和冲动视为"原存在"(Urseienden)、"通过自身而存在着的存在"(Durch-sich-seienden-Seins)或"自在存在"(ens per se)的两个原则,因此精神和冲动是存在的两种特性,都属于"原存在",与此类似,精神和生命都属于人格。他在两个不同的层面上讨论问题。

在哲学人类学的层面,舍勒强调,"尽管'生命'和'精神'有着巨大的本质差别,然而这两个原则在人身上仍然是互为依托的:精神把生命观念化,而只有生命才有能力把精神投入到行动中,并把精神变成现实,无论是从最简单的行为刺激起,还是一直到完成一件我们将精神的意蕴归之于它的产品上,都是如此。如我们在这里所描述的精神与生命的关系被一系列关于人的基本哲学观点所颠倒和轻视"②。

在形而上学的层面,舍勒则强调,"原本孱弱无力的精神和原本强大的——即与一切精神的观念和价值相比盲目的冲动之间相互渗透:隐藏在万物形象背后的冲动的生成着的观念化和精神化,同时使精神获得强力,即精神的生机化,这便是有限存在和过程的目的和归宿"③。

我们可以将舍勒的基本思想概括为下列图表:

---

① 参阅 Max Scheler, Stellung, S. 52, 55, 68f.; 以及参阅 Max Scheler, Schriften aus dem Nachlaβ, Bd. 3, Philosophische Anthropologie, GW 12, Bern und München, 1987, S. 174ff.; 同时参阅 Angelika Sander, "Askese und Weltbejahung: Zum Problem des Dualismus in der Anthropologie und Metaphysik Max Schelers", in: Gerhart Pfafferott (Hrsg.), Vom Umsturz der Werte in der modernen Gesellschaft, Bonn, 1997, S. 35, 52; Angelika Sander, Max Schelers zur Einführung, Hamburg: Junius, 2001, S. 147。
② Max Scheler, Stellung, S. 62f.
③ Ibid., S. 55f.

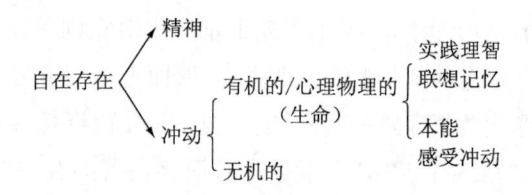

```
                   ┌─ 精神
                   │                        ┌─ 实践理智
        自在存在 ┤      ┌─ 有机的/心理物理的  │─ 联想记忆
                   │     │      （生命）       │─ 本能
                   └─ 冲动┤                   └─ 感受冲动
                         └─ 无机的
```

如同我们已经看到的,卡西尔对舍勒的批评存在着诸多误解,尽管如此,他突出强调了舍勒的哲学人类学与形而上学的紧密联系,这一点无疑是正确的。

## 三　卡西尔的文化哲学与形而上学

卡西尔于 1923 年出版了他的系统性代表作《符号形式的哲学》(*Philosophie der symbolischen Formen*)的第一卷《语言》,1925 年出版了第二卷《神话思维》,直到 1929 年才出版第三卷《认知的现象学》。在这个第三卷的"前言"中,卡西尔预告说,他即将发表一部题为"'生命'和'精神'——当代哲学之批判"("*Leben*" *und* "*Geist*"-*zur Kritik der Philosophie der Gegenwart*)的论著,在其中,他将在"当代哲学的总体工作"中为其符号形式的哲学定位。① 然而这部可以被视为《符号形式的哲学》第四卷的著作在卡西尔生前并未出版,人们如今只能在其遗稿中发现这个 1928 年的规划方案。② 在遗稿中,卡西尔将其本己的哲学与当时代的

---

① Ernst Cassirer, *Philosophie der symbolischen Formen. Dritter Teil: Phanomenologie der Erkenntnis*, Text und Anmerkungen bearbeitet von Julia Clemens, Hamburg: Felix Meiner, 2010, S. XI. ( Dieser Band ist text - und seitenidentisch mit ECW 13)

② Ernst Cassirer, *Zur Metaphysik der symbolischen Formen, Ernst Cassirer Nachgelassene Manuskripte und Texte*( ECN ), Bd. 1, hrsg. von J. M. Krois, Hamburg: Felix Meiner, 1995. 以及参阅 Josef Maria Werle, "Ernst Cassirers nachgelassene Aufzeichnungenüber 'Leben und Geist - zur Kritik der Philosophie der Gegenwart' ", in: Hans-Jürg Braun, Helmut Holzhey und Ernst Wolfgang Orth ( Hrsg. ), *Über Ernst Cassirers Philosophie der symbolischen Formen*, Frankfurt am Main, 1988, S. 274 - 289。

哲学,特别是生命哲学和哲学人类学进行了对比,进而发展出一种形而上学,他称之为"符号形式的形而上学"。显然,卡西尔在达沃斯的"海德格尔讲座""舍勒文稿"以及达沃斯的论辩都属于这个总体计划。

在此语境中,卡西尔将当代形而上学的基本趋向与生命哲学相等同,并从其批判的符号形式哲学立场拒绝这种趋向。尽管如此,他仍然不能同意新康德主义另一个代表人物李凯尔特(H. Rickert)对生命哲学的蔑视,在他看来,"将[生命哲学]视为单纯的'时髦思潮'(Modestromung)是一种愚蠢和短视"[①]。完全相反,生命哲学必须得到严肃的对待,它是一种对"植根于现代生命感受和特殊现代文化感受的基本与原初层面"[②]的动机的表达。对于卡西尔来说,生命哲学并不单单是一个学派的名称,例如,它不仅仅是指狄尔泰、西梅尔或柏格森的哲学,也不仅仅是指像叔本华、尼采这样的先驱者的哲学,还不仅仅指达尔文、斯宾塞的生物学理论或斯宾格勒、克拉格斯的观点,如此等等;毋宁说,生命哲学是一个系统的—历史的概念,它"统合了从克尔恺郭尔到海德格尔和杜威以来的所有对观念论的批评者",这其中当然也包括胡塞尔和舍勒。[③]

卡西尔将生命哲学视为形而上学的最新形式而加以批判,其批判的要点主要体现在两个方面:首先,在他看来,生命哲学与自然主义过于紧密地联系在一起;其次,生命哲学强调一种直接

---

[①] Ernst Cassirer, *Zur Metaphysik der symbolischen Formen*, ECN 1, S. 238。
[②] Ibid., S. 8.
[③] 参阅 J. M. Krois, "Problematik, Eigenart und Aktualität der Cassirerschen Philosophie der symbolischen Formen", in: Hans‐Jürg Braun, Helmut Holzhey und Ernst Wolfgang Orth(Hrsg.), *Über Ernst Cassirers Philosophie der symbolischen Formen*, a. a. O., S. 27. 以及参阅 Ernst Cassirer, *Zur Metaphysik der symbolischen Formen*, ECN 1, S. 238。

的直觉式的认知。前一方面涉及卡西尔对其文化哲学人类学总体的理解,后一方面则相关于他符号形式的哲学的核心概念,即"符号"。

奥特(E. W. Orth)曾清楚而正确地指出,在卡西尔那里存在着两个决定性的发展趋向:"一个是导向精神科学的论证或奠基,另一个则是导向哲学人类学的展开。尽管如此,必须注意的是,这两种发展在本质上是相互绞缠的。"①在其《文化哲学的自然主义和人文主义论证》("Naturalistische und humanistische Begründung der Kulturphilosophie")②一文中,卡西尔强调,文化哲学是最年轻的哲学学科,它诞生于狄尔泰的"精神科学的自然体系"。自然与文化的关系成为哲学中相对较新的主题。浪漫派的自然哲学尝试通过"自然的精神化"(Spiritualisierung der Natur)来消弭自然和文化的差异,而建基于达尔文和斯宾塞基本观点之上的法国文化哲学则试图通过"文化的物质化"(Materialisierung der Kultur)来消弭这种差异。③ 这两种理论的根子都在自然主义。在卡西尔看来,生命哲学,包括舍勒的哲学人类学在内,要么将其基础置于浪漫的自然哲学中,要么就置于现代法国文化哲学中,因此其根子也是自然主义。他说:"现代的'生命'理论是根基不稳的,因为它更多只是在生命中提取否定性、单纯自然性和生物性的因素。"④与此

---

① Ernst Wolfgang Orth, "Max Scheler und Ernst Cassirer. Wissensformen und symbolische Formen als kulturphänomenologische Perspektiven", S. 220f.

② Ernst Cassirer, "Naturalistische und humanistische Begründung der Kulturphilosophie", in: ders., *Aufsätze und kleine Schriften (1936 – 1940)*, Ernst Cassirer Gesammelte Werke (ECW), Bd. 22, Text und Anmerkungen bearbeitet von Claus Rosenkranz, Hamburg: Felix Meiner, 2006, S. 140 – 166.

③ 参阅 Ernst Cassirer, "Naturalistische und humanistische Begründung der Kulturphilosophie", in: ECW 22, S. 146。

④ Ernst Cassirer, *Zur Metaphysik der symbolischen Formen*, ECN 1, S. 266.

相对，18 世纪后半叶的德国古典文学时代发展出一种新的人文主义，比如在温克尔曼、莱辛、赫尔德和席勒、歌德、威廉·冯·洪堡那里。①在此，文化哲学赢得了一个新的基础。这种"批判的文化哲学"竭力想认识文化的一般的基本倾向，并试图理解"形式给予"的普遍原则。②与此相应，哲学人类学也应"在双重方向上发展，在一定程度上也在双重维度扩展，即它不仅仅把人视为自然的主—客体，而是同时也将之视为文化的主—客体"③。

卡西尔是在关涉精神与生命的对立中规定文化的本质的。在他看来，一切文化、一切精神的生成本质上都是从生命中导出的，一切文化都是在创造中，在符号形式的运作中展示自身的，"正是通过这些形式，生命开始觉醒，成为自身被意识到的生命，并成为精神"④。因此，这些形式是单纯意指的，而非直接的活生生的形式。"符号性"与"直觉性"的一个根本差异在此显现出来。卡西尔批评了生命哲学（尤其是柏格森）的直觉主义，对他来说，符号形式乃是人为其自身创造出来的独特的"中介"。借此"中介"，人将其自身与周围世界相分离，而正是因此分离，人与其周围世界反而更为紧密地联结在一起，"这种'居间中介'（Vermittlung）恰恰把人的一切认知乃至人的一切劳作都很典型地刻画出来了"⑤。因为一切文化的形式都是符号形式，所以文化形式也是间接的。在此意义上，人不应被定义为"理性的动物"

---

① 参阅 Ernst Cassirer, "Naturalistische und humanistische Begründung der Kulturphilosophie", in: ECW 22, S. 152f.。
② Ibid., S. 165
③ Ernst Cassirer, Zur Metaphysik der symbolischen Formen, ECN 1, S. 35.
④ Ibid., S. 269.
⑤ Ernst Cassirer, Zur Logik der Kulturwissenschaften, Hamburg: Felix Meiner, 2011, S. 27.（中译本参阅：卡西尔：《人文科学的逻辑》，关子尹译，上海译文出版社，2004 年。）

(animal rationale),而毋宁是"符号的动物"(animal symbolicum)。①而且这一定义仅仅只能被理解为功能性的定义,而绝非实体性的定义。卡西尔清楚地强调:

> 人的突出特征,人与众不同的标志,既不是他的形而上学本性,也不是他的物理本性,而是人的劳作(work/Wirken)。正是这种人类活动的体系,规定和划定了"人性"的圆周。语言、神话、宗教、艺术、科学、历史,都是这个圆的组成部分和各个扇面。因此,一种"人的哲学"一定是这样一种哲学:它能使我们洞见这些人类活动各自的基本结构,同时又能使我们把这些活动理解为一个有机整体。②

对卡西尔而言,文化哲学是无法否认其"拟人主义"(Anthropomorphismus)和"人类本位主义"(Anthropozentrismus)色彩的。文化哲学试图认识的是形式的总体,而人的生命恰恰是在这些符号形式中展开的。③ 根本说来,批判的文化哲学必须"既避开自然主义的岩壁,同时又能避开形而上学的漩涡"④。而在卡西尔看来,舍勒

---

① 参阅卡西尔:《人论》,甘阳译,上海译文出版社,1985年,第34页。译文对照英文原文(Ernst Cassirer, *An Essay on Man. An Introduction to a Philosophy of Human Culture*, New Haven: Yale University Press, 1944)偶有改动,不一一注明。德国卡西尔研究专家哈尔通(Gerald Hartung)曾提及,卡西尔早先使用"符号人"(homo symbolicus)作为其哲学人类学的核心标识,而在1941/1942年的讲座(*An Essay on Man. A Philosophical Anthropology*),即《人论》的第一稿本中开始以"符号的动物"(animal symbolicum)这一表达来替代"符号人"。(参阅 Gerald Hartung, *Das Maß des Menschen. Studienausgabe: Aporien der philosophischen Anthropologie und ihre Auflösung in der Kulturphilosophie Ernst Cassirers*, Weilerswist 2003, S. 328f.。)
② 卡西尔:《人论》,第87页。
③ 参阅 Ernst Cassirer, *Zur Logik der Kulturwissenschaften*, S. 80。
④ Ibid., S. 53. 这里的"岩壁"(Scylla)和"漩涡"(Charybdis)是指荷马史诗《奥德赛》中尤里西斯返乡途中途经险要海道时的相关情景。

及其哲学人类学以及其他生命哲学并未能成功避开这双重险阻。

但这是否意味着卡西尔拒绝了一切形而上学？事实上，在其计划中的《符号形式的哲学》的第四卷中，卡西尔发展了一种形而上学，当然也仅仅只是在这个未发表的卷册遗稿中。[1] 在那里，他既反对教条的实在论的形而上学，也反对实证的形而上学，因为这两种形而上学都坚持将"存在"作为它们确凿的起点。舍勒和海德格尔无疑都属于这种存在的形而上学。与此相对，还存在着另一种新型的形而上学，卡西尔称之为"生命"的形而上学，"我们并不是以所谓的'存在'的原事实，而是以'生命'的原事实为出发点的"[2]。换言之，生命是原事实，一切精神的生成都是从生命导出的。符号形式的哲学建基于生命的形而上学之上。卡西尔如此展望道："如果我们不简单地将生命的'直接性'与思维的、精神意识的'间接性'视作相互对立的静态的对立极，而是去关注它们的居间中介的过程，比如在语言、神话和认知中的这些过程，那么问题将会立即呈现出另一种形态和特征。"[3]

## 四 舍勒的哲学人类学与形而上学

在达沃斯，海德格尔尖锐地批判了新康德主义，但是，海德格尔是如何理解新康德主义的？对于海德格尔来说，新康德主义就意味着这样一种对康德《纯粹理性批判》的理解，即"将纯粹理性中的那个一直推进到先验辩证论的部分，说明为与自然科学相关的知识理论"[4]。卡西尔当然被海德格尔归入新康德主义。与新

---

[1] 参阅 Thora Ilin Bayer, *Cassirer's Metaphysics of Symbolic Forms: A Philosophical Commentary*, New Haven: Yale University Press, 2001, pp. 122–125。

[2] Ernst Cassirer, *Zur Metaphysik der symbolischen Formen*, ECN 1, S. 263.

[3] Ibid., S. 13.

[4] "Davoser Disputation zwischen Ernst Cassirer und Martin Heidegger", in: Martin Heidegger, *Kant und das Problem der Metaphysik*, GA 3, S. 275.

康德主义的理解不同，海德格尔认为，对于康德来说根本性的东西并不是一门知识理论，而是形而上学的问题。也就是说，在海德格尔看来，新康德主义的基本论题仍然与认识论联结得过于紧密，而忽视了形而上学或存在论。在此意义上，我们可以说，新康德主义和海德格尔的差别在于他们对待形而上学的不同态度。舍勒无疑会赞同海德格尔，因为他也强调："正如今天的康德研究所证明的，所谓的新康德主义彻底地误解了这位伟大的思想家。新康德主义尽管承认形而上学问题是理性的永恒问题，但又认为这些问题理论上是无法解决的。"①

面对海德格尔的指责，卡西尔指出，他和海德格尔的本质差别在于他们所承认的两种不同类型的形而上学，即生命的形而上学和存在的形而上学。在卡西尔看来，旧形而上学中的"存在"是实体，是作为根基的，而新形而上学中的"存在"则不再是实体的存在，而是"从功能性的规定和意义的某种多样性出发的存在"②。在此语境中，海德格尔在达沃斯看起来是在为一种存在的形而上学或存在论而辩护。在一定意义上，人们甚至可以说，海德格尔在达沃斯论辩中的发言是替舍勒做出的，针对卡西尔对舍勒之批评的一个回应。

在1928年最后一次马堡讲座中，海德格尔回忆道：

在我们1927年12月最后进行的长谈[海德格尔和舍勒在科隆——引者]中，我们一致达成了以下四点：(1)主体—客体关系问题应该被完全重新提出，更确切地说，不受迄今为

---

① Max Scheler, "Philosophische Weltanschauung", in: Scheler, *Spate Schriften*, GW 9, S. 75f.

② "Davoser Disputation ywischen Ernst Cassirer und Martin Heidegger", in: Martin Heidegger, *Kant und das Problem der Metaphysik*, GA 3, S. 294.

止所出现的任何尝试之约束。(2)这绝不是所谓认识论的问题;也就是说,不首先通过考虑一个把握客体的主体而提出;这种把握活动一开始就不要求被奠基。(3)它对形而上学之可能性具有核心意义,并与形而上学基本问题内在相关。(4)最本质的是:时机就在于此,恰恰就在官方哲学之无聊乏味的状况下,重新冒险越进到真正的形而上学,也就是说,从根本上去发展它。这就是我们当时在其中分享到的心绪,一场大有希望的斗争的愉快心绪;可命运另有安排。①

尽管在对形而上学的具体理解上,海德格尔和舍勒自然也存在着巨大的差异,但无疑他们的哲学都属于卡西尔所说的存在的形而上学。两位现象学家在此是一致的,即,"人是什么?"的问题不能被人类本位主义地提出。而这一点是完全对立于卡西尔的,在卡西尔那里,文化哲学人类学是根本无法否认其"拟人主义"和"人类本位主义"的色彩的。相反,在海德格尔和舍勒这一边,人是超越的存在者,应该被置入一般存在者的整体中,唯有如此,哲学人类学的问题才有现实的意义。②

海德格尔发展了一门基础存在论,在他看来,它就是人的此在的形而上学,而只有这种人的此在的形而上学才能使形而上学成为可能。③ 与之不同,在舍勒那里"哲学人类学"将扮演这个角

---

① Martin Heidegger, *Metaphysische Anfangsgründe der Logik im Ausgang von Leibniz*, GA 26, S. 165.
② 参阅 "Davoser Disputation zwischen Ernst Cassirer und Martin Heidegger", in: Martin Heidegger, *Kant und das Problem der Metaphyisk*, GA 3, S. 291; 也可参阅 Max Scheler, "Mensch und Geschichte", in: ders., *Späte Schriften*, GW 9, S. 122; Max Scheler, "Zur Idee des Menschen", in: ders., *Vom Umsturz der Werte. Abhandlungen und Aufsätze*, GW 3, Bern und München 1972, S. 173f.。
③ 参阅 Martin Heidegger, *Kant und das Problem der Metaphyisk*, GA 3, S. 1。

色。舍勒将人类学视为一门"关键学科"(Schlüsseldisyiplin)。在《人与历史》("Mensch und Geschichte")一文的开头,舍勒勾画了哲学人类学的研究领域和任务:

> 如果有一个我们时代亟待解决的哲学任务的话,那就是哲学人类学。我所指的是一门基本科学,它研究:人的本质和本质构造,人与自然领域(无机物、植物和动物)以及一切事物的来源的联系,人在世界上的形而上学的本质起源及其物理、心理和精神始基,驱使人以及人驱动的力量和强力,他的生物的、心理的、精神历史的和社会的发展的基本趋势和法则,以及这些发展的本质可能性与现实性。这门学科包括心理物理的身——心问题和理智论——生机论问题。只有这样一门人类学可以为一切关注"人"这个对象的科学,为自然科学的、医学的、考古学的、人种学的、历史的和社会的科学,为标准的和发展的心理学及性格学提供一个最终的哲学本质之基础,以及明确的、肯定的研究目标。①

他认为,人所能拥有的知识有三种:(1)宰制知识或成效知识(das Herrschafts - oder Leistungswissen);(2)本质知识或教化知识(das Wesens - oder Bildungswissen);(3)形而上学知识或救赎知识(*das metaphysische* oder Erlosungswissen)。所有这三种知识没有哪种是自在自为的。每一种知识都是服务于某种存在者(或是物,或是人自身的教化形式,或是绝对者)之改造的。对我们而言所能拥有的第二种知识,即本质知识或教化知识,是哲学之基本科学的知识,这里所谓的哲学之基本科学即亚里士多德所

---

① Max Scheler, "Mensch und Geschichte", in: ders., *Späte Schriften*, GW 9, S. 120.

说的"第一哲学",在舍勒看来,它还不是形而上学。舍勒区分了两种类型的形而上学:作为实证科学"边界问题"的形而上学(第一序的形而上学)和绝对的形而上学(第二序的形而上学)。哲学人类学处在这两种形而上学"之间",即在数学、物理学、生物学、心理学、法学和历史学等科学的"边界问题"的形而上学和绝对的形而上学"之间"。因为"只有从'哲学人类学'所得出的人的本质图像出发,才能推导出万物的最终原因的真实属性来——即作为对起初源自人的中心的精神行为的反向延伸"①。因此,哲学人类学构成了绝对的形而上学的一个重要的"阶梯"(Sprungbrett)。在此意义上,舍勒认为,现代形而上学不再是宇宙论和对象形而上学,而是"元-人类学和行为形而上学"(*Metanthropologie* und *Aktmetaphysik*)。人的存在既是"小神"(Mikrotheos),也是通向上帝的第一途径。人不是一个自在存在或已经被完成了的"仿制者",而是"处于世界进程之中并同世界进程一起生成的、理念的生成结果的共同策划者、共同发起者和共同执行者"。②

根本而言,对舍勒来说,人既是精神存在物,又是生命存在物,他只是"通过自身而存在着的存在"的精神和冲动的一个"分中心"(Teilzentrum)。他强调说:"因此根据我们的看法,人的生成和上帝的生成从来就是相互依存的。如果人不把自己当作这个最高存在两个特性中的一项,如果他不懂得使自身去习惯这一存在的话,那么他就不符合人的规定,同样,离开了人的共同作用,自在存在便不成其为自在存在了。"③

---

① Max Scheler, "Philosophische Weltanschauung", in: ders., *Späte Schriften*, GW 9, S. 82.
② 参阅 Ibid., S. 77; S. 83。
③ Max Scheler, Stellung, S. 70f.

清楚的是,舍勒将哲学人类学视作绝对的形而上学的"阶梯",海德格尔也将形而上学视为"终点"(terminus ad quem)。哲学人类学的任务就在于指明,"人的一切特殊的专有物、成就和作品——比如语言、良知、工具、武器、正义和非正义的观念、国家、领导、艺术的表现功能、神话、宗教、科学、历史性和社会性等——是如何产生于人的存在的根本结构的"①。舍勒这种对哲学人类学的任务的描述看起来就像是对他与卡西尔思想差异的一个预先澄清。对舍勒来说,与符号的形式相关的文化哲学并不能成为思考的"终点"。②他的知识社会学与卡西尔的文化哲学有着相似的任务和论题域,他的知识形式也与卡西尔的符号形式具有相似的特征。③而知识社会学在舍勒那里只构成形而上学的起点,因此绝不能成为其思想的"终点"。在此意义上,人们或许可以说,舍勒的哲学人类学相较于卡西尔的文化哲学要更广阔,也更形而上。

## 结语 三个人的争执与共谋

卡西尔的目标是为"作为文化哲学的批判的观念论"或"批判的文化哲学"提供论证。④尽管在康德那里并未出现文化哲学的名称及其论题,但是卡西尔还是试图在康德批判哲学的框架内发展其文化哲学。他说:

---

① Max Scheler, Stellung, S. 67.
② 参阅 "Davoser Disputation zwischen Ernst Cassirer und Martin Heidegger", in: Martin Heidegger, *Kant und das Problem der Metaphysik*, GA 3, S. 288。
③ 参阅 Ernst Wolfgang Orth, "Max Scheler und Ernst Cassirer. Wissensformen und symbolische Formen als kulturphänomenologische Perspektiven", S. 213–231。
④ 参阅 Ernst Cassirer, "Critical Idealism as a Philosophy of Culture", in: ders., *Mythos, Sprache und Kunst, Ernst Cassirer Nachgelassene Manuskripte und Texte* (ECN), Bd. 7, hrsg. von J. Bohr und G. Hartung, Hamburg: Felix Meiner, 2011, pp. 93–119。

然而，无论这个任务的类型如何变化，无论其范围怎样偏移和扩展，我仍然坚信，我们不需要放弃由康德发现并由他极为清晰地第一次提出来的这个批判的基本问题。我们现在必须引导批判问题去面对崭新的材料，但我们可能而且应当维护这个问题的形式。我们必须追问的不仅仅是纯粹数学和纯粹自然科学何以可能的问题，我们还必须追问每一基本功能的整体性和系统全面性的问题。只有这样，我们才会拥有描述大千世界图景的力量，我们才会描述宇宙的图景和人类世界的图景。①

由此，卡西尔将理性的批判发展为文化的批判。通过以符号的形式替代康德理性的形式，以及通过从实体的统一性过渡到功能的统一性，"观念论的基本论题"首次获得其本真的和彻底的证明。在此意义上，我们可以说，卡西尔的文化哲学在很大程度上扩展并发展了康德的批判哲学，因而它虽未完全陷入但也未完全走出康德批判哲学的大框架。

与之相对，在舍勒看来，现象学是反对一切批判哲学、一切批判主义的。② 他想发展的是现象学的-形而上学的人类学。③ 看起来，在文化哲学人类学和现象学的-形而上学的人类学之间存

---

① Ernst Cassirer, "Der Begriff der Philosophie als Problem der Philosophie", in: ders., *Zur Philosophie und Politik. Mit Beilagen, Ernst Cassirer Nachgelassene Manuskripte und Texte* (ECN), Bd. 9, hrsg. von J. M. Krois und Chr. Mockel, Hamburg: Felix Meiner, 2008, S. 148f.

② 参阅 Max Scheler, "Versuche einer Philosophie des Lebens", in: ders., *Vom Umsturz der Werte. Abhandlungen und Aufsätze*, GW 3, S. 328。

③ 参阅 W. Henckmann, "Schelers Biologie – Vorlesung von 1926/1927", in: *Polis und Kosmos: Perspektiven einer Philosophie des Politischen und einer Philosophischen Kosmologie. Eberhard Avé–Lallemant zum 80. Geburtstag*, hrsg. von Dietrich Gottstein und Hans Rainer Sepp, Würzburg: Königshausen & Neumann, 2008, S. 257。

在一个对立。用卡西尔的话说就是在存在的形而上学(舍勒、海德格尔以及其他人)和生命的形而上学(卡西尔本人)之间存在着对立。①

海德格尔在达沃斯分三次所做报告的分节与其《康德书》前三章的分节是完全相应的。《康德书》所补充的第四章则涉及"形而上学奠基的一次复返"。在这一章中，海德格尔批评了哲学人类学："不过，哲学人类学的根本困难也许首先并不在于它的任务，即要去获得这种多面存在物的本质规定的系统统一，而是在于哲学人类学的概念自身。"②乍看起来，海德格尔这里是在批评舍勒及其哲学人类学。然而，事实上，海德格尔在此并未深入到舍勒哲学人类学思想的内部，而只是谈及了"哲学人类学"这个名称。

对于熟悉舍勒哲学人类学基本思想的读者来说，海德格尔下面这些对哲学人类学的指摘一定是无的放矢，比如，"对哲学人类学观念做一种批判的思义不仅会表明这一观念的不确定性和内在局限性，而且要让人们首先明白，对这一观念之本质的根据性追问在根本上说来还是缺少基石和框架的"③；又比如，"没有任何一种对其本己的问题及其前提尚有待领会的人类学会要求哪怕只是去展开形而上学奠基的难题，更不用说去实行这一奠基了"④。

很可能在当时(1928年前后)海德格尔并不完全了解舍勒哲学人类学的基本理路和总体框架。因为正是在1928年发表的

---

① 卡西尔《符号形式的哲学》的第三卷题为《认知的现象学》，卡西尔自己解释道，他所说的"认知的现象学"并不是在现代语言意义上使用，而是回溯到"现象学"一词的基本含义，就像黑格尔所确定并系统论证的那样（参阅 Ernst Cassirer, *Philosophie der symbolischen Formen. Dritter Teil: Phänomenologie der Erkenntnis*, S. Ⅷ）。
② Martin Heidegger, *Kant und das Problem der Metaphysik*, GA 3, S. 210.
③ Ibid., S. 213.
④ Ibid., S. 231.

《哲学世界观》一文中,舍勒清楚地描述了哲学人类学在其哲学总体中的位置,以及哲学人类学与形而上学的关系。这篇文章是1928年5月5日(舍勒去世前的两周)首次发表在《慕尼黑最新动态》(*Münchener Neuesten Nachrichten*)上的,随后于1929年收入同名文集在波恩出版。不过,在《知识的形式与教化》(*Die Formen des Wissens und die Bildung*)①和《人在宇宙中的位置》(*Die Stellung des Menschen im Kosmos*)中,舍勒已经简要地阐释了其哲学人类学的基本观念。而海德格尔在其《存在与时间》(1927年)、最后一次马堡讲座(1928年)和《康德书》(1929年)中提示读者要注意舍勒的这两本书。基于此,很可能海德格尔在《康德书》第四章对哲学人类学的批评并不是直接针对舍勒的,而是可以视为达沃斯论辩的一个继续,即对卡西尔在达沃斯所做的报告的回应。

在其达沃斯的"海德格尔讲座"——其标题为"哲学人类学的基本问题"——的一开始,卡西尔就将海德格尔的哲学(以及舍勒的哲学)称作哲学人类学,随后从哲学人类学的视角出发讨论了海德格尔的《存在与时间》中的三个主题,即空间问题、语言问题和死亡问题。事实上,海德格尔在达沃斯就已经拒绝了卡西尔的这种阐释:"论及人的此在的《存在与时间》的整个疑难索问,绝不是什么哲学人类学。面对这一疑难索问,哲学人类学太过狭窄、太过粗浅了。"②对于海德格尔来说,"此在"所标明的东西是不能用卡西尔的概念来翻译的,此在"在根本上并不只是人们通过将之标明为精神的东西,也不只是通过将之称作生命的东

---

① 参阅 Max Scheler, "Die Formen des Wissens und die Bildung", in: ders., *Späte Schriften*, GW 9, S. 85-119。
② "Davoser Disputation zwischen Ernst Cassirer und Martin Heidegger", in: Martin Heidegger, *Kant und das Problem der Metaphysik*, GA 3, S. 283.

西而得到共同规定的东西"①。概言之,海德格尔认为,此在并不能由精神和生命来共同规定,此在的形而上学或基础存在论不能以一种"人类本位主义"的方式,而是必须以一种"先于一切哲学人类学或文化哲学的方式"提出人的本质存在的问题。②

看起来,在达沃斯论辩前后,舍勒、卡西尔和海德格尔三个人都带着"人是什么?"的问题意识在从事着各自的哲学研究,而且,看起来,他们也殊途而不同归。那么,在厘清这些争执的同时,人们是否还可以把捉到他们可能的共通点呢?

在《人论》的开始,卡西尔宣称,人的自身认识乃是哲学探究的最高目标,然而在近代以来,人的自身认识却出现了危机。这不仅是一个严重的理论问题,而且也对我们的伦理和文化生活总体都有着急迫的威胁。卡西尔引征舍勒的话来描述这一危机:

> 在人类知识的任何其他时代中,人从未像我们现在那样对人自身越来越充满疑问。我们有一个科学的人类学、一个哲学的人类学和一个神学的人类学,它们彼此之间都毫不通气。因此我们不再具有任何清晰而连贯的关于人的观念。从事研究人的各种特殊科学的不断增长的复杂性,与其说是阐明我们关于人的概念,不如说是使这种概念更加混乱不堪。③

卡西尔试图通过将人规定为"符号的动物"来发展一门文化哲学。文化被他看作人不断自我解放的过程。语言、艺术、宗教

---

① "Davoser Disputation zwischen Ernst Cassirer und Martin Heidegger", in: Martin Heidegger, *Kant und das Problem der Metaphysik*, GA 3, S.289f.
② 参阅 Martin Heidegger, *Kant und das Problem der Metaphysik*, GA 3, S.273。
③ 卡西尔:《人论》,第29页。舍勒的原文参阅 Max *Scheler*, Stellung, S.11。

和科学都是文化的不同功能,并且构成这个人的自我解放之过程的不同阶段,而"所有这些功能都是相辅相成的。每一种功能都开启了一个新的视域并且向我们展示了人性的一个新面向",在所有这些功能或者所有那些阶段中,人都发现并证实了一种新的力量:建设一个人自己的世界、一个理想的世界的力量。[1]

面对着同样的人的自身认识的危机,舍勒则试图描画一种"谐调时代中的人"(Menschen im Weltalter des Ausgleichs)或一种"全人"(Allmenschen)的理想:"在绝对的意义上,全人无疑是某种关于人的理念,这种人包含并且已经实现了他的所有(alle)的本质可能性,它与我们几乎绝缘。的确,它来自我们中间,就如同对于上帝,我们只能在精神和生命中把握其本质,因此,它就是人的本质,只能存在于无限的形式和完满的状态之中。"[2]全人只是一个引导性的理想,只是一个新时代的理想。舍勒将这个将到来的新时代称作"谐调的时代":

> 这种谐调是几乎所有东西的特征,尤其是自然的特征,物理的和心理的特征,而这些特征把社会的各种群体区分开来。我们可以将人分成多个社会群体,同时,我们可以发现它们在精神、个性和相对个性方面的差异(如民族差异)以相当大的幅度递增。对种族间紧张关系的谐调;在心理状态、自我意识、尘世和神之间,在各个巨大的文化圈(尤其是在亚洲和欧洲)之间的谐调;在男性和女性对人类社会管理的思维方式方面的谐调;在资本主义和社会主义之间的谐

---

[1] 参阅卡西尔:《人论》,第288页。
[2] Max Scheler, "Der Mensch im Weltalter des Ausgleichs", in: ders., *Späte Schriften*, GW 9, S.151.

调;以及在社会的上层和底层之间的阶级论争、阶级条件和权力之间的谐调;在所谓文化的、半文化的和自然民族之间关于政治权力分享方面的谐调;还有在相对原始的文明与高级的文明的心智之间的谐调;在其心智态势的评估中青年人与老年人之间的相对谐调;在专业知识和人的教化之间的谐调;在体力劳动和精神劳动之间的谐调;在民族经济利益和民族的精神与文明领域方面,对总体文化与人类文明所做出的贡献之间的谐调;最后,在我已经命名的一些类型的、片面的有关人的观念之间的谐调。①

这种"谐调时代中的人"的理想就是"全人":它处在精神与冲动、理念与感性的巨大张力之中,同时它又能将这两方面有条理地谐调统一为一种此在的形式。② 就此而言,舍勒的尝试看起来要比卡西尔的努力对我们的时代危机挖掘得更深,同时也更切近于我们的时代。

其实,海德格尔又何尝不是面对着同样的时代危机而另辟蹊径?

无论达沃斯论辩是不是真如弗里德曼所说的那样,后来影响了欧陆哲学和英美哲学的分野,在当时,这场论辩都体现了参与其间的哲学家们与时代一起的脉动——无论是论辩的双方,或是那个不在场的在场者。

---

① Max Scheler, "Der Menschen im Weltalter des Ausgleichs", in: ders. *Späte Schriften*, GW 9, S.151f.
② 参阅 Ibid., S.158。

# 未完结的历史

## ——论本雅明历史哲学中的伦理维度

胡国平

(同济大学 人文学院)

一

在历史主义、历史目的论和历史虚无主义的喧哗声中,思考本雅明(Walter Benjamin)的历史哲学意味着一种反向进入历史的可能性。所谓反向,既意味着逆流而上追溯起源,也意味着转身,一次哥白尼式的转向:从过去对当下的决定论幻觉抽身,转向过去对当下的震惊性提示,这是经历过断裂后的现代历史赋予思想者的任务。本雅明发现,将过去对象化、知识化是一种对历史的催眠。不断增长的历史知识可以制造幻象,使历史陷入一种具有目的的或无目的的漩涡之中。于是,转向也意味着觉醒。过去并非是凝固而僵死的,它在"最接近、最陈腐、最显而易见的东西"身上积聚着惊异的力量,催促历史醒来。本雅明面对的是一种具有幽灵性的现代历史,幽灵性由过去、当下和未来的碎片性和震惊性揭示出来,是对枯竭幻象的击打、碾碎和扬弃。本雅明在《拱廊街工程》(*Das Passagen-Werk*)中试图进行一种历史观念的"哥白尼转变"——颠倒过去与现在的连续性因果联系中,使历史凝聚于当下,并向过去回溯(即回忆),并赋予过去一个震惊性的面目,从而揭示出被压抑在过去之中的晦暗。

伴随着现代性的兴起而诞生的历史主义借用普遍性和规律性使过去和未来的位置颠倒,这是本雅明展开思考时遭遇的主要对手。在历史主义的视域中,过去,尽管具备丰富的价值启示,且承载着难以化解的灾难和不幸,却被无限延展的未来凝固为永恒的画面。这样的过去蜕变为死寂的遗产和传统,在被当下收纳的同时也被遗弃,博物馆就是这样一个收纳并遗弃过去的空间和装置。在历史主义中,每一个独一无二的当下只是历史的过渡,它所诉求的幸福被一再推迟,它所承纳的黑暗被普遍性的光芒所遮蔽。在向未来提供意义的过程中,人类为历史目的所付出的代价都可以忽略不计。按照本雅明的考察,历史主义服务于制造历史的胜利者,而不是服务于承受历史的失败者。为此本雅明聚集起强大的理论力量用来轰炸历史进步论。尽管,在有些人看来,在后现代主义已如此昌盛的当下,历史进步论似乎早已失去了地位,由此,本雅明的批判早已失去了理论前瞻性,但是,如果我们接受德勒兹、福柯、阿甘本等人对时代的透析,就应该足够地警觉,对权力辖域化的解构并非一蹴而就。我们需要不断地重新聆听本雅明在《论历史的概念》(*Über den Begriff der Geschichte*)中写下的这句话:"被压迫者的传统教导我们,我们生活于其中的'例外状态'(Ausnahmezustand)就是常规(Regel)。我们必须获取一个与之相应的历史概念。"[1]

在本雅明召唤的新的历史概念中,历史研究就需要永远向着为历史所付出牺牲和代价的人投去关切的目光。在这种关切的目光中,历史研究因此具备了紧迫性和使命感,才能从目的论和虚无主义中解脱出来。历史不断产生出来的独特境遇需要一再

---

[1] Walter Benjamin, "Über den Begriff der Geschichte", in: Walter Benjamin, *Gesammelte Schriften*. I, Frankfurt am Main: Suhrkamp Verlag, 1974, S. 697.

获得凝注、辨析、批判和拯救。本雅明的"例外状态"概念来自于卡尔·施密特(Carl Schmitt)。施密特在《政治的神学》(1922年)中将"例外状态"界定为一个社会出现极端危险时对法律进行悬置的特殊状态："例外状态并没有被纳入现有的法律制度中，它最好被描述为一种极端危险的情况，威胁到国家的存亡，诸如此类的情况。"①"例外状态"把"决断"纳入到了主权概念之中，即决断例外状态的人是主权者。然而，"在例外状态下，一般自然基本法的约束应当终止"②。于是，主权者随之也不再受法律约束。然而，本雅明认为这种例外状态在当代历史中已是常态，在对待受压抑者和失败者的态度上，主权者将例外状态内化为了现代政治的常规，这是历史学家需要警醒的地方。阿甘本则经由本雅明继续发展了施密特的"例外状态"概念。所谓民主社会已经蜕变为民主—景观社会，每一个人随时都存在被排除出共同体从而悬置其自由的可能性。

在现代，我们并不缺乏对过去的叙述，文献性的、神秘主义的、民族主义的、美学的、怀旧的、猎奇的、虚构的等等历史叙述充斥着我们的书籍和网络。然而，正如阿伦特在《过去与未来之间》中忧虑的，现代社会的危机之一是，传统留下的遗言丧失了继承人从而被无情地遗忘，过去的财富落入了无名状态。她写道："遗言，告诉继承人什么是合法地属于他的，把过去的财富遗赠给未来一代。而没有遗言，或回到这个隐喻的所指，即没有传统，在时间长河中就没有什么人为的连续性，对人来说既没有过

---

① 卡尔·施密特：《政治的神学》，见卡尔·施密特：《政治的概念》，刘宗坤等译，上海人民出版社，2004年，第6页。译本将"例外状态"(Ausnahmezustand)译为"非常状态"，为行文一致，这里改为"例外状态"。"例外状态"的另一个译法是"紧急状态"。

② 卡尔·施密特：《政治的神学》，见卡尔·施密特：《政治的概念》，第7页。

去,也没有将来,只有世界的永恒流转和生命的生物循环。"① 为了获得剧烈的存在感知、历史深度和行动的内驱力,我们必须忠诚于过去。但问题是,现代人将过去总结为了传统,而对传统的塑造形态不一甚至相互冲突,我们到底应该忠诚于怎样的传统? 阿伦特思考了"处理传统中的现代断裂和现代期望用来代替传统形而上学概念的历史概念"②,但尚未触及历史的伦理属性。本雅明的思考则更加深入,他认为,不仅是过去启示了未来,更是过去的不幸重塑了对未来的想象。阿伦特试图重建过去与未来的连续性,而本雅明则强调其断裂性。胜利者的历史总是连续的,移情产生了连续的历史,而关于失败者的记忆的到来将拦腰截断这种连续性,这不同于塞尔托(Michel de Certeau)所谓的现代史学中过去与现在的断裂,本雅明所谓的历史断裂性恰恰是为了跨越过去与现在之间的沟壑,将相异的过去恢复为一段具有处身性的、同时代的、可以被使用的、有待更新的时间,将存在于过去的相异他者重新表征为交往中的关系主体,他们并不是被封存于已完成的历史之中的毫无关系的数据资料和神奇图景,而是携带着未完成的承诺的失败者。本雅明在《论历史的概念》中写道:"能够在过去之中扇起希望之火花的只能是这样的历史学家,他坚信,要是敌人获胜,甚至死者也会不得安宁。"③历史的希望和责任来自于"被奴役的祖先的形象,而不是被解放的子孙的理想"④。本雅明并不只是钟情于过去,怀念过去或追悼过去,而是试图解读过去所遗留下来的秘密索引。所以,他相信,历史的

---

① 阿伦特:《过去与未来之间》,王寅丽、张立立译,译林出版社,2011年,第3页。
② 同上,第12页。
③ Walter Benjamin, "Über den Begriff der Geschichte", in: Walter Benjamin, *Gesammelte Schriften*. I, S. 695.
④ Ibid., S. 700.

救赎是和幸福联系在一起的。

## 二

尼采在《历史之于生活的用途与滥用》(*Vom Nutzen und Nachteil der Historie für das Leben*)中辨析过对待历史的三种方式：纪念的、怀古的和批判的。它们分别对应历史与"生活着的人"的三种关系：与他的行动与斗争有关，与他的保守主义和虔敬有关，与他的痛苦和被解救的欲望有关。这三种方式都证明历史对于生存者是必需的，历史服务于生活，然而，过量的历史、对历史的滥用也会产生毒素。纪念的历史对于行动者和斗争者尤为重要，伟大的过去作为榜样代表着可能性，它可以再次成为可能。如果对过去历史运用不当，后果却是，遮蔽历史的许多差异，"将过去的特性塞入一个普遍的公式之中，为了统一将所有棱角折断"[1]。尼采指出，"只有在历史给一种强大精神以伟大的推动之中才可以发现它的灵魂，只要历史过去主要是当作一个模仿的榜样来用，它就总有被稍稍改动、略加修饰和近于虚构的危险。有时候一个'纪念的'过去和一个虚构的浪漫故事之间并没有什么可能的区别，因为相同的行动动机既可来自一个世界，也可来自另一个世界"[2]。

尼采阐述的第二种对待历史的方式是：怀古的历史，它对于保守主义者和拥有虔敬天性的人是必需的。尼采在同一本书中写道："所有微小和有限的东西、陈腐和过时的东西，都从怀古者保守而虔敬的灵魂之中获得了自己的价值和不可侵犯性，那灵魂

---

[1] 尼采：《历史的用途与滥用》，陈涛、周辉荣译，上海人民出版社，2000年，第15页。该书原名为《历史之于生活的用途与滥用》(*Vom Nutzen und Nachteil der Historie für das Leben*)。

[2] 同上，第16—17页。

迁入其中,并筑起一个秘密的小巢。"①怀古的历史促使当代人与历史之间保持一种虔敬关系,使当下生活成为具有起源的、富于深度和广度的生活。不过,尼采指出,"这里就总存在这样一个危险,即所有远古的东西都被看成是同等尊贵的,而每一个没有这种敬古之意的人,比如一种新的精神,就会被当作敌人而遭屏弃"②。对历史的崇拜很容易退化为膜拜。木乃伊化的历史不再能够为当下的新鲜生活赋予灵魂,尤其摈弃创造的精神。生活在木乃伊化历史阴影下的人不懂得如何创造生活,以及如何塑造新的生命形式。

对于尼采而言,人类尤其需要以第三种方式即批判的方式对待过去。他写道:"为了生活,人们必须要有力量去打破过去,同时运用过去。他必须把过去带到裁判的法庭之上,无情地审问它,并最终给它定罪。每一个过去都是值得定罪的,这是世事的一项法则,因为世间之事总是包含了大量人类的权力和人类的弱点。"③尼采看待历史第三种方式指明了历史的批判性、使命性和伦理性。由于权力、等级、利益、垄断和压抑的存在,历史总是和不公正、不幸、灾难融为一体。这样的历史必须不断地进行摧毁。但是摧毁过去的权力性、暴力性,并非意味着斩断当下与过去的关系,并非由此消灭过去。摧毁意味着重组过去,构建更正义的历史结构用以超越过去。借用本雅明的说法则是:建构的前提是摧毁。摧毁者必须带着沉重的伦理义务,警示自己不要迷恋于作为景观的废墟,才不至于落入虚无主义之中。

本雅明尖锐地指出,历史很容易蜕变为纪念碑的历史、胜利

---

① 尼采:《历史的用途与滥用》,第 20 页。
② 同上,第 23 页。
③ 同上,第 24 页。

者的历史,成为权力将历史板结化、虚构化的一个版本,它排除的是失败者的、受害者的历史。而这一切起源于物化的、空间化的、凝固化的过去。物化的过去一旦形成就不能更改,并拒绝当代人对它的更新。他笔下作为收藏家的历史学家并不是单纯力图保存过去的秩序,而是以幸存者的态度在碎片的重新组合中拯救过去,使过去重新成为启示未来的资源。历史研究是为了使完结的过去变得未完结,并使过去的未完结性带向完结,即将未完成的不幸带入完满,使已完成的幸福变成未完成之物。总之,历史学家需要持续地在完满的过去身上敲打出裂隙,为灾难性的过去增加幸福与完满。显然,对于本雅明而言,对由权力所凝固的历史进行摧毁,对历史的苦难进行修复,将预示别样的未来。由此,我们也许可以发觉,尼采所区分的三种对待历史的方式是相互交织、相互胁迫的,纪念碑的和怀古的历史可能窒息批判的历史,而批判的历史势必威胁前两种方式。批评地对待历史,有必要召唤一个未完结的过去,只有这样的过去,才能将因禁于过去中的不幸的人带入幸福状态,本雅明在《拱廊街工程》中将历史学规定为"一种回忆(Eingedenken)的形式"[1],其使命就是修改历史的未完成性,使不幸得以揭示,使幸福得以进一步实现。

  本雅明将目光转向了停留在具有差异性的时间上,他在《拱廊街工程》中写道:"在时间的差异(对他人来说,这打乱了探索的'主线')上,我构思自己的计划。"[2]揭示时间的差异,要求历史影像以冲突的形式得以清晰地显现,这首先需要"将历史对象从

---

[1] Walter Benjamin, *Das Passagen-Werk*, Frankfurt am Main: Suhrkamp Verlag, 1983, S. 589. 其中 Eingedenken 是本雅明根据动词 eingedenk 创造的一个名词,其动词的本意是"牵挂""怀念""记起"。

[2] Ibid., S. 570.

历史过程的连续体(Kontiuum des Geschichtsverlaufes)中爆破出来"①。具体而言,本雅明历史哲学的目的是,"炸碎一个时代的同质性(Homogeneität)。它将炸药(Ekrasit)即当下(Gegenwart)排布进一个时代的同质性"②。通过将历史爆破为无数碎片,为其赋予废墟的面目,并融入当下的感知,此时,每一碎片所折射的光芒都具有独一无二的希望和潜能。

## 三

本雅明将"现在"(Jetzt)这一概念进行了解域化批判和思考。为此,他提炼出了一个独特的时间范畴"当下"(Gegenwart)③。"当下"区别于"现在",又缠绕于"现在"。或者说,"当下"是一个"可辨认的现在"(Jetzt der Erkennbarkeit),与觉醒(Erwachen)的时刻相一致,是对觉醒的一瞥。他以这个概念表示与形而上学化的过去(Vergangenheit)、现在(Jetzt)、未来(Zukunft)三分法中的"现在"概念进行决裂。因此,在《拱廊街工程》中,他经常在"当下"意义上使用"现在"这个概念,"现在"一旦与过去联结为星丛关系就变形为了"当下"。通过这一时间范畴,他解构了近代形而上时间体系,过去、现在、未来之间体制化、序列化的时间线索被打乱,从而为历史赋予了急剧变动的漩涡般的吸纳能力。

---

① Walter Benjamin, *Das Passagen-Werk*, S. 594.
② Ibid., S. 592–593.
③ 当下(Gegenwart)的现行译本常常忽略这一概念与"现在"(Jetzt)的细微差别。在汉语中,这个概念也可以译为"现在""目前""当前""现代""现时""当代""在场""当面",等等,它是一个具有临场感和切身性的词,不过为了近似于又区别于通行的"现在"概念,又突出其作为时间概念的属性,译为"当下"可能是一个比较妥帖的权宜之计。不过,有时,本雅明也用"现在"(Jetztzeit)或"现在时间"(Jetztzeit)指代"当下",在具体行文中,两个概念的区分并不十分严格。其语义取决于和它对立的"过去"一词的具体选择。

在本雅明的历史哲学中,当下并非是一个与过去、未来一样的凝固化的时间段,不是一个自动化的过渡时间,不是过去向未来跃进的桥梁,而是一次时间的阻滞、停顿和绽开。于此同时,凝固化的"过去"(Vergangenheit)也转变成了"曾在"(Gewesene)①。这是为了提示一种曾经发生过却可以在记忆中被辨认出来促成当下觉醒的流变的过去,而不是那种一旦逝去便不可复返的僵化的过去。在这样的时间视域中,当下并非是一个凝固的时间点,而出现于和过去建立关系之时。在当下时间中,过去不再是一个已经完成的凝固所在,而是与现在同时代的变动不居的记忆,即"曾在"。"当下"是一个散布着真理痕迹的清醒时刻。"当下"概念的发现使过去成为可以被征引的记忆、生动的辩证影像(dialektische Bild),而不再是僵死的空洞图像。过去不再满足于过去性,而拥有了曾在性。具有曾在性的过去拥有与当下进行融合并从中获得启示的能力。通过引用过去的乌托邦潜能,"当下"概念使进步论时间中机械的"现在"转变为一个富有可能性的革命时间。对于本雅明来说,当下是一个充满张力的危机时刻,是弥赛亚随时降临的契机。历史的立足点在于包含具体性和可能性的当下,而不是过去和未来的界限,当下时间向过去求援并开启未来,创立了一个融合了记忆、承诺、责任和希望的深渊。

历史主义通过将末世论的目标一次性地实现,从而抹除了末

---

① 这是本雅明一个十分重要的概念,他用"曾在"(Gewesene)代替一般意义上的"过去"(Vergangenheit),"曾在"是本雅明将"存在"(sein)一词的过去分词(gewesen)进行名词化的结果。"曾在"一词的英译为 what-has-been,可以译成"曾在""曾是""曾经"等,以区别于形而上化的概念过去(the past)。这一表达在缺少系动词的汉语中容易引起混乱,如不做特别说明,"曾在"一词不知所指,而"往昔""昔日""往事""过往"等词也不够切近本雅明原意,为行文方便,大多数论述仍沿用"过去"一词。有时,本雅明也用"过去"(Vergangenheit, Vergangene)指代"曾在"。

世论包含的不断到来的差异时间,历史陷入了单一的目的论。建立在这样一种时间观念之上的现代社会因此制定了一个稳定的目标和一系列达目标的手段和技术,不过,它自身不再受到差异时间的质疑,因此变成了一种专制性的历史。现代历史提供了一个模式化的未来,但封闭了内嵌于当下的不安。这种历史主义消解了历史哲学处理未完成记忆和应对意外性的能力。① 本雅明认为,现代性(尤其是历史主义的现代性)就坐落在均质、空洞的时间中。这是一种无视他者和差异的时间,是拒绝变革的时间,是一种遗忘的时间。在均质的线性时间中,当下并不具有历史的具体性、复杂性、开放性和启示性,每一个当下的瞬间都会轻易地被前一个瞬间吞噬,被简化成时间序列中的一个合法瞬间。在意识形态化的历史目的论面前,时间变得毫无差异,只是在重复自身,所有的特殊、异质的事件都会被同化进一个单一的逻辑。过去因为没有自身的差异性和特殊性,一直处于被不断遗忘的命运,不可能也不需要对当下提供启示和可能性。

本雅明的历史哲学将时间凝聚在当下,将当下视为一个饱含张力的能动时间。这个张力来自于当下和曾在在时间星丛中的相互牵引,摧毁了传统形而上学的过去、现在、未来的实体化时间线条。时间停顿、凝聚于当下,过去则成为记忆,未来成为当下实现救赎之后出现的世界,是以过去和当下为基础的建筑。作为空间化存在的过去和未来烟消云散。本雅明的救赎在当下完成,而

---

① 哈贝马斯对历史主义的进步概念有过一段论述,他在《现代性的哲学话语》中写道:"进步概念并非只是用来使末世论的希望此岸化,并开启一种乌托邦的期待视野;进步概念同时也借助目的论的历史结构来阻塞一种作为不安之来源的未来。本雅明对社会进化理论所曲解的历史唯物主义历史概念提出了批判。他所批判的是面向未来的现代时间意识的不断退化。只要进步变成了历史规范,新的品质(对不可预测的开端的重视)就会被排除在现在与未来的关系之外。"(哈贝马斯:《现代性的哲学话语》,曹卫东等译,译林出版社,2004年,第15页。)

不是盲目地等待未来或复归过去。关于这个神秘的当下,我们需要不断地辨析并追问其意义。

在处理失败者记忆的情况下,本雅明可以说是一名反现代性的现代性思想家。正如福柯所考察的,现代性是一种权力关系。理性是通过排斥、压抑那些失败者,比如精神病人、麻风病人而树立自己的普遍性和合法性的。本雅明对抗的正是现代性对失败者的压抑。他笔下经常出现拾垃圾者、三明治人、乞丐、流浪汉等等被现代性宏大叙事所排斥的形象,他将这些形象放置在《拱廊街工程》十分显要的位置上,就是要刺破逻各斯化的现代性的幻境。不过,他并未从现代性抽身离去,星丛表征的是记忆与现代性的紧张关系。对于他而言,现代性危机既要批判和超越,也要进行救赎。

本雅明的辩证影像(dialektische Bilder)试图在起源意义上重新结构历史。他的工作就是在历史的静止梦幻中注入一个差异时刻,即插入一个史前历史的记忆,拱廊街就是这个史前历史的化石,这些时间的化石超越了历史,从而使当下历史重新意识到有限性。这样,现代性的梦幻变成一个即将觉醒的辩证影像,梦幻中的乌托邦潜能就被释放出来了。正是辩证影像使过去与现在之间的星丛关系得以现实化。他在《拱廊街工程》中写道:"并非过去事物(das Vergangene)照亮了当下事物(das Gegenwätige),也不是当下事物照亮了过去事物,而是说,在影像中,曾在与现在以闪电的方式聚合为星丛。换言之:影像即停顿的辩证法(Dialektik im Stillstand)。因为当下与过去的关系是一种纯粹时间的、延续的,而曾在与当下的关系却是辩证的:不是过程而是影像〈,〉是跳跃的(sprunghaft)影像。——只有辩证影像(dialektische Bilder)才是真正的(即不是远古的)影像。"[①]将静止

---

① Walter Benjamin, *Das Passagen-Werk*, S. 576–577.

的"过去"表征为流动的"曾在",将导致过去与现在之间的辩证关系随之得以凝聚。对影像的凝注使时间获得了辩证的停顿,过去、现在和未来由此获得了全新的属性和关系。本雅明的历史哲学由此赋予时间以一种别样的伦理追求。

本雅明为自己的历史哲学赋予了伦理属性,即指向交往关系中的价值维度,他的思考通向时间和历史对于共同体生活尤其救赎的意义,以及记忆的承诺对于历史进程中所产生的苦难的纠正作用。历史哲学的伦理性是一种历史层面的介入,是一种经由伦理对历史危机的沉思和超越。所以,在历史哲学中的思考伦理,并不考察先验的历史,而是在对历史的沉思中遭遇他人、辨认他人的苦难,并探寻拯救的方法。历史哲学的伦理昭示了一种时间的主体间性,让自我的时间意识被打破,从而让时间进入到与他者的关系里。历史是一种为了补赎他人的过错、拯救他人的痛苦而进行的言说,可以说,历史在存在论形而上学的坚实躯体上敲开了伦理的裂口。列维纳斯在《上帝、死亡和时间》中指出,"在一种历时性关系中,我是为了他人的:我是为他人服务的。换句话说,与他人的责任关系的含义涵义言说"[1]。而列维纳斯所谓的"言说"就是将自我赤裸裸地展现为记忆的人质,在言说中,"我确立不起来,而是要被废黜、要被替代,要为他人、为他人的过错而受苦、而遭罪,甚至去赎罪"[2]。这样看来,我们是否可以将本雅明的自杀视为一种为20世纪的暴君们所犯下的过错进行赎罪呢?他将自己先行带入到死亡中去,将死亡提升为一个事件,从而摧毁了历史的幻象?或者说,自杀就是他的最后一个思

---

[1] 列维纳斯:《上帝、死亡和时间》,余中先译,生活·读书·新知三联书店,1997年,第193页。

[2] 同上,第193页。

想事件,是一次思想的停顿和震惊。他在《论历史的概念》写过:"思考(Denken)不仅包括思想的运动,也包括思想(Gedanken)的止息状态(Stillstellung)。当思考在一个充满张力的星丛(Konstellation)中突然停顿时,就给了这个星丛以震惊,思考由此结晶为一个单子(Monade)。只有当历史客体以单子形式面对历史唯物主义者时,他才去研究它。在这个结构中,他辨认出弥赛亚发生时的止息状态,换言之,一次为受压抑的过去而战的革命时机。"①本雅明的死携带着他人最深重的痛苦,这是一次思想的停顿,他通过使自杀成为一个历史的单子从而将历史的苦难揭示了出来。

  同时,时间的伦理意味着从本体论到伦理学的跳跃。正如保罗·利科(Paul Ricoeur)曾在《历史与真理》中转述马克·布洛克(Marc Bloch)的观点——"历史学家不面对过去的对象,而是面对过去的痕迹"②。悲观地看,这动摇了历史学的科学性;不过乐观地看,历史学就成为了一种叙事,因此赋予我们一个新的任务,去考察历史叙述中深沉的伦理结构,而这一任务旨在修复历史与真理即本雅明所谓"纯粹语言"的关系。在保罗·利科看来,"历史是历史学家在真理中,也就是在客观性中重新把握已经过去的历史,也是我们经历的和创造的正在进行之中的历史"③。对时间的不同理解和表征将会引起历史的结构性变化,时间伦理也是一种时间的政治。本雅明历史哲学的特殊之处,不仅在于它松动了形而上的时间概念,还在于能够从历史中开掘出令人震惊的伦理价值。他用"当下"穿透了过去、现在、未来之间的幕墙,将一

---

① Walter Benjamin, "Über den Begriff der Geschichte", in: Walter Benjamin, *Gesammelte Schriften*. I, S. 702–703.
② 转引自保罗·利科:《历史与真理》,姜志辉译,上海译文出版社,2004年,第5页。
③ 同上,前言第6页。

种饱满的、与记忆联结起伦理责任的时间嵌入并摧毁了空洞而均质的现代性时间。他的思考使过去、现在、未来之间不再相互隔膜,而成为一种同时代的甚至可以相互渗透、相互因价值引力而变形的时间场域。他对关于失败者的记忆的呈现,使当下的行动、未来的想象拥有了别样的伦理基础。对他而言,历史中哲学的任务不是为区隔化的时间段落积累知识,而是使时间敞开、融合、纠缠,并为启示的到来铺设道路。而历史的代价、不幸与苦难不能被知识化、档案化,不能被无动于衷地书写和记录,而必须是获取当下行动能力和建构未来的起源。时间的伦理在本雅明的哲学中体现为一种使各个时间段落之间重新联系起来的价值属性,它们不再是时间线条上不可更改的区隔,而是具备了阿甘本在《何谓装置》(*What Is an Apparatus*)中所谓的"同时代性"(contemporariness),即过去与现在是同时代的,偏离权力核心的人更是同时代的,逝去的受压抑者与我们是同时代人,被时代排除、遮蔽和牺牲的人通过与时代的错位成为真正的同时代人。在这种同时代性内部,记忆从均质性中脱身出来,成为起源性的时间内容,获得了初生时鲜亮的面容和结构世界的能力,从而重启了历史的可能性维度。

# 无名者的光环：
# 本雅明和朗西埃论机械复制艺术

夏开丰

（同济大学 哲学系）

瓦尔特·本雅明《机械复制时代的艺术品》一文认为机械复制的产生导致传统艺术的衰亡，艺术的本质也发生了变化，它不再是宗教崇拜和审美愉悦的对象，而是拥有了一种新的功能，即展示价值，它侧重于作品与观众之间的交流。法国当代哲学家雅克·朗西埃在《机械艺术和无名者的审美提升与科学提升》一文中则认为并不是技术导致了艺术属性的变化，而是艺术范式的转型才促使机械复制艺术产生。尽管两人对待机械复制艺术的看法有差异，但他们的意图却是一致的：让艺术与大众，亦即无名者产生联系。本文试图围绕本雅明和朗西埃探讨机械复制艺术和无名者的关系，指出为了让无名者得到提升，机械复制艺术并不是取消了光环，而是必须保留光环。

## 一　光环的衰亡和机械复制艺术

1935年，面对法西斯主义对文明的威胁和政治形势的紧张，本雅明决定暂时放弃撰写《拱廊街计划》，而着手研究艺术的当代命运这个更为现实的问题。在本雅明看来，《拱廊街计划》中所研究的19世纪艺术只有在把握当代艺术状况的基础上才能得到理解，机械复制艺术导致艺术作品"光环的衰亡"实际上就是工业技术引发 19 世纪艺术去审美化过程的最终结果。① 关于光环(aura)②一词,本雅明首先在《摄影小史》一文中将之定义为"时空的奇特交织:距离的独一外观或外表,无论这对象可能是如何之近"③,在《机械复制时代的艺术品》一文中他也给出了类似的定义④,并进而提示这个概念可以首先从自然现象加以理解,就像在夏日正午,眺望或注视自然对象之时所看到的光晕,而光晕的特性就是当你接近它时,它便消隐无踪了。那么,当本雅明用"光环"来形容艺术作品之时,它们的特性就可以理解为由距离产生的"不可接近性"。

这类艺术作品体现在巫术仪式和宗教仪式之中,因为崇拜使艺术作品变得不可接近,与我们拉开了距离,作品获得了独一无二的意义,并由此产生了"光环",这也就是马克斯·韦伯所描述的"有灵的"(enchanted)世界。但问题在于,如果光环的世界等同于有灵的世界,而韦伯又把有灵世界的崩塌归因于世界的合理化,即各个价值领域的分化并各自按其自身逻辑发展,那么自主性艺术就已经是没有光环的艺术了,这无疑将对本雅明提升机械

---

① 理查德·沃林:《瓦尔特·本雅明:救赎美学》,吴勇立、张亮译,江苏人民出版社,2008 年,第 192 页。
② 学界关于"aura"一词的译法较多,常见的有"光晕""灵光""灵韵""韵味"。本雅明曾坦言自己主要是从自然现象来理解该词的,那么译为"光晕"是比较贴切的。(参见张玉能:《关于本雅明的"Aura"一词中译的思索》,载于《外国文学研究》,2007 年第 5 期,第 151—161 页。)但是,aura 还有一层宗教含义,指的是宗教人物头上的光环,这个光环把他与一般人物区分开来,并具有神圣性和神秘性。当本雅明用 aura 指谓传统艺术时所看重的正是这层宗教含义,在本雅明看来具有 aura 的艺术就是仪式艺术,它强调的是崇拜价值。因此,虽然"光晕"的译法是准确的,但是考虑到中文用语习惯和本雅明的意图,译为"光环"更为明晰贴切。
③ Walter Benjamin, *One-Way Street and Other Writings*, Edmund Jephcott and Kingsley Shorter trans, London: NLB, 1979, p. 250.
④ Walter Benjamin, *Illuminations*, Hannah Arendt ed., New York: Schocken Books, 1969, p. 222.

复制艺术的意图造成致命的打击。

为此,本雅明不得不把自主性艺术纳入到仪式艺术之中,尽管美的世俗崇拜使仪式基础面临着危机,但是艺术以艺术的神学加以应对。对此,本雅明没有进一步详细讨论,彼得·比格尔指出:"本雅明对历史的建构缺少了艺术从宗教仪式中解放出来这一环,而这正是资产阶级所做的工作。"[1]这种缺失的原因在于随着"为艺术而艺术"运动而出现的重新仪式化,但是这种仪式化跟宗教功能是不同的,在宗教仪式中艺术只是其中一个因素,而现在艺术产生一种仪式。但是,本雅明真的没有注意到两者的区别吗?

事实上,在一个注释中,本雅明简单提到了其中的差别:"随着艺术的世俗化,本真性取代了作品的崇拜价值。"[2]由此我们可以做出这样的推断,如果巫术和宗教艺术的仪式性在于崇拜价值,那么自主性艺术的仪式性在于本真价值。所谓"本真性"就是指时空唯一性,对于艺术作品而言,那就是原作的权威性,我们对真迹的渴求:"原作的在场是本真性概念的先决条件。"[3]但是,仍然在那个注脚中,本雅明隐晦地暗示本真的艺术作品跟宗教艺术作品一样仍是不可接近的,但这次不是因为崇拜,而是由于它们总已经被私人占有了,原作总是资本家的收藏之物,而对大众来说则是遥不可及。艺术作品说到底只是少数人的专有之物,大众不配分享。

正是由于这个原因,本雅明把希望都寄托在机械复制艺术之上,现在由于作品可以大批量复制,艺术生产的本真性基础遭到破坏,即使是最独特的事物也通过复制被剥夺了其唯一性。机械

---

[1] 彼得·比格尔:《先锋派理论》,高建平译,商务印书馆,2002年,第95页。
[2] Walter Benjamin, *Illuminations*, p.244.
[3] Ibid., p.220.

复制艺术可以更加独立于原作而存在,它甚至可以比原作更为灵活,不需要受到时空的限制而可现身于各种场所,追问何为原作何为复制品的问题变得不再重要。这样,艺术就发生了一次功能转换,它不再建立在仪式基础上,而是获得了一种全新的功能,即展示价值。简单地说,就是在仪式性艺术中,作品是藏而不露的,亦即不可接近的,它或囿限于其处身之所,或只是少数人审美观照的对象,而机械复制艺术则越来越适于展示,或者说它们的存在就是被人观赏。正是在这里,本雅明把一种历史视域带进了艺术的理解之中,美的艺术并不是一开始就存在,也不会不言而喻地继续存在下去,在机械复制艺术面前,美的艺术是偶然的、微不足道的。

在本雅明看来,最能体现艺术全新功能的例证是摄影和电影。照片脱离原作而存在,它成为历史现象的证据。这需要从一种具体途径去接近它,而不是通过一种凝神注目。电影要做得更为彻底,更加不需要关联于在场。摄影机替代了观众,环绕在演员身上的光环消失殆尽,拍摄也不需要受限于场面,完全可以通过剪辑把各个片断按一种新法则装配而成,从而实现对现实的再现。在与绘画的一次比较中,本雅明揭示了电影的独特性:"绘画邀请观看者凝神观照;在画前,观看者可以忘怀畅想。在电影画布前他却不能这样。他的眼睛刚刚抓住一个电影场景,它就已经变化了。它无法被捕捉……的确,在观看这些影像时,观看者的联想过程受到它们不断的、突然的变化而中断。这构成了电影的震惊效果,和所有震惊一样,应该通过强化的心灵在场而保持这种效果。"[①]

如前文所言,机械复制使艺术的仪式基础遭到遗弃,展示价

---

[①] Walter Benjamin, *Illuminations*, p. 238.

值取代了崇拜价值,它是建立在政治的基础上。本雅明并没有具体说明为什么这种具有展示价值的非仪式性艺术就是政治的,但是如果说"展示"是为了使艺术能够被大众所欣赏,那么我们就可以推测机械复制艺术之所以是政治的,乃是因为它预示了新的主体的诞生。大众,即无名者,首次在历史中绽现了出来。艺术不再是宗教崇拜的对象,也不再是资产阶级个人占有和凝想的私有物,而是为大众所共享的东西。本雅明说道:"它们都与大众在当代生活中日益增长的意义有关。即,当代大众希望使事物在空间上和人情上离自己'更近',就如同他们倾向于通过接受其复制品而克服每个实在的独一性。"[1]机械复制艺术,尤其是电影,使不可接近者变成可接近者成为可能。它向大众开放,并且刺激大众参与的大量增加,而这又导致了参与方式的变化,从注目凝视转换到消遣娱乐。在本雅明看来,大众对艺术的这种反应最能体现出这种艺术形式的社会意义,即把批评与享乐密切地融合在一起。

## 二 雅克·朗西埃论机械艺术与无名者的提升

本雅明对机械复制艺术的迷恋,其原因除了为大众的集体解放提供可能之外,还受到了马克思关于生产力决定生产关系的理论的影响。在《作为生产者的作者》一文中,本雅明认为随着社会生产力的发展,艺术生产的技术也必将随之发展,传统的艺术生产关系将被打破从而适应新的技术发展,"文学的倾向性可以存在于文学技术的进步或者倒退中"[2],文学技术也将决定作者

---

[1] Walter Benjamin, *Illuminations*, p. 223.
[2] Walter Benjamin, "The Author as Producer", in: *New Left Review* I / 62, July-August, 1970.

在政治上是进步的还是反动的。

雅克·朗西埃对本雅明的"技术决定论"提出了批评,认为本雅明的错误在于他试图从艺术的技术属性中抽绎出艺术形式的审美属性和政治属性。机械艺术虽然与新技术的发明有着紧密关系,但是它的产生并不是由新技术决定的,而是取决于艺术范式的转型,产生于艺术与其主题之间的新型关系之中。这种新的艺术范式就是朗西埃所说的"艺术的审美体制"。在这个体制中,艺术的认同是基于区分出一种艺术品所特有的存在的感性模式,在这里,艺术现象依附于可感物的一种特殊体制,它从其种种庸常的联系之中抽身而出,在内部拥有一种异质性力量,比如"无目的之目的"。朗西埃说道:"艺术的审美体制是这样一种体制,它确切地用单一性来认同艺术,把艺术从所有特殊规则,从各种主题、各种类型和各种艺术的所有等级中解放出来。"[1]

艺术的审美体制要实现这种解放就必须打破摹仿的限制,即"艺术的再现体制"的种种规范。在再现体制中,艺术品之所以能够被称为是艺术品,第一是因为它把形式强加于特殊材料之上;第二是因为它是再现的实现,它是以有秩序的行动为中心。这个体制的政治意义就在于再现的逻辑进入到了政治事务和社会事务所有等级的普遍类比关系之中:"行动凌驾于角色或叙事凌驾于描述的再现的优先性,各种体裁的等级遵照题材的神圣性,言说的艺术、行为中的言语的优先性,所有这些成为了共同体整个等级观的类比。"[2]再现性体制规定了何者可以成为艺术的主题,它该如何得到描绘,表明了何为高雅何为低俗。审美体制

---

[1] Jacques Rancière, *Le Partage du Sensible: Esthétique et politique*, Paris: La Fabrique, 2000, pp. 32–33.

[2] Ibid., p. 22.

所要打破的就是这些规范和藩篱,是再现性体制所提供的"意义与意义的和谐一致"的断裂。

艺术再现体制的打破始于19世纪初,也就是所谓的"审美革命"开始的时刻,现代美学的革命不是把艺术限制在它自己的媒介中,不是让它回到自身,而是让各种艺术在一个共享的表面进行创作,可以彼此交换和沟通。朗西埃对象征主义诗人马拉美和工业设计师贝伦斯进行了一番比较,认为两者都是用"类型"来制作各自的作品,而"类型是一种新共同生活的构成原则"①,马拉美的类型是共同生活的象征,而贝伦斯的类型同样也是如此。因此,尽管纯艺术和应用艺术具有不同的性质,但由于它们都处于一个共同的世界之中,因而体现出了共同的原理,对装饰的讨论既支持了抽象绘画的观念,也支持了工业设计的观念。绘画和设计都是在同一个表面上变形、彼此混合,设计中的一切都可以为绘画所用,同时,设计吸收和融合了绘画的各种元素。

上面的例子告诉我们并不是工业时代的来临和技术的进步引发了审美革命,使绘画把工业文明的产物运用到画面中。在朗西埃看来,本雅明认为是机械复制艺术决定了艺术的改变这个观点无疑是错误的,因为艺术的审美体制产生于机械复制之前,而且正是这个体制才使机械复制艺术成为艺术得以可能。事实上,在朗西埃之前,比格尔就已经表达了类似的观点,他认为艺术性质的改变不是技术革新的结果,而是一代艺术家集体努力的结果,也就是说艺术体制对艺术品效果的产生起着决定性的作用[2]。当然,比格尔最后只是希望用体制来解释艺术史的分期问题,拒绝从社会结

---

① 雅克·朗西埃:《图像的命运》,张新木、陆洵译,南京大学出版社,2014年,第128页。
② 彼得·比格尔:《先锋派理论》,第97—98页。

构的变化来解释艺术史,而朗西埃则更注重艺术体制变化的社会意义和政治意义,即提升无名者。机械复制艺术"把焦点从伟大之名和事件转变到了无名者的生活之中,它在日常生活的琐碎之中找到了时代、社会或文明的症候"①。这种症候在某种程度上就可以解释为存在着等级,也就是存在着不平等,而提升无名者的核心就是体现平等,这就是审美革命的真正意义所在。

### 三 平等与无名者的光环

在本雅明看来,技术复制艺术导致了感知形式的变化,艺术的性质随之变化,艺术从仪式性变成了非仪式性。哈贝马斯把艺术的这种非仪式性与"无灵"(disenchantment,亦译"解魅")联系起来,无灵的最终阶段乃是光环的丧失,他把这个阶段看成是世界历史合理化过程的一部分。② 哈贝马斯关于无灵和合理化的看法源自韦伯,而韦伯则把自主性与合理化内在地联系在一起,那么就如上文所述,自主性艺术本身就已经是无灵的了,就已经是光环的丧失了,这也是阿多诺批评本雅明的观点缺少辩证的原因所在。

1936年3月18日阿多诺给本雅明写了一封信,在信中他同意本雅明关于艺术作品的"光环"要素正在衰亡这一看法;但他指责本雅明对自主性艺术的看法是非辩证的,自主性艺术不是使艺术成为一种拜物主义,而是使之接近于一种自由状态,一种能被有意识地生产和制作的状态。另外,阿多诺也指责本雅明对机械复制艺术不加批判地接受的错误做法,认为是"某种布莱希特

---

① Jacques Rancière, *Le Partage du Sensible: Esthétique et politique*, p. 33.
② Jürgen Habermas, "Consciousness-Raising or Redemptive Criticism-The Contemporaneity of Walter Benjamin", in: *New German Critique*, 1979, Spring, No. 17. pp. 30–59.

主题的升华的残余","本雅明像布莱希特一样相信艺术作品光环的破坏以及将艺术对象退回到日常意识之中,解放了批判的想像和有活力的想象,在其中艺术可能失去它的高贵性,并且成为一般大众的日常意识的工具"[1]。阿多诺认为这是他们不假思索地将复制技术拜物化了,对他来说,"光环"的破坏以及受本雅明称赞的大众与文化商品之间的距离的消除,其实等同于放弃了制止作为垄断资本主义中介的文化工业所表征的那种集体力量。

阿多诺承认自主性艺术在今天也越来越成问题,它遭到文化工业的削弱,并且也被吸收到文化工业的总体性之中,成了一种商品,因此自主性艺术已呈现盲目的迹象。为了捍卫自主性艺术的有效性地位,阿多诺不得不把"真理"吸纳到自主性艺术中来。自主性不是一种自我封闭的形式结构,而是通向艺术真理的必要中介。艺术当且仅当是自主性的,它才够得上是真理的,真理唯有以自主性为中介才能传递出来。因此,阿多诺所说的"自主性"一方面是指艺术通过其非同一性的自在存在而对社会展开批判,另一方面是指它成立的前提必须要有社会的异质机缘,艺术形式包含了它对之做出回应的社会内容。正是因为自主性艺术是"内容的积淀",艺术通过否弃自身而否定着社会,因此阿多诺所说的自主性艺术恰恰是反自主性的,艺术由于反自主性而成为自主性艺术。

自主性艺术本身就是一个包含内在驱动和辩证内核的概念,我将之称为"还灵的无灵艺术"。自主性艺术体制的一种独特性在于:艺术作品的光环被体制所赋予,但它并不是先天地、内在地存在于作品之中,它会被耗尽,丧失光环,但是体制又会赋予另外

---

[1] Robert W. Witkin, *Adorno On Popular Culture*, London and New York: Routledge, 2003, p.53.

一种类型的艺术作品以光环，赋予光环就是赋予作品以艺术地位的一种行为。

我推测在这一点上，阿多诺的观念影响了朗西埃，艺术的审美体制建立了艺术的自主性，它使得机械复制艺术成为艺术。但是机械复制艺术与美的艺术就没有什么差别吗？它们属于同一种审美逻辑吗？尽管朗西埃对"审美"一词做了新的解释，但他把机械复制艺术归于审美体制之下仍然是不合适的，没有看到它的反审美本质。确切地说，机械复制艺术和美的艺术的相似之处在于它们都属于自主性艺术，但这两种自主性是有差别的。我曾撰文指出，如果称前一个为审美自主性，那么技术复制艺术就是"解释的自主性艺术"①。虽然解释的自主性艺术追问的是艺术品与普通物品的本体论边界，但是它的潜在问题则是普通物品也可以成为艺术品，而不是说只有那些神圣之物才能成为艺术品。

机械复制艺术能够成为艺术是由于它属于一个更大范围的艺术革命，即消除创造的神秘性，而容许现成品进入艺术家族，消解题材的高低之分，容许普通物品成为艺术主题。总而言之，这是平等理念的体现。正是平等理念才让本雅明和朗西埃共同关注技术复制艺术。

本雅明认为巫术艺术和美的艺术之所以具有光环，是因为它们要不受制于时空，要不就屈服于原作的权威，尤其是这种时空唯一性与资产阶级的拜物主义勾结在一起，成了少数人私人占有和凝神观照的对象。对大众来说这样的艺术作品是不可接近的，因此正是光环阻碍了平等，所以必须打破光环，拉近事物，使其更接近大众，从而实现平等："让物体破壳而出，破坏它的光环，标示了一种感知方式，它对'各种事物普遍平等的意义'的感知达

---

① 参见夏开丰：《历史与先锋派》，载《文艺理论研究》，2010年第3期。

到了这样的地步,它甚至通过复制把它从独一无二的物体那里提取出来。"①机械复制艺术为事物的普遍平等扫清了障碍,它不再是永恒和唯一,而是瞬时和可复制的,不再有神圣和平庸、高雅与低俗之分,而就在这种无边界的状态中,大众才有可能作为历史主体而出现。

在朗西埃看来,实现平等正是审美革命的成果,在审美体制中,不再有任何规则来规定该如何处理艺术的各种主题,也不再决定什么东西可以成为艺术的主题。艺术的题材成为没有差异的材料,任何东西都可以成为艺术表现的对象。这种平等首先就表现在与再现体系的决裂:"从此以后,一切都在同一个平面上,大人物和小人物,重要事件和无意义的插曲,人类和事物。一切都是平等的,都是平等地可再现的。"②朗西埃认为艺术在审美体制中是某种平等的履行,它基于艺术的等级系统的摧毁,抛弃题材的预设而树立了关于题材的平等体制。

这样,我们所习以为常的在纯艺术和应用艺术之间的区分也就被打破了。这并不是说纯艺术和应用艺术就不再有差别,而是说艺术家与设计师拥有一个共同的表面,在这个表面上,各种符号,各种形式,各种行为彼此平等。有关装饰的讨论既可以为抽象绘画概念提供支持,也可以为工业设计奠定基础,因为它们编织了艺术的一种共同时间性:"'纯'艺术和'介入'艺术,'美的'艺术和'应用'艺术,所有这些都平等地参与到这种时间性之中。"③艺术家和设计师的作品都是这个共同世界的象征,一起创造了可感物新的分配方式。

---

① Walter Benjamin, *Illuminations*, p. 223.
② 雅克·朗西埃:《图像的命运》,第158页。
③ Jacques Rancière, *Dissensus: On Politics and Aesthetics,* Steven Corcoran trans., London & New York: Continuum, 2010, p. 121.

但是，为了实现这种平等并不意味着消解艺术与生活之间的边界，让艺术混融于日常之中，或者像本雅明那样欢呼光环的衰退。相反，本文认为，为了实现平等，必须要给无名者赋予光环，无名者在光环之中得到了保存和揭示，也就是说一件复制品可以重新成为原作，就像原作也可以成为复制品一样。在当代艺术中，就会大量挪用图像、照片进行创作，这些图像照片也不再是原来意义上的复制品属性，而是真正意义上的艺术作品。也就是说它们重新获得了光环，也只有拥有光环才能让观众愿意观看和参与到艺术作品之中，也在这个时候摄影不仅是一门技艺，而成为艺术家族的一员。

当然，这种光环肯定不同于传统作品的光环，因为它们背后的框架已经发生了改变，让它能够把无名者作为主题，也就是任何事物都能成为艺术题材。但是之所以艺术所表现的事物不再是日常事物，是因为它已经发生了变型，或者说它已经成为具有光环的日常事物，它所体现的历史症候就是大众的诞生。因此为了体现平等，照亮无名者，光环仍然是必需的。只有在光环中，艺术才能获得它的自由和批判能力，当观者对光环的感知变得不言而喻之时，也正是这些作品的光环衰亡之时，但是光环仍然会在新的作品中重新出现。

# 踯躅于历史骸山的新天使

——瓦尔特·本雅明历史哲学中的天使与救赎观念

路　坦

(同济大学　人文学院)

瑞士艺术家保罗·克利(Paul Klee)的画作《新天使》(*Angelus Novus*)于1920年5月至6月在艺术经纪人汉斯·格尔茨(Hans Goltz)的画廊展出。1921年6月格肖姆·肖勒姆(Gershom Scholem)花1000马克在慕尼黑替本雅明购得了这幅画作。当年11月肖勒姆将作品寄到了本雅明位于柏林的寓所——根据以色列学者科比·本-梅尔(Kobi Ben-Meir)的记载, "无论是身在柏林还是此后为了躲避纳粹而客居巴黎,本雅明都始终将这幅作品挂在自己的书房"[1]。他对克利的这幅《新天使》可谓情有独钟,甚至试图以它命名自己筹办的第一本杂志。[2]"二战"爆发后不久,法国战败,为躲避纳粹迫害,本雅明于1940年再度出逃。这一次,他在位于法国—西班牙边境的布港(Portbou)

---

[1] Kobi Ben-Meir, "Dialectics of Redemption: Anselm Kiefer's The Angel of History: Poppy and Memory", Center for German Studies, The Hebrew University of Jerusalem, Working Paper 68, 2009, p.8.

[2] "但魏斯巴赫希望另外创办一个新的期刊来代替它,这次由本雅明主编。这位新主编决定把他的杂志命名为《新天使》,这个名字源于他非常崇拜的保罗·克利的一幅同名水彩画。"(毛姆·布罗德森:《在不确定中游走:本雅明传》,国荣译,金城出版社,2013年,第145页)

停下了脚步,给他漫长的流亡生涯画上了一个句号——留下一堆遗稿,彻底告别了这个世界。至于《新天使》这幅画作的下落,则"交由法国学者乔治·巴塔耶(George Bataille)藏在一个手提箱中存放于巴黎的国家图书馆(Bibliothèque Nationale)。战后,它曾先后辗转于北美和法兰克福,并由本雅明曾经的同事、哲学家西奥多·阿多诺(Theodor Adorno)保管。根据本雅明的遗愿,《新天使》应该留给他的挚友卡巴拉神学家肖勒姆——于是肖勒姆战后在法兰克福继承了这幅画作,于是《新天使》便一直悬挂于他在耶路撒冷里哈维亚区(Rehavia)艾巴巴尼街(Abarbanel Street)住所的起居室,直到他1989年去世。根据肖勒姆的遗愿,画作被转交给耶路撒冷的以色列博物馆(Israel Museum),珍藏至今"①。

1921年在为本雅明购得了《新天使》之后,受到克利的艺术感染,肖勒姆写下了一首题为"来自天使的问候"(Gruβ vom Angelus)的诗,附在7月5日的通信中寄给了本雅明。在《历史的概念》第九章,本雅明引用了其中四句:"我的羽翼已振作待飞/我的心意却迟滞倒退/若我浪掷鲜活的时光/好运便不再与我相随。"②这首诗与克利的画作可谓交相辉映:诗句既可以当作是

---

① Kobi Ben-Meir, "Dialectics of Redemption: Anselm Kiefer's The Angel of History: Poppy and Memory", Center for German Studies, The Hebrew University of Jerusalem, Working Paper 68, 2009, p. 8.

② 瓦尔特·本雅明:《历史的概念》,载《上海文化》,2014年9月号,第86页。笔者按:本人根据德国美因河畔法兰克福苏尔坎普出版社于2007年出版发行的本雅明作品集《言说:叙事理论与散文文集》(Erzählen: Schriften zur Theorie der Narration und zur literarischen Prosa, Frankfurt am Main: Suhrkamp Verlag, 2007)中自129页至139页收录的本雅明原稿之《历史的概念》("Über den Begriff der Geschichte"),将其译成中文并发表于期刊《上海文化》(2014年9月号,第83—91页)。本文所引本雅明《历史的概念》相关文字,系上述笔者所作之译文,以楷体标识,下文恕不赘述。

对《新天使》的短评,而画作也同样能看作是对诗情的演绎——本雅明深谙这一点,因此花了一整段篇幅来谈论克利的这幅画作以及由画面本身所激发出的针对人类历史而展开的一系列哲学思考:

> 有一幅克利的画作,叫作《新天使》。画面中的天使看起来仿佛正要从他所凝视的对象那里抽身离开。他双目圆睁,嘴巴张开,翅膀伸展。历史的天使一定就是这副模样。他把脸别过去,面对着往昔。从那里呈现到我们面前的只是一连串事件,从那里他所看见的则是一场彻头彻尾的灾难,无休无止的残片层叠在残片之上越堆越高,骸山向他立足之处滑涌而来。他大概想要停留一下,把死者唤醒,并将那些打碎了的残片拼接复原起来。然而从天堂刮来一阵暴风,击中了天使的翅膀,风力如此猛烈以致他根本无法收拢两翼。暴风势不可挡地将天使吹往他所背向的未来,与此同时,在他面前的那片废墟则堆砌得直通天际。在这里,被我们称为"进步"的,便是这场暴风。①

正如肖勒姆的诗句中所呈现的那样,在保罗·克利构思的画面中,那被命名为"天使"的形象,其双翼左右张开呈飞翔状,然而飞行的方向却摇摆不定,一双圆睁的双眼,视线正从凝视的对象那里缓缓移开——无奈而决绝的姿态。这不禁让人联想起在空中格斗中不幸受伤的战斗机:摇摇欲坠、濒临失控,飞行员却依然努力地平衡双翼保持飞行的姿态——铺天盖地的炮火笼罩

---

① 瓦尔特·本雅明:《历史的概念》,载《上海文化》,2014 年 9 月号,第 86、84、90、85 页。

着机身，冥冥之中一种不可抗拒的力量正在与受损的机翼做着最后一搏，飞行员的心中被沮丧和恐惧所充斥，却仍又抱着一丝对幸运的期待。这是一种无比复杂的紧张情绪：必须把握这滞空的每一秒钟时间——正如本雅明所言，那是在来日"能够被援引为据的鲜活的瞬间与片段"[1]。任何一次错误的判断都有可能将一切都葬送，唯有正确的选择才能够实现一次全盘的拯救，从这疾风骤雨一般险恶的境地当中抽身而出，重新占据一个让自己相对更有利的位置——正是这么一丁点黑夜当中如同萤火一般、跟"运气"纠缠在一起的希望，透过"弥赛亚侧身而入的窄门"[2]，照亮了飞行员的视线，给予他信心，从这样一个不折不扣的"紧急状态/例外状态（Ausnahmezustand）"[3]当中逃离地心引力的。

就是这样一个天使的形象，被本雅明命名为"历史的天使"（Der Engel der Geschichte）。事实上，作为保罗·克利这幅画作的标题，"新天使"中所使用的"天使"（Angelus）一词为拉丁文词汇，其来源是希腊文中的 άγγελος（ángelos），其意为："信使"——根据比较语言学印欧语系专家、荷兰学者罗伯特·比克斯（Robert S. P. Beekes）的研究，άγγελος 这样一个希腊词汇可能借用自古代波斯语词汇 άγγελος（ángaros），意思是"波斯骑马信使（古代波斯帝国的一种通信员）"。在 άγγελος（ángaros）这个古波斯词汇中，"agile"作为词根的一部分，其语源学之源头可以一直追溯到古印度的梵语词 अजिरा（ajirā），意思是："迅捷"[4]。这样便从语源学给出了一条线索，标识出"天使"这个词在能指

---

[1] 瓦尔特·本雅明：《历史的概念》，载《上海文化》，第 86、84、90、85 页。
[2] 同上。
[3] 同上。
[4] Beekes, R. S. P., *Etymological Dictionary of Greek*, Leiden and Boston: Brill, 2009, p. 9.

(signifier)层面被预设的一项约定俗成的所指(signified),在犹太-基督神学中,这种对应关系由天使的一项基本职能得到印证,即:迅速有效地传达信息——在《旧约》中神吩咐亚伯拉罕献以撒,正当亚伯拉罕伸手拿刀要杀他的儿子的刹那,"耶和华的使者从天上呼叫他"①,使他住手,并且"天使说:'你不可在这童子身上下手'"②。而在《新约》中,第一次(向约瑟)宣告耶稣身份的也是天使:"有主的使者向他梦中显现"③,足见在犹太-基督教以及相关联的亚伯拉罕诸宗教当中,"迅速有效地传达信息"是天使的一项核心基本职能。

以犹太《圣经》来看,有关天使的称呼,除了如 מלאך אלהים (mal'āk 'ĕlōhîm)者,即强调职责的"雅威(YHWH④)之信使"以外,还有突显等级的一些唤法,如 בני אלהים(bənē ĕlōhîm)者,为"雅威之子";如 הקודשים(haqqôəšîm)者,为"神圣者";如 העליונים(hāelyônîm)者,为"高等级者"。显然除了承担传达雅威之信息的职责,天使在某种程度上更是一种在灵界具有高阶身份的、为神所喜爱的、具有近乎神子一般大能的形象。

有关天使的等级分配以及他们在天国的组织形式,古罗马神学家希波的奥古斯丁(Augustine of Hippo)认为:"我们无从确知"——"至于那天上的极为快乐的群体,其组织形式又如何?他们有无等级区分? 如何解释所有成员都统称为'天使',正如我们在希伯来书中读到的那样,'所有的天使,上帝从来对哪一

---

① 创世记2:11,《圣经》中文和合本。
② 创世记2:12,《圣经》中文和合本。
③ 马太福音1:20,《圣经》中文和合本。
④ 关于四字神名(Tetragrammaton):尽管在中文《圣经》和合本中译作"耶和华",但按语音,亦可作"雅威",且该译名为多数神学著作所通用。故本文所涉四字神名,除引文内容以外,均译作"雅威"(YHWH),恕不赘述。

个说：你坐在我右边'（如此表达方式显然意在说明所有天使，并无例外）；然而我们又发现有些天使被称作'天使长'，这些天使长是否等同于所谓的'诸军'呢？若然，那么诗篇中'他的众使者都要赞美他，他的诸军都要赞美他'的意思或许就是，'他的众使者都要赞美他，他的天使长都要赞美他'。使徒保罗在统称天使群体时使用了四个名词——'有位的、主治的、执政的、掌权的'——这些名词所指又分别如何？若是有谁能回答这些问题，且能证明其答案属实，就由他们来回答吧。至于我，我承认自己对此一无所知。"①

关于这个问题，当代学术界亦有探讨。意大利哲学家乔吉奥·阿甘本（Giorgio Agamben）的《天使》（Angels）②一文，通过系统梳理天主教神学传统当中自教父时代起历代经院学者所归纳的天使等级及其相应职能，指出：在一个神治世界的范畴当中，"天使"的真正身份乃是作为一种"执行者"（minister）。阿甘本通过词源学的一系列考察指出：类属于不同阶层，属灵的天使职务名称和等级分别为在地的世俗政权以及教会所借用，用以指称类属于不同阶层的政府官员以及神职人员——天主教在规划圣职圣事的时候，正是以这样一个体系为蓝图，依据经文中所提及的"祝圣司祭仪式"和"司祭受职礼"，分别定义了如教宗、主教、神父、修士等不同等级的圣职；世俗的政治机构以及企业集团亦有样学样。这种具有类型化特征的结构规划都无一不是仿效了雅威划分天使职责、界定天使阶层的方式——其管理模式也都不免

---

① 圣奥古斯丁：《论信望爱》，许一新译，生活·读书·新知三联书店，2009年，第69页。
② Giorgio Agamben, "Angels", in: *Angelaki*, 2011, 16(3), pp. 117–123. 乔治·阿甘本：《天使》，根据Lorenzo Chiesa的英译本，由译者王立秋译成中文（此篇文章有待出版，本文参考文献依据2015年7月29日由"泼先生Pulsasir"学术团体发布于微信公众号的译文）。

受到这种行之有效的权力贯彻体系的影响。阿甘本通过这样一番阐释回应了圣奥古斯丁这位古罗马神学家所提出的问题,更点出了权力通过信息来传达——"天使"同时作为雅威的信息载体与神权执行者的双重身份属性。

作为本雅明从克利的画作当中解读出的"历史的天使",有别于上文所述的各种身份,正如克利的标题,是一种全新的天使(Angelus Novus)——他并非面对一个具体的、物质的对象世界,而是"历史"这样一个抽象的、时间性的受造物:作为"过去",历史无法被"照本还原"地呈现于当下;位于"现在",历史被形形色色的逻各斯话语所包裹,每一套都在自圆其说,每一套又都自相矛盾。面对时间本身,天使张开嘴巴像是要传达神的信息,然而却又空无一物——显然"时间"并非恰当的传达对象。

"一连串事件"(eine Kette von Begebenheiten)在历史的新天使面前无休无止地铺陈展开——正如被本雅明批判的历史主义及兰克之流的编年史家所倡导的那种"事无巨细一把抓"[①]——在新天使眼中,它们呈现为一场彻头彻尾的灾难(Katastrophe):一座由无休无止的残片层叠堆砌而成的骸山。而这些残片是"被打碎了的"(das Zerschlagene),意味着它原本应该是一个完整的形状,之所以呈现出如此破碎的样子,这就是肆意将历史主体抽离所导致的后果。恰恰由于这样一座骸山是没有主体、失去灵魂的,因此无论它能够堆砌得多么高,看起来是多么的宏伟而无懈可击,危机从第二块残片堆叠在第一块之上的时刻便已经在酝酿。当新天使目击这一切的时候,这座高高的历史骸山已经不可避免地陷入分崩离析的紧急状态——并非以一种向四面八方炸裂的方式,而是缓缓地、却又难以遏制地朝天使脚下如同泥石

---

① 瓦尔特·本雅明:《历史的概念》,载《上海文化》,第84页。

流一般滑涌而来——正是这样一种难以阻挡的、地壳运动式的推挤压迫,产生出令人窒息的恐怖。

天使想要"停留一下"(verweilen)——在这里,"停留"典出歌德的剧本《浮士德》:由于与魔鬼靡菲斯托(Mephisto)做了交易,浮士德博士愿意以自己的灵魂献给魔鬼换取片刻满足。当这一刻到来时,靡菲斯托正要取走他的灵魂,沉浸在"美"当中的浮士德感叹道:"你真美啊,请停留一下!"(Verweile doch! du bist so schon!)①浮士德发出的这声感叹是一种悲喜交加的绝望与沉醉的交织。上帝将他从魔鬼手中拯救了出来。不过,新天使在这里进入的却是一种截然相反的情景——新天使的悲剧性体现在:当他试图以天使的身份来规整错乱而崩溃的历史对象的时候,这种行动已经超越了"天使"本身所能承担的大限,他在试图扮演拯救者的弥赛亚之角色。诚然,这种僭越的用意本身是无可指摘的——当骸山向他的脚下滑涌而来的时候,新天使仍然想要去唤醒死者,因为假如骸山将一切埋没的话,"死者也将不复存在"。天使意识到历史的危机正在发生,然而对历史实施救赎却是他力所不能及的任务。

"从天堂刮来一阵暴风",把天使从困境当中拯救了出来,正如那架伤痕累累、摇摇欲坠的失控战机,被一阵强劲有力的气流托起了双翼,因而避免了被击落坠地的灾难。任何一个对《圣经》有着最起码了解的人都知道,在《创世记》第一章开篇这样写道:"起初,神创造天地。地是空虚混沌,渊面黑暗;神的灵运行在水面上。"②在这里,"神的灵"(spiritus Dei)一般被认同为圣灵

---

① Walter Kaufmann, *Goethe's Faust—The Original German and a New Translation and Introduction by Walter Kaufmann*, New York: Anchor Books Editions, 1990, p. 468.
② 创世记1:1,《圣经》中文和合本。

(the Holy Spirit),也就是基督教中"三位一体"这个概念的组成部分。不过,在犹太圣经《托拉》(Torah)当中,"神的灵运行在水面上"却被表述为"一阵神的风从水面上刮过"①,在这段文字的旁边标有注释:"亦可作'神的灵'(Others 'the spirit of')。"这也便意味着依照犹太教的传统,"神的灵"是可以"风"的形式予以表现甚至代指的,那么在这里,"从天堂刮来一阵暴风"同样也可以理解成:从上帝那里传来的圣灵将天使拯救了出来。尽管依据前文,历史的新天使宁愿冒着僭越弥赛亚的风险,也要重整历史残片并"将死者唤醒"。不过显然这个历史危机已经超越了天使力所能及的范围,因为天使与拥有救赎大能的弥赛亚是有着天壤之别的——雅威的意志化作天堂的暴风,将他从这种僭越企图的进退两难之中解救。

关于天使、耶稣基督(弥赛亚)与上帝(神、创世者)这三者的关系,阿甘本在《天使》一文中亦做了详尽的梳理:"在基督教中,一个外异于世界的上帝,和一个统治世界的造物主之间的二元,是通过神性中的转换来协调的。三位一体就是这样的装置,借助它,上帝不仅承担了创造,而且,通过基督和他的道成肉身,也承担了对造物的救赎和治理。这意味着,基督教把天使的权能投到了上帝自身之上,并把对这个世界的治理,变成神的一个形象。……在马勒布朗士的天命神学(providential theology)中,基督,作为教会之首,依然以世界机器(machine mundi)——这架机器的最高立法者是上帝——执行首脑的身份出现;就此职能而言,他被比作天使并被毫不迟疑地定义为'新律法的天使',即便至今

---

① Adele Berlin, Marc Zvi Brettler ed., and Michael Fishbane (consulting editor), *The Jewish Study Bible—Tanakh Translation: Torah· Nevi'im· Kethuvim*, Oxford: Oxford University Press, 2004, p.12.

这也只是一个隐喻。……如果说基督是天使而不是上帝的话,那么,基于天使向神的生命投射的三位一体装置,就不仅不能运作,还会威胁到神的独一性。尽管最终的解决方案借助同质(homousia)说消除了圣子的天使性质,但基督学的天使学起源却依然在基督教的历史中,作为一种倾向于把永恒存在的首要性替换为拯救的历史经济,并把被实体的独一性所界定的内在的三位一体,替换为本质上是实践和治理的经济的三位一体的非神学偏移,而起作用。"①

根据阿甘本的见解,显然,作为弥赛亚的耶稣基督可以作为天使呈现,然而天使却不能像耶稣一样实施救赎。耶稣基督与雅威既是父子又是同一,因此耶稣实施救赎的大能,实际上等同于雅威所实施的救赎本身。那么,能够将新天使从僭越企图的进退两难之中解救出来的唯有这"来自天堂的暴风",它是圣灵,作为三位一体,它也是雅威,同时又是耶稣基督,即弥赛亚。

这阵神秘的暴风将历史的新天使刮向了他所背向的"未来"(die Zukunft)。从力学与空间的关系来看,由于新天使所面向的是经验残片堆砌的历史骸山,也就是"过去",那么他所背向的必然是"过去"的反面,即未来。既然将新天使吹向未来的圣灵是来自天堂,这也就意味着"天堂"的实际方位恰是新天使所面朝的方向,越过那堆碎片骸山的更远处——真正的、原初的"过去"。

关于"过去"这个概念在本雅明的历史哲学中的重要性,倘若回到犹太-基督神学的话语范畴里来理解它,本雅明在这里所

---

① Giorgio Agamben, "Angels", in: *Angelaki*, pp. 117 – 123. 乔治·阿甘本:《天使》,根据 Lorenzo Chiesa 的英译本,由译者王立秋译成中文。(此篇文章有待出版,本文参考文献依据 2015 年 7 月 29 日由"泼先生 Pulsasir"学术团体发布于微信公众号的译文。)

要传达的信息便清晰得近乎直白——因为"过去"的源头便是"起初,神创造天地"①,历史便是从雅威创世的那一刻起发生的,因此力量来自"过去"。正如《历史的概念》第三章中所言:"像祖祖辈辈的先民一样,我们也被赋予了些许微弱的弥赛亚力量,这股力量的权利属于'过去'"②,弥赛亚的力量便是从历史的原点爆发的。那唯一能够将历史的残片重新规整恢复如初的力量,恰恰就是来自"历史的主体"本身。在这里,本雅明所要反复强调的就是"弥赛亚"在历史中的地位。在这里,被他唤作"进步"的,正是来自天堂的暴风、历史的主体、拯救的实施者——弥赛亚。关于这一点,本雅明在《拱廊街计划》中这样表述道:"对基本的历史概念的定义:灾难——失去了机会。危机时刻——现状恐怕要被保存下来。进步——所采取的第一个革命步骤。"③在《历史的概念》第十四章,本雅明引用奥地利作家卡尔·克劳斯(Karl Kraus)指出:"起源即目的。"④

在本雅明笔下"历史的新天使"所面对的那座由经验残片堆积而成的历史骸山,在精神世界的对应物便是"历史的废墟"——主体被抽离的破碎历史观——历史主义(Historicism)作祟所造成的恶劣现状。在《拱廊街计划》中本雅明评论道:"一个最终无法回避的历史唯物主义的核心问题:从马克思主义角度理解历史就必然要求以牺牲历史的直观性为代价吗?或者怎样才能将一种高度的形象化(Anschaulichkeit)与马克思主义方法的实施相结合?这个项目的第一步就是把蒙太奇的原则搬进历史,

---

① 创世记 1:1,《圣经》中文和合本。
② 瓦尔特·本雅明:《历史的概念》,载《上海文化》,第84、88页。
③ 瓦尔特·本雅明:《作为生产者的作者》,王炳均等译,河南大学出版社,2014年,第158、117—118页。
④ 瓦尔特·本雅明:《历史的概念》,载《上海文化》,第84、88页。

即用小的、精确的结构因素来构造出大的结构。也即是,在分析小的、个别的因素时,发现总体事件的结晶。因此,与庸俗唯物主义决裂。如此这般地来理解历史。在评论的框架内。"①根据本雅明的观点,马克思式的唯物主义历史观同样隐含着由逻各斯话语带来的对历史主体僭越的危机:这种观念仍然在试图构建出一套自圆其说的宏大体系,从而将历史纳入其中。这种看似无懈可击的、以物质为基础的实事求是,却以牺牲"直观性"与"形象化"为代价,并不能萃取出某种真实的实存性,而是无可救药地在话语的结构性迷宫中不可自拔,陷入一种"庸俗的唯物主义"。

从另一个层面来看,这座由一堆杂乱的经验残片堆积起来的骸山,恰恰是切中本雅明写作生命的一个关键词。正如历史的新天使那样,本雅明花了一生的时间,拣选着他在柏林度过的童年、德意志的悲苦剧、达盖尔发明的散发着灵韵的银版摄影作品、巴黎拱廊街上一盏一盏亮起来的煤气灯以及波德莱尔笔下擦肩而过的女子……他小心翼翼地给他们编号作注,从青年时代的《未来哲学论纲》②到宏伟的《拱廊街计划》以及这部未完成的《历史的概念》——然而这些宏伟计划没有一个能够实现,甚至放眼全世界也未必有谁能够真正完成这些如同圣经一般无所不包的整理编纂计划。英国左翼批评家特里·伊格尔顿(Terry Eagleton)在《沃尔特·本雅明或走向革命批评》一书的序言中曾经记述了这样一则逸事:"一天下午,沃尔特·本雅明闲坐在圣日耳曼德普雷(Saint-Germain-des-Prés)的双叟咖啡馆(Les Deux Magots),其时他灵感激荡,想为自己勾勒一幅人生图表。此时此刻,他清

---

① 瓦尔特·本雅明:《作为生产者的作者》,第158、117—118页。
② Gary Smith, Benjamin: *Philosophy, History, Aesthetics*, Chicago: University of Chicago Press, 1989, p.3.

楚地知道该从何下笔。他画出了这个图表,可是约一两年后,却由于典型的运气不佳将它遗失。于是这一图表成了一个谜,这毫不令人意外。"①恰如本雅明在巴黎绘制的这样一幅自己的人生图表,关于"历史哲学"的人类思想总图表也随着1940年他生命的逝去戛然而止,呈现为我们如今所能看到的只言片语。恰是基于这一点,在本雅明人生图表的下落与他对历史哲学的断章式论述之间,在面对历史的新天使与踯躅于历史哲学骸山前的本雅明之间,冥冥中倒形成了某种程度的互文性——正如伊格尔顿所言,"这毫不令人意外"。

---

① 特里·伊格尔顿:《沃尔特·本雅明或走向革命批评》,郭国良、陆汉臻译,译林出版社,2005年,第1页。

德语诗学与文化研究

# 德国文学里的侨易现象及侨易空间的形成

叶 隽

(中国社会科学院 外国文学研究所)

## 一 侨易空间的三重维度：从德国文学史的"黄金岁月"说起

对于理解德国来说，回到古典时代那绚烂多姿而峥嵘光辉的岁月，自然是让人无限向往。就像李长之说的那样，人类文明史上有三个提起来他就心怦怦然而向往之的时代，即古典希腊、中国的周秦时代，还有就是德国古典时代，其实是属于现代了。确实是有眼光，有见地！然而，再伟大的时代，如果仅仅以一种静态稳定的眼光去看，也就往往难以摆脱"太阳每日都从东方升起"的那种司空见惯、空入宝山的可能陷阱；可若能以一种流动不居之视域囊括之，则很可能是"横看成岭侧成峰，远近高低各不同"，能看到一幅气象开阔、无远弗届的壮观巨图，有时候真的是"不识庐山真面目，只缘身在此山中"！

文学史家很清醒地具备"他者意识"，并上升到理解德国文学的一种资源高度："没有'他者'，就不会有德意志文学的产生，源自古日耳曼异教传统的格言诗和英雄史诗早在中世纪便已失传，而来自地中海沿岸晚期的基督教传统塑造了德意志文学中最有生命力的部分。德意志文学从宗教型到诗意型的转变要归功于法国启蒙运动，归功于它偶然造成的一个副作用。在其他国家，文学很早便以令人深刻的方式促成了文化的进步，如果没有这些国家令人嫉妒的先例,德国知识界在法律或科学之外的语言表达便要局限于宗教忏悔,而不会有文学语言的产生。尽管奥皮茨和戈特舍德推荐的法国文学模式并不适合德国,无法终结德国文学落后的状态,但他们还是成功地使德国人注意到了文学具有重要的社会功能,并激起了德国人的效仿之心。德国人只须找到更适合德国的榜样,博德默尔和莱辛发现了英国文学。对于18世纪的德国文学而言,没有一位德国作家的影响力可与莎士比亚、弥尔顿、杨恩和斯特恩相媲美。歌德嗅到了同时代文学作品(他自己也不例外)中的虔诚气味,并为此感到难堪,于是作为某种意义的祛魅者,他改拜外国作家为师,从荷马到拜伦都成为他的榜样。如果存在一种德国文学,那它应该不仅仅是德国的文学。"①这里揭示的,更主要在于德国的伟大作家们是如何借助外来资源而成就自身独立文学的过程,精辟地论及了"自我"与"他者"的关系问题。这自然也是一种颇为有趣的侨易现象,这既关乎个体与异文化,同时也涉及文本与国族文学,在一个更高的层面上更可以建构起一个以诗与思为中心的立体侨易空间。

所谓侨易,不外乎"物质位移,精神质变",其含义则可延展深广。第一层次,自然是考察作品本身反映的意象侨易,譬如我们看《威廉·麦斯特的学习时代》与《威廉·麦斯特的漫游年代》当然是与侨动经验密切关联,他的个体成长经验固然反映出一个青年成长的轨迹,但也同时与家庭背景、社会语境密切互动,反映出侨易过程的社会性因素。虽然他出生富家,志向远大,但最初促成其地理侨易开端的却是家庭中强烈的营利动机,老麦斯特与老威尔纳派麦斯特出门处理营业内容的事务,而且用严格的商业

---

① 海因茨·史腊斐:《德意志文学简史》,胡蔚译,北京大学出版社,2013年,第102—103页。

标准来要求他:"我们也正好送他出去,给他立下必须遵循的原则;他要做的是催收各式各样的欠债,联系原来的客户,结交一些新的客户……"①麦斯特显然愿意接受这个任务,但其目的却是别有用心或者借船出海,正如他此前的设想:"他相信命运女神通过马利亚娜向他伸出手来,给了他明白无误的指示,要他从停滞、拖沓的市民生活中挣扎出来;他自己也早已渴望摆脱这种生活。……现在,他对戏剧的使命感变得明确了;在争取赢得马利亚娜爱情的过程中,他似乎觉得更接近了为自己设定的崇高目标。他自得而又谦逊地反观自身,觉得完全可以做一名出色的演员,成为未来的国家剧院的创建者……"②通过"外放"的机会去实现自己的戏剧使命,才是麦斯特走向学习时代的意义。

当然像《绿衣亨利》等德国的成长小说也同样是进行侨易研究的上佳文本。这种现象相当普遍,英国的"大旅行"(Grand Tour)也可归入此类典型侨易现象③;当然不止如此,即便是考察《少年维特之烦恼》,仿佛核心情结在爱情悲剧,但其实这也与其精神质变密切相关,这其中也牵涉"城市—乡村"的变化,城市里的公使馆氛围与乡村中的自然美景形成对照,而也正是在乡间舞会上他结识了绿蒂。我曾借此提出过"文化假殉"的现象④,其实是可以借助侨易思维更深入探讨之的。席勒的戏剧也可举来为

---

① Johann Wolfgang von Goethe, *Wilhelm Meisters Lehrjahre*. in: Goethe, *Werke*, S. 5557 (vgl. Goethe-HA, Bd. 7, S. 42), http://www.digitale-bibliothek.de/band4.htm. 中译文见歌德:《威廉·迈斯特的学习时代》,杨武能等译,广西师范大学出版社,2003年,第27页。
② Johann Wolfgang von Goethe, *Wilhelm Meisters Lehrjahre*. in: Goethe, *Werke*, S. 5545 (*vgl.* Goethe-HA, Bd. 7, S. 35), http://www.digitale-bibliothek.de/band4.htm. 中译文见歌德:《威廉·迈斯特的学习时代》,第27页。
③ 付有强:《英国人的"大旅行"研究》,中国社会科学出版社,2015年。
④ 叶隽:《歌德〈少年维特之烦恼〉爱情悲剧后的青春迷惘与制度捆绑》,载《同济大学学报》(社会科学版),2009年第4期,第28—37页。

例。《强盗》当中的卡尔和弗朗茨兄弟,卡尔从"生于贵族"到"啸聚山林",此处的"城市—山林"也是一种侨易现象,是更为社会化的"文化符号"象征。席勒曾经在《强盗》的第一版"序言"里直接诠释了卡尔的思想和精神:"他(指卡尔,笔者注)是这样的一种精神:由于他本身所具有的伟大,他要成为伟大人物;由于构成罪恶的恰是强力,他要达到强力;由于他一定会产生罪恶的冒险,他要冒险;所以最大的罪恶诱惑了他。这是一个值得注意的重要的人物,充满着一切的活力,按照那已经有的方向发展下去,必然会成为一个布鲁塔斯或者一个卡提林。不幸的遭遇决定了这个人成为后一种人,然而他经历了一个巨大的迷误之后,终于开始成为前一种人了。要求行动和权力的错误观念,破坏一切规范的充足精力,自然而然就粉碎了市民阶级所重现的一切约束;在这个追求伟大和煊赫权势的狂热迷梦之上,只要再加上一点点对这个不合理想的世界的痛苦,一个稀有的堂吉诃德就完成了;这就是在强盗卡尔身上我们所厌弃而喜爱,所惊讶而怜悯的。"[1]作者的言说当然值得尊重,但卡尔的精神质变现象是个相当复杂而有意义的命题,在我看来,他最后之所以从愤怒、暴力反抗到选择向法之途,确实是一个更有典型意义的侨易现象,而此中牵涉的"城市—山林"的象征地理单元的侨易过程则更具有范式意义。进一步延伸,这也说明文学文本之内的侨易空间就是有趣的,当然如果能进一步与其时的历史语境相联系,就更有说服力。譬如同样的主题,克莱斯特(Heinrich von Kleist, 1777—1811)也写过名作《马贩子米赫尔·戈哈斯》(*Michael Kohlhaas*),其主人公有类似经历,戈哈斯的起义首先要报"杀妻之仇"。库尔茨(Hermann

---

[1] 《强盗》的第一版"序言",见席勒:《席勒诗歌戏剧选》,钱春绮等译,人民文学出版社,1996年,第4—5页。

Kurz, 1813—1873)的《太阳客栈的老板》(*Der Sonnenwirt*),更是直接取材于民间故事,是施瓦本地区的真实事件。① 此类"强盗文学"都不约而同以"向法之路"而终结,确是大可玩味。

第二层次,则可拓展到外史研究,即作家本人的地理侨易经验。歌德自然是个很好的例子,梁锡江为我们初步勾勒出了他的若干重要侨易阶段②,确实可谓"蔚为大观",很多有趣的点都值得深入挖掘。但歌德的思想究竟是怎样形成的,则显然还是一个核心命题,这其中其实不仅涉及地理位移,还包括精神漫游、知识游戏、场域博弈等丰富的内容。在其早期观念的形成过程中,我认为制度性的"大学流易"是一个相当重要的因素,也不妨视其为一个制度侨易的问题。对青年歌德来说,莱比锡的大学初读固然重要,但斯特拉斯堡的精神遭遇可能更为关键。与赫尔德的遭遇就是一个典型的侨易事件,他青年时代的基本思想和场域进入,没有赫尔德的指引和帮助都是不可想象的。歌德自己也坦承给他"带来极重大的后果、最有意义的事件就是与赫尔德的结识以及与他的亲密交往"③。26 岁的赫尔德虽然只比歌德大 5 岁,但却是后者理解德国文坛的捷径:"他的谈话无论何时对我都很有意义,他能够用提问、回答或者其他别的方式随便就说明他的意图。所以,他每天甚至每时每刻都能启发我获得新的见解。以前在莱比锡的时候,我已经习惯了用一种狭隘的、拘谨的思路去

---

① 叶隽:《史诗气象与自由彷徨——席勒戏剧的思想史意义》,同济大学出版社,2007 年,第 54—56 页。
② 梁锡江:《歌德、诗画与意大利——一种侨易学与心理学分析》,载《同济大学学报》(社会科学版),2016 年第 2 期。
③ Johann Wolfgang von Goethe, *Aus meinem Leben. Dichtung und Wahrheit*. in: Goethe, Werke, S. 10575 (*vgl. Goethe-HA*, Bd. 9, S. 402), http://www.digitale-bibliothek.de/band4.htm. 中译文见歌德:《歌德文集》第 4 卷,《诗与真》上册,刘思慕译,人民文学出版社,1999 年,第 412 页。

考虑问题,我对德国文学的一般知识也没有因为在法兰克福的生活而得到扩展,那些神秘的、宗教式的炼金术甚至将我导入一种幽暗的境地。对近几年来在广阔的文学界所发生的事情,我几乎茫无头绪。可现在,通过赫尔德的介绍,我忽然就了解文坛的一切活动及其路向了。当时他已十分有名,尤其是通过《断片》《批评之林》等著作,他可以说已经名列当代国人所仰望的杰出人物之林。"① 当然即便是青年时代的"师生遇合"也很复杂,有待仔细分析梳理。进一步说,像歌德那样,生活了那么久,而且保持着那样清醒的头脑和自制力、调适力和创造力者,在人类的文学史和文明史上都是不多见的。所以,相应地,他的质变性侨易也有多个关键节点,譬如:魏玛行政是一个转折点;而意大利之行显然也是极为关键;在耶拿巧遇席勒当然不能被忽略,这种由"友谊之交"而达致的"精神交易",不仅塑造了歌德中期之后的创作,而且彻底奠定了德国古典时代最辉煌的魏玛十年合作;到了晚年,重新发现东方,波斯、阿拉伯、印度、中国更在其思想与文学中折射出灼灼光辉,他这一时期的作品都是值得大书特书、深入探究的篇章。当然也有论者可举出反例,譬如有些作家像卡夫卡就不见得合适以侨易来解释,因为他一生主要生活在布拉格,但就像康德一样,从"精神漫游"的角度则可解释出另类的侨易特征。

第三层次,则可将跨文化的交易角度引入,由小见大,从作品内外(也可理解为诗史互证)上升到大千世界,探索世界文明的形成规律。即,文学所反映的一文一人,都是可以以更广大的时空观、世界观、宇宙观来观照的。所谓"人体小宇宙,宇宙大人

---

① Johann Wolfgarg Von Goethe, *Aus meinem Leben. Dichtung und Wahrheit*. in: Goethe, *Werke*, S. 10581–10582 (*vgl. Goethe – HA*, Bd. 9, S. 405), http://www.digitale-bibliothek.de/band4.htm. 中译文见歌德:《歌德文集》第 4 卷,《诗与真》上册,第 416 页。

体",我们可稍引发之,即"文本小世界,世界大文本",借助于大师级的经典文本创造,我们可以发现那"一花一世界"的图像。这其中跨文化是一个值得特别强调的视域,因为这种异质文化的接触恰恰很可能是世界形成的关键要素,譬如歌德与外国文化的关系就很能反映这一点,为什么是歌德而非其他人能敏锐地提出"世界文学"的概念,这显然与其对异质文化甚至是近乎全方位的世界文化的关怀和学习密切相关。反之也可成立,即所谓比较文学中的影响研究、平行研究都可归入此类。但这还不是这个层次的核心要义,其主要贡献应在于将单纯的聚焦于个体或作品的内部或外部研究提升一个层次,在文化体的高层观照上来思考和发现问题。具体言之,在这里,我们主要关注的其实不仅是某个具体文本或个案,而是世界文明形成的多元文化互动的过程及其范式规律性的探索。举例说明,为什么歌德会说"我相信,一种世界文学正在形成,所有的民族都对此表示欢迎,并且都迈出了令人高兴的步子。在这里德国可以而且应该大有作为,它将在这伟大的聚会中扮演美好的角色"[①];为什么后世文学史家会说"德意志文学的本质不是由'德意志本质'决定的,不同民族文化的交错融合对它的形成产生了深远的影响:基督徒的虔诚性、市民生活的真挚、哲学的启蒙、文学在艺术种类中的优先地位——这些渊源各自不同的思想在德国停留的时间较别处为长。到了18世纪,它们突然同时在德国出现、相互碰撞。无论是宗教、社会还是教育领域,在以往的历史发展中都不曾将德意志民族文学作为发展对象。而在18世纪,出现了一个恰当时机,它们的共同影响

---

① Johann Wolfgarg Von Goethe, *Briefe, Tagebücher, Gespräche*, S.19727 (*vgl. Goethe-WA-IV*, Bd.42, S.28). 中译文《关于"世界文学"的重要论述》,见歌德:《论文学艺术》,范大灿等译,上海人民出版社,2005年,第378页。

使得德意志民族文学横空出世。种族、民族、出身、语言、政治共同体——早期的日耳曼学试图用这些关键词构建德意志民族文学纲领。它的确是独特而又执拗的文学,但其中最有创造力的元素却付之阙如"①;显然,问题是相当深层而复杂的,而歌德这样的大师级人物自然仍是研究的最佳入手点。

## 二 作为侨易动脉的交通工具与侨易空间的形成

以上仅是简单勾勒了德国文学中可以阐发研究的侨易现象研究内容,但从侨易现象到侨易空间的建构,我们必须要构建出一个较为完整的场域空间架构,它应当由更加繁复绵密的核心概念所构成。譬如,除了侨易主体之外,还有侨易路线、侨易条件、侨出语境、侨入语境等,甚至彼此的相互作用,它始终不是在单向度因素之下发生的,而是综合力交错的效果。此外,侨易事件是重要的,它很可能为我们理解侨易过程中的关键性转变现象提供重要参考维度和锁钥。还有侨易心理,这个维度也很重要,无论是人也好还是其他生物也好,除了身体之外,心理因素有时也起到非常重要的作用。还有侨易动脉(侨易工具),侨易过程如果需要畅通,就必须像人体保护自身血管那样意识到有侨易动脉的存在以及考察其流通和畅通状况如何。具体而言,在地理侨易的过程中,就绝对不能忽视交通的重要性。当然我们可以在多层面上去理解"交通"的涵义,但它作为一种运输工具,是基本涵义。所以在对侨易过程的考察中,侨易器具是一个值得关心的点,譬如从交通工具的变化我们可以考察背后必然具有的技术变革、知识含量和文化背景。尤其是那些具有地域或民族文化色彩的交通工具,古代的诸葛亮(181—234)能发明出"木牛流马"之类,近

---

① 海因茨·史腊斐:《德意志文学简史》,第103页。

代的雨果(Victor Hugo, 1802—1885)则这样形容四轮篷车:"这部篷车,也就是说这部有四个轮子的小屋,走了许多的路程,可是从来没离开英格兰和苏格兰……"①雨果是大师级人物,他对于篷车的文化史功用多有发明:"那间小屋子既是一辆车子,又是一所木房……车头是一扇玻璃门,门外有一个小阳台,既像议会的发言台,又像教堂的讲道坛,'熊'就在这个阳台上对观众发言。车后面是一扇木门,门上有个小窗,木门下面装着一架活动梯子;把门打开,放下梯子,就是三级楼梯,可以踏着走进屋子。晚上这扇门是上了闩而且下了锁的。这扇门已经经过无数风霜雪雨,原来这扇门是漆过的,现在已经看不出漆的是什么颜色;季节的变化对车子的影响,正如朝代的更换对朝臣的影响一样。"如果说这个如家般的"车"仅止于此也就简单了,作者还让"车前门外挂着一块薄木板,上面白底写着黑字,可是已经逐渐模糊不能辨认了",上面写着什么呢?"金子由于摩擦而每年失去其体积之一千四百分之一,这就是所谓'损耗';因此目前在世界上流通的十四亿金子每年要损失一百万。这一百万金子化成灰尘,分离成原子,在空中飘忽、飞扬。人在呼吸中把它吸了进去,它就变成了良心上的一种负担,使良心沉重,闭塞;它同有钱人的灵魂结合,使有钱人傲慢;它同穷人的心灵结合,使穷人粗暴。"②我们可以看到区区的一辆旧篷车可以展示出多么丰富的象征和文化内涵。歌德当年就是乘坐马车完成其遥遥旅程的,"四小时后,今天我从维琴察乘坐所谓'塞迪奥拉'的单座轻便马车来到了这里,带来了包装好的我的全部生活用品。四个半小时的旅行是舒服的。由于我乐于在自由的天空下享受这美好的白昼,所以四轮

---

① 雨果:《雨果文集》第6卷,《笑面人》,郑永慧译,人民文学出版社,2002年,第13页。
② 同上。

马车夫在尽了职责之后留下来,倒使我感到愉快。马车在最肥沃的平原上奔驰,直向东南,穿行于灌木丛和乔木之间,没有开阔的视野,直到终于看见一座座从北向南绵延的高山"①。当然随着地点的不同,交通工具亦变,譬如在威尼斯就必定"以舟代步","我从帕多瓦到这里来的旅途情况,只用几句话来表述:在布伦塔河上航行,乘的是上流社会的公共船只,因为意大利相互注意,所以这次航行是文明和愉快的。两岸装饰有花园和楼台亭榭。小居民点直到水边,热闹的村道有部分通向水边。由于用水闸拦住河水向下走,时常设有小的桥拱,人们可以用来登陆,举目四望,享用丰富的水果。现在我们又登上船,继续航行,去经历一个充满肥沃土地和生命的运动的世界"②。这自然让我想起在威尼斯游船时看到纪念歌德的标识,其实歌德一路行走的工具变化反映的不仅是一种简单的器物之变,也在一定程度上规定了他所见识的风物人情的可能性,如果乘坐的是当代的飞机,他恐怕很难有如此细腻的视觉变化,感受到如此亲切的风土和习俗吧。

从动物(譬如马、驴、骡)到后来的人造物具的出现,譬如一般行旅的篷车、战争用的战车,到之后的板车、自行车、三轮车等,再往后工业化时代乃有各种类型的汽车、轿车、卡车等,为什么会有这样的发展呢?显然,技术的进步是重要原因,但后者是否必然带来幸福则为史家所追问:"我们一定得要汽车吗?人们常讲汽车是绝对必需的,然而汽车只有100年的历史。在尼柯劳斯·奥

---

① Johann Wolfgarg Von Goethe, *Italienische Reise*. in: Goethe, *Werke*, S. 11266 – 11267 (vgl. *Goethe – HA*, Bd. 11, S. 58). 中译文见《意大利游记》,赵乾龙译,见歌德:《歌德文集》第 11 卷,杨武能、刘硕良主编,河北教育出版社,1999 年,第 48 页。

② Johann Wolfgarg Von Goethe, *Italienische Reise*. in: Goethe, *Werke*, S. 11276 (vgl. *Goethe – HA*, Bd. 11, S. 64 – 65). 中译文见《意大利游记》,赵乾龙译,见歌德:《歌德文集》第 11 卷,第 55 页。

格斯特·奥托1876年设计出四冲程内燃发动机之前,芸芸众生已过着满足而快乐的生活。"① 然而不仅有汽车,还有火车,那就必须有铁路与之配套使用。这种功能对此前的时代是极大的超越,"在19世纪的头25年和最后25年之间,铁路将这个世界从大部分人仅仅只到过他们的村子之外或附近集镇的世界,转变为一个在一天而不是一个月就能够跨越一个洲的世界"②。"铁路的发展催生了大量的制造业,确保了工业革命对这个星球上每个人生活的实质性影响。铁路的到来,使一切都成为可能:从度假到郊区的扩展,从新鲜的牛奶到邮购订单。"

当然还有船舶的变化、飞机的类型等等。这一系列的器具组合,乃形成侨易器具的交通类型,或者也是现代性的另类牢笼方式。随着器具越来越高精尖,现代科学越来越高效,人类借助其可以上天入地,仿佛能征服自然、无所不能;但就自由层面而言却仿佛日益被束缚,不能获得与之相辅相成的功效。何以然?为什么今人会不断怀念追想昔日古人的精神自由?为什么同为中国人,商周时代就有那样自由的人格气象,形成诸子百家的黄金时代?即便到了魏晋,精英分子仍然在诗酒风流中坚执着自己的理念,可以有"悠然见南山"的自我调适。专制统治如司马氏那样的暴政,仍不足以完全改变知识精英的底色。或许将问题放置在一个更为阔大的侨易空间里,我们可能观出与以往不同的些许镜像。

在我看来,文学研究的意义一方面固然是作家通过其丰富的想象力和架构力,构造了一个不同于历史真实世界的虚拟世界;但另一方面却也不能否认,这个世界毕竟不是完全地凭空想象、

---

① 乔治·巴萨拉:《技术发展简史》,周光发译,复旦大学出版社,2000年,第7页。
② 《序言》,载麦克里斯蒂安·沃尔玛尔:《铁路改变世界》,刘媺译,上海人民出版社,2014年,第1—2页。

空中楼阁,它毕竟是通过人来创造的,是创造主体通过对客观外部世界的折射来体现其创造力精神的。所以文学研究的更深刻意义就在于它既立足于现实,又超越现实,在现实与理想之间沟通桥梁。故此文学的内部研究与外部研究本是二体一魂,譬如鸟之双翼、车之二轮,不可分割。至于文化层次的高端观照,则是从内外之别上升到元一之摄,有"统而一之"之意,是显出大气象的思路。从低层次来说,自然就是简单的考察作家、意象、异文化等因素之间的关系,但在更高层次,则是探讨文化间关系、文化体间关系的大问题,是讨论人类的文明命运问题。按照雅斯贝尔斯(Karl Jaspers, 1883—1969)的观点:

> 哲学家初次出现。人作为个人敢于依靠自己。中国的隐士与游士(指老子、孔子、墨子等)、印度的苦行僧、希腊的哲学家、以色列的先知,无论彼此的信仰、思想内容与内在禀性的差异有多大,都属于同一类的人。人证明自己能够在内心中与整个宇宙相照映。他从自己的生命中发现了可以将自我提升到超乎个体和世界之上的内在根源。①

在这里,最重要的是人类心灵与宇宙整体是相互"映照"的关系,也就是所谓"人体与宇宙"关系的那个概念。虽然或许本来就该如此,但哲人的意义在于"证明",在于言说,在于澄明,在于燃灯,所谓"满天星斗"(考古学家苏秉琦语)、"千灯互照"(民族学家纳日碧力戈语)可谓得之。② 这里的要点还在于,哲人之

---

① 这段的中译文各家不一,需要仔细品读辨别。此处中译文见余英时:《论天人之际——中国古代思想起源试探》,中华书局,2014年,第8—9页。
② 转引自刘大先:《多民族文学的侨易视角》,见《侨易》第2辑,社会科学文献出版社,2015年,第300页。

哲思不但源自生命、始于生命,而且能将其"自我提升",就是一个"高"的过程,且超乎个体,超乎世界,这个就是更高的境界了,即在世界之外还有更高的向往和追求,是"之上"的,就是宇宙的。那种"根源",该是什么?

### 三 侨易思维的拓展可能

我们做研究除了需要"脚踏实地"地动手动脚找东西之外,也还需要有"仰望星空"式的关心宏观与抽象问题的意识,因为世界毕竟是太过宏大了,要求我们不断调整自身思考的极限。要知道,"人在理论思辨中把自己一直提高到上帝本身,他把这理解为双重性因主客体的消失和对立面的相合而不复存在。他以模糊而易误解的、具体的理论思辨形式,表达了精神凌空翱翔的体验,它宛如在上帝体内的苏醒,宛如合二为一的神秘珠蚌,宛如与上帝同在,宛如成了上帝意志的工具"[①]。这当然是一种表述方式,但至少它提醒我们,仅仅从以上这些表面上可以着手的现象和内容入手当然是很好的操作方式;但如仅限于此,则也未免或有"明珠暗投"之讥,因为对侨易学来说,其最大好处或许正在于,侨易学的旨趣"不是从中国文化里汲取或选择某些资源以济西方哲学,而应该从本源处质疑哲思发展的路径问题。这或许更能逼近问题的本质"[②]。正是出于这种直奔本源的拷问过程,崔唯航教授明确指出:"无论是'以中济西',还是'以西济中',它们都分享了一个共同的前提,即中西之间的二元对立,不同之处仅在于二者各执一端罢了。问题的实质是这种二元对立的模式或框架本身乃是西方现代性的产物,这就意味着这种模式或框架乃

---

① 雅斯贝斯:《论历史的起源与目标》,魏楚雄等译,华夏出版社,1989年,第10页。
② 叶隽:《变创与渐常——侨易学的观念》,北京大学出版社,2014年,第282页。

是一种源于西方的特殊的地方性知识,并不具有放之四海而皆准的普适意义。尤其要注意的是,一旦置身于这一模式或框架之中,就很难摆脱西方学术的掌控,从而与真实而非想象的中国渐行渐远。"① 这一思路值得关注,因为其要害在于不落窠臼、无傍自立。"二元三维"作为一种元思维结构确实有其消解主体、生生相接、"1—2—3"全息架构的优势,譬如我运用这种思维模式就对德国文学史和思想史的传统叙述方式做过新解。相比较一般的"文艺复兴—启蒙运动—浪漫主义—古典主义"的线性叙述,我强调在德国思想史上始终有两条线索:一是逻各斯路径的启蒙、理性、科学等;另一条则是由秘索思路径而来的"浪漫情径",到后来则表现为反启蒙的非理性(感性)、反科学与癫狂。前者以康德、莱辛、温克尔曼等为代表,后者则以哈曼、赫尔德等为旗手。文学史亦然,当然因为二者彼此关联极为密切,不宜截然分割。歌德、席勒等人,正处于两种强大的思想压力之间,他们开辟出"古典图镜"的第三条路径,虽不可说是成功,但却极有意义。② 而按照顾钧教授的看法,则可以按照更为普遍性的思路来界定侨易现象:

(一)侨易现象虽然集中在近现代,但古代也有。虽然古代"侨"的几率和范围自然要小得多,大多数士人的足迹不出于禹域之外,但禹域内的游历也足以改变一个人的精神面貌。由于战乱、朝代更迭造成的"侨"则更容易给人带来质变。而且,一个人即使不发生空间移动,同样会有精神的变化,因为人不仅生活在

---

① 崔唯航:《侨易学的开创与中国学术的主体自觉》,见《跨文化对话》第 34 辑,生活·读书·新知三联书店,2015 年,第 103 页。
② 叶隽:《歌德思想之形成——经典文本体现的古典和谐》,中央编译出版社,2010 年,绪论部分。叶隽:《"古典图镜":席勒、歌德的魏玛岁月》,载《文景》,2007 年第 2 期。

空间中,也生活在时间中,时间流逝给人带来的变化有时甚至超过空间的变化。(二)有群体侨易,也有个体侨易,个体有脱离群体的情况;同时无论是群体还是个体,因为侨居地的不同,其精神变化也是不同甚至截然不同的。例如,犹太人命运多舛,流散四方,但其民族性并没有消失,在经历了近2000年的流亡后,不但没有销声匿迹、被异族同化,反而于1948年复国。这一奇迹对侨易学的意义在于,一个发生了巨大空间位移的民族,却没有发生精神位移,是否说明侨与易之间并不是一种正比例关系?当然,犹太民族作为一个族群确实保留了自己的民族特性,但不是每个个体都能做到这一点,北宋中叶来到开封的犹太人就逐渐被中国文化所同化。因此,侨易学应该给予群体侨易和个体侨易以同样的关注,特别是那些游离于群体的个体侨易。(三)就个体侨易来说,有因侨致易的情况,但也有"不易"的成分;同样,就群体来说,也有因侨致易和"不易"的情况。例如,在近代中国的学术繁荣期,王国维、陈寅恪、钱钟书等新式人物都只是部分的"新",不少旧的东西依然留存在血液中,在因侨致易之外还有"不易"的东西在,也即存在着"易"与"不易"的杂糅。总之,侨与易之间的关系是颇为复杂的,古代、近代、群体、个体以及个体内部都存在各种各样的侨易关系,值得做更为深入的探讨。广义的侨易学应该具有更广阔的视野,凡是与侨易有关的现象都可以纳入考察的范围。[1]

这样的拓展性解说是有道理的,因为如此拓宽研究现象的范围,就必将对侨易学的理论提出更高的要求和追问,这需要更完善和长期的建构过程。其实德国文学也可提供类似或相关的材

---

[1] 钱林森:《主持人语》,载《跨文化对话》第34辑,生活·读书·新知三联书店,2015年,第97—98页。详细论述参见顾钧:《关于侨易辩证关系的断想——叶隽〈变创与渐常:侨易学的观念〉读后》,载《跨文化对话》第34辑,生活·读书·新知三联书店,2015年,第150—154页。

料,譬如格里美豪森(Hans Jakob Christoffel von Grimmelshausen, 1621/1622—1676)那部被认为是"巴洛克文学的丰碑"的《痴儿西木传》(Der abenteuerliche Simplicissimus,直译应为《冒险的西木卜里其西木斯》),这类流浪儿小说很能体现侨易特征,虽然描述的是西木童年时代开始的生命轨迹,但展开的故事情节却展映三十年战争的宏阔历史背景,表述主角成长的思想建构过程。说到犹太人,其实是和德国人"打断骨头连着筋"的生死兄弟,我们看德国、犹太知识精英的互动史,其实饶有意味。从莱辛与门德尔松到格奥尔格和本雅明,都说明了两大民族的文化共享和创造。这点在小说中也很有反映,譬如瓦尔泽(Martin Walser, 1927—)的《批评家之死》(Todeines Kritikers)背后隐藏的与犹太裔批评家拉尼茨基(Marcel Reich-Ranicki, 1920—2013)之间的恩怨及其潜藏的文化冲突。"因侨致易"与"因侨不易"是事物的两方面,譬如歌德的斯特拉斯堡留学与意大利之旅给他带来的精神冲击;而萨克斯从德国到了瑞典却并没有对其犹太身份认同有任何本质性的影响,表现出典型的"移常"的现象。从侨易的角度看问题,我们或能冲破西方传统的二元对立思维模式,打破原有的某种惯性,而展示出一种立体的、多元的、流动的系统结构。

歌德曾强调说:"我也总把德国萦怀在心中。每当我想起作为个人如此值得尊敬而作为整体却那么可怜的德国人民来就感到切肤之痛。把德国人民和其他民族相比会使我们感到羞愧难堪。我千方百计地想摆脱这种感觉,在科学和艺术中我找到了可以使自己升腾起来以超越这种情绪的翅膀。"[①]这其实最好不过

---

① 迪特尔·拉夫:《德意志史》,Inter Nationes,1987年,第62页。Diether Raff, Deutsche Geschichte: Vom Alten Reich zur Zweiten Republik, München: Max Huber Verlag, 1985.

地反映出歌德的世界胸襟,"母国情怀"与"他者意识"其实始终是一个硬币的两面,彼此交互,难以取舍。或者还是用歌德自己的话来说:"只懂一门语言的人,其实什么语言也不懂。"这后来被缪勒(Friedrich Max Müller, 1823—1900)引申为"只知其一,就一无所知"[①]。或者更有高度的应该是:"谁若了解自身与他者,自当能明白:东方与西方,永不再分离。"(Wer sich selbst und andre kennt / Wird auch hier erkennen: / Orient und Occident / Sind nicht mehr zu trennen.)在歌德的诗与思的世界里,其实始终应和着中国圣贤的深意,所谓"东海西海,心同理同"[②]。相比较欧洲中心论的一家独大,这些表述或更能接近"真之本质";而侨易思维的意义或正在于打开思想空间的那种僵化维度,二元三维的框架有助于我们以兼具流动性、恒常性、互涉性、元一性的整合视角来看问题。雅斯贝尔斯说:"个人获得的成就绝没有传授给大众。人性潜力(Potentiality)的顶峰和芸芸众生之间的鸿沟变得异常之大。然而,个人的变化间接地改变了大众。人性整体进行了一次飞跃。"[③]随着技术的发展,人类文明正进入到一个前所未有的大变革时代,我们究竟该如何应对,重温德国古典时代的文学与思想,打开侨易空间的锁钥,或许是值得尝试的一条路径。

---

[①] 《序言》,载麦克斯·缪勒:《宗教学导论》,陈观胜等译,上海人民出版社,2010年,第2页。
[②] 李之藻:《〈天主实义〉重刻序》,见《天主实义今注》,商务印书馆,2014年,第71页。
[③] 雅斯贝斯:《论历史的起源与目标》,第10页。

# 歌德、诗画与意大利

## ——一种侨易学与心理学分析

### 梁锡江

### （上海外国语大学 德语系）

"意大利之行是歌德一生的转折点"①，他曾屡次在书信中提到自己的"重生"②；同时很多文学史也将1786年的意大利之行看作是德国古典文学的开始③。而从侨易学的角度来看，"不仅是人类文化命运存在着二元三维的基本结构，落实到一个个体上也同样适用。……青年歌德狂飙突进、浪漫飘逸，晚年歌德却老成持重、略显保守，这基本上是一种规律性现象，那么这个过程中

---

① 赵乾龙：《译本序》，见歌德：《意大利游记》，赵乾龙译，花山文艺出版社，1995年，第6页。
② 例如，歌德在1786年9月18日写给赫尔德夫妇的信中说："在我回程的时候，我希望能够幸福地回到你们身边，希望我回来的时候，获得了重生。"在1786年11月4日写给母亲的信中说："我将变成一个新人回来。"在1786年12月2日写给赫尔德夫妇的信中说："我的第二个生日，是从我踏入罗马的那一天算起的，那是真正的重生。"在12月13日写给赫尔德夫妇的信中重申："罗马之外的人根本无法设想，在这里人们可以学到哪些东西。人们必将重生。"在12月20日写给施泰因夫人的信中说："这场重生，将我由内到外进行了改造。"在12月29日写给赫尔德的信中说："我要放弃所有的陈旧理念与固有意志，以便能够得到重生和新的教育。"参见http://www.zeno.org/Literatur/M/Goethe,+Johann+Wolfgang/Briefe/1786+%5B2%5D。
③ 范大灿：《德国文学史》（第2卷），译林出版社，2006年，第379页。

的意大利之旅其实是非常关键的一页"①。因此,从侨易学和心理学的视角深入研究歌德的意大利之旅,将会有助于我们把握中间过程的第三维,更好地理解作为侨易现象的知识精英身上所体现的物质位移与精神质变之间的互动关系。

叶隽认为,在"侨""易"二元之间的第三维应该是"学","对于任何一个个体,……他都必须以'学'为本。……侨易学的研究应当与知识史紧密联系起来,这样才能紧紧抓住作为那个关键之'三'的'学'字,引活侨易二元的基本规律"。②所以,当我们将歌德作为考察对象时,我们要考察的内容也就是"侨""学""易"这三者在歌德身上所体现出来的辩证关系,或者说在整个侨易过程中,"侨"是如何引发"学"的,而"学"又是如何促成"易"的。而这其中,歌德个人的"知识习得与发展史"则是我们考察的关键。

## 一 法兰克福:意大利与画家情结

笔者认为,一个人出生来到世界上其实也是一种"侨动过程":对于个体生命而言,这个世界最初都是陌生的、异质的。而自我意识的形成、个体对于这个世界的认知以及知识体系从无到有的逐步建立,都离不开个体的学习。从这个意义上来说,歌德的家乡法兰克福就必然成为我们考察的第一站。因为歌德对于意大利的认知正是肇始于此。

歌德的意大利印象首先来自于家庭教育,特别是他的父亲。在到达罗马后不久,歌德在1786年11月4日写给母亲的信中这

---

① 叶隽:《变创与渐常——侨易学的观念》,北京大学出版社,2014年,第176—177页。
② 同上,第40页。

样写道:"我无法用言语向您表达我现在的愉悦心情,我生活的诸多梦想与愿望终于得以实现,我从童年起在铜版画上所看到的一切如今就在我的眼前,那是我从小就从父亲的口中所耳熟能详的东西。"他的父亲卡斯帕尔·歌德(1710—1782)在1738年拿到法学博士后不久,决定去做一次大的毕业旅行,以此来结束自己的求学生涯。他首先来到了维也纳,之后经格拉茨与卢布尔雅那来到意大利,先在威尼斯参观了大教堂,然后又去了罗马和那不勒斯,之后又回到罗马。除了观察当地的风土人情之外,他还深深地爱上了这里的音乐、绘画和建筑,并且带着极大的激情搜集古代的碑铭。在罗马逗留了近半年之后,他又途经佛罗伦萨、威尼斯、米兰、热那亚去了法国。① 但是巴黎并没有给他留下太深刻的印象,因为"一从意大利出来,便是曾经沧海,再没有什么可以赏心怡情的了"②。可以说,意大利从此成为歌德父亲的挚爱,而这种情感直接深刻地影响到了歌德,他在自传《诗与真》中回忆说:

> 在房子里头,父亲用来装点前厅的一排罗马铜版风景画最经常地映入我的眼帘。这些画的刺镂出自比拉纳西的几个前辈之手。他们对于建筑术和透视画法很内行,他们的刀法是很准确和可珍惜的。在这儿,我们天天都看见罗马人民广场、圆形剧场、圣彼得广场、圣彼得教堂的内外景、圣安格罗堡以及许多其他景物。这些建筑给予我深刻的印象,而平时很少言笑的父亲有时也很高兴地向我们描述这些景物。他对于

---

① Wilhelm Bode, *Goethes Leben. Lehrjahre* 1749–1771, Berlin: Verlag Mittler & Sohn, 1920, S. 29–30.
② 歌德:《诗与真》(《歌德文集》卷四),刘思慕译,人民文学出版社,1999年,第28、7—8、28、240、22—23页。

意大利语言和一切与意大利有关的东西的酷爱,是很明显的。他也时常把从意大利带回来的一个大理石和动植物的小小收藏,拿出来给我们看。他把大部分时间花在他用意大利文写的游记上头……因此,我尚在未了解意大利歌谣《孤寂、幽暗的森林》的内容以前,已很快就会唱和背诵它了。

家庭的熏陶使得意大利成为歌德心中的"圣地",他的"诸多梦想与愿望"都与之有关,他的意大利之旅的几个关键词其实都已经包含在上述的引文中了:"风景画""建筑""大理石与动植物""游记"。他从童年起就对意大利抱有极强烈的憧憬:"关于我未来青年旅游的这种神话,我很喜欢听父亲向我复述,特别是因为结尾总讲到意大利,最后继之以那不勒斯的描摹。他讲起来,他平时的严肃和干燥无味的生活作风似乎都为之消解,而平添了活气,因此在我们孩子的心中便产生一种热烈的企求,要在这个人间乐园中也占一席地。"

他从小被父亲培养学习拉丁文、希腊文、希伯来文和意大利语等,对于古典文化有着极为浓厚的兴趣,他一度抛弃学习法律的想法,"只专攻语言学、古典学(Altertümer)、历史和一切渊源于它们的学问",而他之所以有这样的想法,乃是为了自己的诗歌作品:"诗的描写,无论哪一个时候都给我极大的乐趣。……我想对上述几门学问做根本的研究,因为我认为,对古学有充分的理解,可使我自己的作品有迅速的进步。"

但是在歌德的内心世界里,他所喜爱的艺术并不仅仅只是诗歌,他的"一个潜在愿望就是成为一位画家"[①]。这一画家情结或

---

① 王静、张典:《论歌德意大利时期的艺术批评原则》,载《解放军艺术学院学报》,2013年第2期,第40页。

"画家梦"同样来自父亲的熏陶和周围环境的耳濡目染:歌德父亲非常喜欢藏画,"许多年来,他……请求法兰克福市所有艺术家为他绘画",歌德"对于艺术的癖好因为画幅的重新收拾整齐,地方的雅适,以及特别是因为与一个熟练的艺人的结识而重新活跃起来"。这里尤其需要注意的是"与艺人的结识",歌德童年接触的艺术家圈子里几乎没有诗人,而主要都是画家,他"从幼时起就认识这些画家,常去参观他们的画室"①,从九岁起他还开始追随铜版画家埃本(Johann Michael Eben)学习绘画,特别是1759年法军占领法兰克福之后,寓居在歌德家的法国多伦伯爵请来了全城所有的画家在顶楼为其作画,歌德有了更多的机会接触这些艺术家,"从小时候起我已与画家们厮混,而且像他们那样惯于从艺术的观点来观察事物"。歌德就这样逐渐培养起了自己对于绘画乃至建筑的兴趣和爱好。同时这一爱好又与他对意大利的憧憬相结合,使得他对古罗马以及意大利的绘画与建筑均产生了浓厚的兴趣,"对东南部(指意大利)的艺术家常怀渴慕、敬重和期待之忱",这种情感进而逐渐演变成一颗"埋藏心底的古典文化种子"②。

在这里,我们要注意诗歌与绘画对于少年时期的歌德所具有的不同功用:诗歌固然是其才华的体现,但纵观《诗与真》这部自传,笔者发现,歌德关于自己这一时期诗歌的叙述更多地集中于社会生活与人际交往方面:"我们的小旅行团、游乐会和由此发生的种种偶然事故,我们都作诗来点缀。"而当他幽居独处、玩味寂寞之时,"现在,我既然放任自己,又沉湎于孤寂的境界,这种

---

① 歌德:《诗与真》(《歌德文集》卷四),第84、222、322、236、222、223、222、245—247页。
② 陈平:《歌德与建筑艺术》,载《新美术》,2007年第6期,第57页。

才能(指绘画——笔者注)便表现出来";"绘画是留给自己的唯一表现自我的方法……我习惯于在画上不只看见所画的东西,而且还看见自己当时的思想感情"。绘画成了专属于他的私密领域,尤其当他的初恋失败之后,有着让其内心恢复平静与和谐的功效:"凡是引起我的注意和欢悦的,我都想抓着它,于是我便以极不熟练的方法来描绘自然。"可以说,绘画之中也包含了歌德强烈的自我认同。所以,哪怕日后他因为《少年维特的烦恼》一书成为誉满欧洲的作家,他在1777年去哈尔茨山旅行时,仍然化名"画家韦伯",而当他1786年从魏玛宫廷突然出走前往意大利时,选择的身份依然是"画家菲利普·穆勒"。

## 二 莱比锡与斯特拉斯堡:青年歌德的烦恼

对于法兰克福时期的歌德而言,诗与画似乎构成了其知识与精神世界的两极:诗"可以群",象征着与外部世界的联系以及外界对于自己的认同;而画则"可以兴",意味着内心世界的和谐与自我认同。所以当他写诗时,他特别关注人与人的情感,贴近人生;而当他作画时,画的却无一例外都是无人的风景画,靠近自然。两者的平衡共同构建起歌德的精神世界,直到歌德"侨居"到莱比锡大学,这一平衡才被打破。

德国人的大学学习具有极强的流动性,一般的学生都会在两所以上的大学先后学习,它使得个体有更多的机会接触到不同的地域与知识,从而使得个体的教育(Bildung)得以更为完善。从侨易学的角度来看,我们可以将德国人的大学学习看作是一种"移交"和"仿交"。在《侨易二元的整体建构——以"侨"字多义为中心》中,叶隽提出了"侨易十六义"。其中所谓的"移交",指不同文化体之间的接触和相交,个体或主体因移动而产生变化,由移动而导致异质文化的相交关系;而"仿交"则是"一方学习另一方为主轴的交易过程"①。在"移交"与"仿交"的过程中,个体原有的知识结构与精神世界将会受到刺激与冲击而形成相应的反应机制。

1765 至 1768 年的三年间,歌德来到父亲曾经就读的莱比锡大学学习法学。这一决定并非出于自愿,而是由于父亲的强硬态度,但歌德仍然试图阳奉阴违,佯装去莱比锡学习法律,暗地里则想设计另外一套艺术学习计划,结果在反对文艺的博麦教授(Johann Gottlob Böhme)的反对下才打消了这个念头。擅长自律的歌德虽然压抑住了自己的渴望,但他依然坚持经常去听格勒特教授讲授的文学史与文学习作课。同时,他对绘画的兴趣也依然不减,跟随莱比锡艺术学院院长奥赛尔(Adam Friedrich Oeser)以及铜版画家斯托克(Johann Michael Stock)继续学习绘画及相关技艺②,而且在奥赛尔的介绍下,认真研读起以古希腊、古罗马为艺术典范的温克尔曼的著作。在 1770 年 2 月 20 日的信中,他将奥赛尔称为他"真正的老师","他教导我:美的理想是单纯与静穆"。③

但由于在两个领域里的天赋才能本身就存在差异,所以在莱比锡阶段,歌德两方面的才能发展并不均衡。尤其重要的是,他从相对旧式的城市法兰克福来到当时号称"小巴黎"的莱比锡,环境与身份的变化迫使他需要更好地适应外界环境,所以更为关注外部世界的诗歌才能得到强化。此外,还有两件事情使得歌德的兴趣重心渐渐向诗歌转移:首先,他敬爱的博麦教授太太对歌德匿名朗读的自己的作品有很多非难,使得他对自己的诗歌创作产生了怀疑,他迫切地需要找寻一个艺术批评的标准,但苦寻不

---

① 叶隽:《侨易二元的整体建构——以"侨"字多义为中心》,见叶隽主编:《侨易》(第二辑),社会科学文献出版社,2015 年。
② 王端廷:《歌德的画家梦为何破灭》,载《东方艺术》,2013 年第 11 期,第 16 页。
③ http://www.zeno.org/Literatur/M/Goethe,+Johann+Wolfgang/Briefe/1770.

到,竟然陷入绝望的境地,将自己当时所有的手稿付之一炬①;其次,很幸运的是,他这时遇到了诗人施洛塞尔(Johann Georg Schlosser),并通过他与一个爱好诗歌的小圈子相识,尤其是宫廷顾问法伊尔(Johann Gottlob Benjamin Pfeil)给了歌德很多指导,"使我对一些事物做出正确的判断"。于是在这一阶段,歌德形成了一个方向,"我一辈子不能背离的方向,这即是说,把那些使我欢喜或懊恼或其他使我心动的事物转化为形象,转化为诗歌,从而清算自己的过去,纠正我对于外界事物的观念,同时我的内心又因之得到宁帖"。按照歌德传记作者波伊尔(Nicholas Boyle)的说法,歌德时值青春期,各种情感纠葛与人世纷扰影响了他的写作风格,所以这一时期的诗作风格"充满了肉欲",并且"非常直接地描写一切个人意愿与感受的来源"②。而相形之下,绘画虽然作为个人的兴趣爱好继续存在,但只有等到他因为生理和心理的太多压力而因病退学返回法兰克福之后,重新回到家的怀抱,同时从纷扰的外界重新回归寂寞独处之后,他才重拾绘画旧业,"在寂寞中,我有那么多的事情做。我从少年时代起养成的种种嗜好,现在像幽灵似的又获有机会重新冒头了,所以更是无事忙,绘画的旧业也重新理起来",不过后来又因病放弃。

而当他重新回到外部世界,在斯特拉斯堡(1770—1771)继续法律学业时,诗歌的力量又再次抬头,尤其是当他与弗里德莉克相爱时,"在这种情况之中,我久已忘了的诗兴不觉油然复生。我按着著名的曲调为弗里德莉克作很多的短歌。它们已可集成一本绮丽的短歌集了"③。同时,"最有意义的事件"发生了,那就

---

① 歌德:《诗与真》(《歌德文集》卷四),第254—258、271、287、355、412页。
② Nicholas Boyle, *Goethe. Der Dichter in seiner Zeit. Band I*: 1749-1790, Frankfurt am Main: Insel Verlag, 2004, S. 106.
③ 歌德:《诗与真》(《歌德文集》卷五),第483—484页。

是与赫尔德的相识。后者为他打开了他的眼界,为他介绍了荷马、莎士比亚和莪相的诗歌,搜集整理民歌,研究斯宾诺莎的泛神论哲学,为歌德走上文学创作道路给出了决定性的推动。在斯特拉斯堡,他很快就找到了一个很有教养的朋友圈子,他闲暇时步行或骑马穿过阿尔萨斯地区的山山水水,惊讶于斯特拉斯堡大教堂的美丽。那是诗人的一段幸福时光。"大自然与建筑审美上的经历,友谊与爱情,这一切都让歌德在斯特拉斯堡变成了一个诗人,他挣脱了惯常与传统的一切束缚,打破了诗学的规则,完全自由且自然地表达自己的情感与感受。他的《五月歌》中很多用词如 Morgenglanz、Nebelkleid 等等都来自于诗人的独特创造,而字典里是绝对查不到的。"①

这时的歌德达到了这样一种认识:

> 无论在什么情景下,自然和艺术只有通过生活然后互相接触。所以,我按照自己的夙愿去探索内部和外部的自然天性,热心地描述它,任其支配,是我一切的考虑和努力的结果。……我决心一方面任凭我的内部自然的特性自由无碍地发挥出来,其他方面听任外界的自然的特质给予我影响。……在内心方面,我想摆脱一切陌生的倾向和思想,对外则以爱的态度来观察一切,自人类以降所有可以理解的生灵,任其用独特的方式对我施加影响。由此便发生与自然界的各个对象的不可思议的亲密关系,与自然全体形成默契和共鸣,因此外界每发生一种变动,无论是住所的迁换也好,时日季节的流转也好,或任何种的推移也

---

① Gudrun Fischer, "Wir heißen euch hoffen!", in: Ein Goethe-Lesebuch, Leipzig: Schubert-Verlag, 1997, S. 37.

好,都触动到我心的最深处。画家的眼更添上诗人的眼,美丽的乡村风景,又有宜人的小河点缀其间,加深我的独处之癖,以及使我更得以冷静地从各方面玩味和考察我周围的事物。①

从上面这段引文我们就可以看出,当时的歌德正处于艺术事业的探索期,通过生活让艺术与自然相结合,与自然界形成和谐与互动已经是他的理想目标了,而他此时的自我定位仍然是孤独自处的"画家"多一点,"画家的眼"排在"诗人的眼"之前,"从美术中认识自然,已成为我的一种热情"。但是,这种以绘画为先导的理想艺术观却遭遇到了青春期的躁动与空虚,尤其是他从斯特拉斯堡毕业以后,于1772年在韦茨拉尔开始实习之后,生理和心理上的青春特点占据了上风:他对外界的变动不再感兴趣,"对于这些可爱美丽的现象无动于衷,最大的不幸、最难治的心病便发生了,这时我们已把人生当作是可厌恶的重负",而"引起这种哀愁的诸诱因之中,恋爱的热火再燃最有强烈的作用"。同时,青年人还会感觉到社会上的各种不公,"道德的随时变迁",还有自身的弱点,"自己的过失不断再现",所以"青年时代沸腾的血、因为个别事物而容易麻木的想象力以及人事的倥偬变幻"都使得歌德"亟欲挣扎、摆脱这样的困境",再加上他所阅读的英国诗歌的影响,"英国诗歌的优美之处还伴有一种沉重的悲哀,凡是耽于阅读的人便受其熏染"。正是在这种情况下,歌德才写出了《少年维特的烦恼》。按照歌德晚年的说法,他"是用自己的心血把那部作品哺育出来的。其中有大量的出自我自己心胸中

---

① 歌德:《诗与真》(《歌德文集》卷五),第570—571、596—597、613—615、624页。

的东西、大量的情感和思想"①。而小说中所提到的"我本想压根儿不提此事,免得告诉你说,近来我很少画画"②以及"莪相已从我心中把荷马排挤出去",都是那段时间歌德内心生活的写照,以绘画为导向的艺术观被淡化,"朴素、宁静、明朗"的希腊诗人荷马逐渐被"阴郁、朦胧、伤感"的英国诗人莪相所替代,走上了"狂飙突进"的道路。

然而,歌德的内心最深处其实对于这部小说并不认同:"它简直是一堆火箭弹!一看到它,我心里就感到不自在,生怕重新感到当初产生这部作品时那种病态心情。"因为这部作品背离了他的理想,那就是"和谐与美"。而在他看来,文学与绘画不同,是可以描写"不美"的东西的,这一认识要归功于莱辛的《拉奥孔》。"这部著作把我们从贫乏直观的世界摄引到思想开阔的原野。……造型艺术家要保持在美的境界之内,而语言艺术家总不能缺少任何一种含义,但可以逸出美的范围以外。前者为外部的感觉而工作,而这种感觉只有靠美来得到满足;后者诉诸想象力,而想象力还可以跟丑恶合得来。"③他之所以选择创作这部作品,主要是为了发泄和解脱:"我借着这篇作品,比起其他任何的创作来,最能把我从暴风雨似的心境中拯救出来。我因为自己和他人的过错、偶然和故意选择的生活状态、决心与急躁、执拗和让步等种种的原因而陷入这种心境之中……这篇东西写完了,我觉得像是在神父之前把一切忏悔了之后那样复归于愉快自由,该从头再过新的生活。……我这一方面因把事实化为诗而心境轻快明朗起来。"所以,维特死了,而歌德活了下来。但他仍然觉得离自己的理想目标有差距,所以"自从此书出版之

---

① 爱克曼(辑录):《歌德谈话录》,朱光潜译,人民文学出版社,1978年,第17页。
② 歌德:《少年维特的烦恼》,杨武能译,人民文学出版社,1983年,第40、89页。
③ 歌德:《诗与真》(《歌德文集》卷四),第323页。

后,我只重读过一遍,我当心以后不要再读它"。从这个意义上来说,歌德属于狂飙突进运动的时期其实很短,1773 年创作剧本《铁手骑士葛兹》,1774 年完成《少年维特的烦恼》,而 1775 年接受魏玛公爵之邀出任公职,就已经"意味着歌德脱离了狂飙突进运动"①。所以,"狂飙突进"对于歌德而言,并不是蓄谋已久的举措,而更像是冒险船队在艺术海洋里探索时的临时偏离航向。

  如前所述,从斯特拉斯堡开始,在歌德的心目中,最高的价值就已经是"美与和谐"了,而《维特》所表达出来的对于僵化的贵族社会的抗议太过激烈,所以他才会认为写《维特》时是"病态心理"。而他所追求的乃是市民的"和平崛起",这一思想从他在《诗与真》中摘录的某贵族信件就可以发现端倪:"我是有志于伟大的事业,想着更高尚的事。我绝不是只想加官晋爵,地位更加显赫,而是想不藉先人余荫,独立从别处寻求阶梯,进身成为一个出类拔萃的贵族……因此,我朝着这个目标而钻研学问和奋发努力……每个人一定要依靠自身力量而成为贵族,这是他们的信条。如果在那美好的时代,已出现一种竞争对抗的活动的话,那就是自上而下的互相较量的努力。"②而在写出《维特》的同一年,他又写出了取自古希腊神话的《普罗米修斯》,虽然很多评论都认为此部作品同样也反映了"狂飙突进"的反抗精神,但事实上,这部作品反映的却是歌德的"和平"的社会竞争观:"巨人普罗米修斯扰乱天庭的反抗精神对于我的诗的描写并没有供给什么素材。我觉得,适宜我的描写的,是巨人一方面承认比自己更高的威力的存在,但同时又想与之比肩,以平和的、忍耐的努力同他对抗一事。"从这个观点出发,年

---

① 余匡复:《德国文学史》,上海外语教育出版社,1991 年,第 178 页。
② 歌德:《诗与真》(《歌德文集》卷五),第 766—767、684—685、665—666、685、630—631、805、716 页。

轻的歌德接受魏玛公爵邀请去该公国任职是非常合乎逻辑的,他追求的就是在既定权力框架内的市民的"平和的、忍耐的"强大与发展,而不是暴力革命。

所以,类似《维特》这样的作品乃是歌德创作上的非典型瞬间,那时的歌德心中一直有他希望能够坚持下去的原则与信念,那就是对于"美与和谐"的追求,而这一追求首先就以绘画为代表。正是绘画给了他很多思想上的启发。写完《维特》不久后,在游览科隆的时候,正是一幅画让他体验到了"最温柔最美的感受","我的人类禀赋与诗人才能那最深层的基底,为那无限的感动所敞开,藏在我心中一切善良与可爱的倾向都流露无遗"。可以说,德国古典文学的"人道主义观"已经先兆于此。而绘画给了"诗人才能"以最强烈的刺激,这也证明,歌德的艺术观是以绘画为先导的。在其后的一段时间,"我作诗和绘画的兴致同时勃发,不能自已",但由于绘画才能的限制,他还是"向我可以较自由挥洒的诗文方面致力。……把艺术的自然和自然的艺术热烈地加以鼓吹"。

以绘画为先导的艺术观与他素来的意大利以及画家情结相结合,就让歌德对于意大利抱有越来越浓烈的渴望。特别是当他凭借《维特》一书成为德国乃至西欧最负盛名的作家和天才,他被牵扯进了更为宽广更为复杂的外部世界之后,"我被迫尝到了门庭若市的滋味。……本来宁静、幽晦的境界是大有利于完美的创作的,但是我却被从这种境界中拉出来而置身于白昼的嘈杂之中,为他人而消失了自己"。他就更加向往在意大利过上纯粹的艺术家生活,"德国艺术家前往意大利,在那里发挥影响,繁衍艺术与家庭,这样的艺术家对我而言,一直都具有极高的价值"[1]。

---

[1] Siegfried Unseld (Hg.), *Goethe, unser Zeitgenosse*. Frankfurt am Main: Insel Verlag, 1993, S. 79.

但是,当时他的心情还是矛盾的:"在我心目中,伦巴第和意大利像是完全陌生的地方,而德意志却是一个熟知、可爱、充满亲切之情,使人怀念的乡土。而且,在这里有多年包围着我、支持着我的生命的一切,如今已成为我不可缺少的氛围,超出这个范围一步,实是我受不了的事情。"

种种原因之下,歌德最后来到了魏玛,开始了他的仕途生涯。他带着理想化的"和平社会竞争观"来到那里,一去十年。十年中,最初的乐观自信逐渐掺杂了更多的痛苦、悲伤与怀疑,身兼多职所造成的精力牵扯,很多事情因为宫廷政治的掣肘而无法成功所造成的失望,让他越来越看到理想与现实的距离,渴望把全部精力投入到科学与艺术上,而与施泰因夫人之间越来越不太自然的关系也同样折磨着他。对他而言,这时的德意志已经不再像十年前那样"充满亲切之情",他愈加渴望前往意大利。因此,他在魏玛八年之后(1783年)所创作的《迷娘曲》①中高呼:"到那里!到那里!"②最终在1786年9月3日,他在卡尔斯巴德疗养期间,突然不告而别,没有向任何人吐露他的目的地——那就是意大利。这次意大利之行既是一场逃亡,同时也是歌德果断的决心,抛开一切,去做自己的"教育旅行",因为"内心的宁静的获得有待于自己的重新学习"。这又是一个"移交"与"仿交"的侨易过程。

### 三 意大利:梦想的终结与风格的形成

歌德抱着学习的态度来到意大利,他把此处看作是一个大学

---

① 关于歌德作品创作时间请参考 Bernd Witte (Hg.), *Goethe Handbuch. Band 1. Chronologie. Bibliographie. Karten. Register*, Stuttgart: Metzler, 2004, S.52。
② 歌德:《诗歌选》(《歌德文集》卷八),第154页。

校,"在那儿培养、增长我的艺术的知识"①。与他的艺术观与内心情结相吻合,他将绘画和建筑艺术看作自己可以师法的对象。所以,他才会化名"画家穆勒"来到意大利,而在罗马他所交游的圈子全部都是侨居当地的德意志画家,他在他们的指导和帮助下绘制了一千多幅素描、水彩画、版画等,这是继斯特拉斯堡之后歌德艺术生涯的另一段幸福时光。不过,如果说斯特拉斯堡的经历让歌德从此走上文学创作的道路的话,那么意大利之行却让歌德意识到自身的缺陷:"当我四十岁在意大利时我才有足够的聪明,认识到自己没有造型艺术方面的才能,原先我在这方面的志向是错误的。"②他终于直面自己的兴趣爱好与才能之间的矛盾。此外,这也是因为他此时已经三十九岁,再来从头学习绘画已经有些太迟了。所以,意大利之行的一个很重要作用就是歌德的画家梦想终结了,他真正彻底地认同了自己诗人的身份。

但是,造型艺术也给他带来了"很大的益处","我获得了见识,所以我可以安心了"。在意大利,歌德将他的所见所闻与自己内心的想法印证,在广泛鉴赏各种艺术形式的基础上形成了自己成熟的艺术观。这主要在温克尔曼的《古代艺术史》与帕拉迪奥的《建筑四书》的影响下,他认为两本著作"在正确解释和教导方面很有用处"。"古罗马文化也开始使我高兴。历史、碑文、钱币,我以前对他们一无所知,现在目不暇接。正如我以前研究自然史一样,现在在这里也研究艺术史,因为世界的整个历史都和这个地方联系在一起。我说这是我第二个生日,从我踏入罗马的那天起,意味着真正的再生。"③

---

① 歌德:《诗与真》(《歌德文集》卷五),第 846、683、682 页。
② 爱克曼(辑录):《歌德谈话录》,第 193、195 页。
③ 歌德:《意大利游记》(《歌德文集》第 11 卷),河北教育出版社,1999 年,第 133 页。

早年埋藏在心底的那颗古典文化种子开始萌发,他也重新获得了极大的创作热情。在魏玛十年,他的创作较少,主要是一些抒情诗,当然也有一些重要作品的构思,但是因为宫廷生活与恋爱纷扰的牵扯,一直没有足够的时间与精力去静下心来写作;而在意大利的一年九个月的时间里,他厚积薄发,先后创作完成了三部古典主义名剧《陶里斯的伊菲格尼》《塔索》和《艾格蒙特》以及大量的随笔、日记、书信,等等。这些戏剧具有了较为强烈的古典主义风格,所以很多评论者认为,意大利之行是歌德由"狂飙突进"向"古典主义"转变的标志性年份。而从笔者的分析来看,此类说法有将歌德的文学创作片面割裂的嫌疑,事实上,歌德对于美与和谐的追求一直没有变过,而他在"狂飙突进"中的文学表现其实是一个青年诗人在艺术探索期所做的诸多的摸索与尝试而已。"与其说意大利之行标志着歌德思想转变的开端,毋宁说是对在此之前漫长转变过程的总结。"[1]也许此处引文中的"转变"二字改为"摸索"似乎更为妥帖。或者套用歌德在意大利之行后所撰写的一篇名文《对自然的单纯模仿、表现手法、风格》所给出的艺术的三个层次:他在法兰克福直到斯特拉斯堡的青少年阶段是"单纯模仿期","我在散文方面也好,诗的方面也好,本没有自成一家的文体,每有新的创作,视乎题材如何,必须重新着手尝试";而到了《维特》之后,则属于算是有了较为明确清晰的"表现手法期","那时我的作品正朝向一个新时期发展——当我写《维特》的时候以及看见后来它引起的反响,必然会酿成这个倾向";经过魏玛十年的积累、摸索与等待,加上意大利之行的豁然开朗,歌德终于开始进入他所谓的艺术最高阶段"风格期",

---

[1] 任国强:《从狂飙突进到古典的嬗变——歌德魏玛最初十年再认识》,载《解放军外国语学院学报》,2009年第6期,第107页。

"在歌德的创作欲望中融入了他在造型艺术方面的素质和爱好,他强烈追求从外在客体和形态出发去探究自然事物的内在本质、自然事物形成的法则"[1]。这三个阶段是"密切相关、彼此贯通"[2]的,绝不应该割裂地对待。

---

[1] 威廉·洪堡语,转引自罗悌伦:《译序》,见歌德:《文论》(《歌德文集》第12卷),河北教育出版社,1999年,第2页。
[2] 歌德:《文论》(《歌德文集》第12卷),第11页。

# 论歌德的政治思想

贺 骥

(中国社会科学院 外国文学研究所)

歌德是一位有政治抱负的诗人,早在青年时代他就希望在政治舞台上扮演"济世安民的角色"[1]。他终生都对政治感兴趣,只不过这种兴趣时强时弱。《杜登词典》对"政治"一词做了如下定义:政治是"管理国家的艺术",是政府、议会、党派、组织和个人所进行的旨在实现国家生活的某些目的和旨在调整社会生活的活动。[2] 简言之,政治就是处理国家生活中的各种关系的活动,政治家就是国务活动家,从这种意义上看,诗人歌德无疑也是一位政治家。

德国狂飙突进运动时期(1767—1775),歌德就已开始揭露社会矛盾。由于他未能扮演政治角色,因此他将作诗视作对其政治抱负尚未实现的一种补偿。[3] 在魏玛最初的10年里(1775—1786),他被公爵任命为枢密院参议、国防委员会主席和财政总监。为了富民安国,他在行政、金融、税收、军事、采矿、筑路和

---

[1] Johann Wolfgang von Goethe, *Goethes Briefe*, Hamburg: Christian Wegner Verlag, 1968, Bd. 1, S. 206.
[2] Dudenredaktion, *Duden Deutsches Universalwörterbuch*, Mannheim: Dudenverlag, 2007, S. 1298.
[3] Johann Wolfgang von Goethe, *Goethes Briefe*, Bd. 1, S. 153.

水利等领域采取了一系列改革措施。改革受挫后,他淡出政界,前往意大利研究古代文化。1788年6月返回魏玛后,他辞去了所有职务,只担任魏玛剧院总监,将主要精力用于科学和文化事业,但他依然关注时事政治。1832年3月上旬,老年歌德与艾克曼最后的谈话之主题仍是政治和文学。歌德的政治思想来自他的人生阅历和政治实践,来自他对历史和现实的反思,来自他的自然研究,来自柏拉图、莫泽尔和柏克等政治学家对他的影响。参政的歌德没有留下政治学专著,其非体系的政治思想散见于他撰写的公文、书信、日记、格言、文章、自传、谈话录和文学作品中。

## 一 国家观与小邦分立主义

歌德心目中的国家是等级制的、各等级之间相互依存的政治实体。他坚决维护等级制的社会秩序。1824年2月25日,他对艾克曼说道:为了保证国家的安定和秩序,"最明智的办法就是人人各司其职,生来适合干什么、学习过什么就干什么,别去妨碍他人干他自己的事。鞋匠就该守着他的楦头,农民就该扶着他的犁头,君主呢,就该懂得治理国家"①。这种等级制国家观源于柏拉图。柏拉图认为正义的城邦就是生产者、军人和统治者这三个等级安分守己、各司其事的共同体。② 歌德认为一个良好的等级制国家应该是一个各等级相互友爱、和平共处的有机国家,"一个国家不妨比作一个活人有许多器官和四肢的身体"③。在这个有机国家中,君主和国家公仆(Staatsdiener)应对人民充满爱和善

---

① 艾克曼:《歌德谈话录》,杨武能译,四川文艺出版社,2008年,第41页。笔者根据德文原著对杨译略做了修改。
② 柏拉图:《理想国》,郭斌和、张竹明译,商务印书馆,1986年,第156—157页。
③ 艾克曼:《歌德谈话录》,杨武能译,第198页。

意,因为"爱是会产生爱的,谁要是获得人民的爱,他就容易进行统治了"①。

1778年5月,为了建立诸侯联盟(Fürstenbund),歌德陪同卡尔·奥古斯特公爵(Karl August, 1757—1828)前往普鲁士,他发现了绝对的君主专制政体的弊病:国王、官僚和贵族的奢侈生活完全建立在对人民的残酷剥削的基础上。1778年5月17日,他在致施泰因夫人的信中写道:腓特烈大王统治下的中央集权制官僚国家犹如一个巨大的"钟表机构",这个机器国家把活人变成了"木偶"。② 正是出于对中央集权制大国的厌恶,歌德才选择了小国魏玛。歌德喜欢小国,因为小国是具体的、可感知的,统治者容易总览全局,可以和被统治者直接交往,可以对国家进行人性化的管理。与难以感知的抽象大国相比,小国的国民更关心公共事务,更乐于参加文化生活和政治生活,更容易建立社会和谐。歌德的第十七首《威尼斯铭辞》(1789年)就是一首小国的赞歌:"在日耳曼诸侯中,我的君主当然很小,/他的国土狭小,他的能力有限。/但如果每位诸侯都能像他那样致力于内政外交:/德国人就会其乐融融,共享平安。"③

歌德主张国家形式的多样性。他所认可的国家包括魏玛公国式的小国、神圣罗马帝国式的邦联和法兰西王国式的领土国家(Territorialstaat)。④ 国家形式的多元化有利于国家之间的相互宽容和政治与文化上的世界主义。他认为文化民族(Kulturnationen)

---

① 艾克曼:《歌德谈话录》,洪天富译,译林出版社,2002年,第365页。
② Johann Wolfgang von Goethe, *Goethes Briefe*, Bd. 1, S. 250.
③ Ibid., S. 178.
④ 领土国家指的是统治者(国王或诸侯)对其领土拥有主权并对其领土居民拥有统治权的国家。近代的领土国家有别于中世纪的部族公国,其统治基础为领土主权,而非部族的血统关系。

是人类社会的有机组成部分,而国家与民族合一的国家民族（Staatsnation）则是国家发展史上的畸形,因为国家民族是狭隘的民族主义的产物,它强调民族差异,鼓吹民族仇恨。歌德告诫艾克曼:"民族仇恨是一个怪物。——您会发现在文化程度最低的地方,民族仇恨总是最强烈。可是达到了一定的文化程度以后,民族仇恨就消失了;这时人们在某种意义上已经超越了民族,已经感到邻国人民的幸福和痛苦就是自己的幸福和痛苦。"①

歌德认为国家具有教育功能和管理功能,国家的存在并非目的本身,国家乃是实现文化教育目的的手段,其首要任务在于促进国民教育和个人的人格形成与发展。作为一名国家公仆,歌德"把自己的一生献给了人民,一生致力于民众的教育"②。通过国民教育可以提高人民的文化和道德水准,它和社会改良形成一股合力,共同推动社会的持续进步:"由下而上,有民众参与,通过学校和家庭教育,可以成就许多事情;自上而下,经过执政者及其臣僚们的努力,可以成就许多事情。"③

国家的服务性还表现在其管理功能上,政府应该对国家事务、社会公共事务和各行各业进行有效的管理,以维护社会秩序和促进经济繁荣。为了更好地管理国家,歌德要求统治者和国家官员学习行政管理,掌握治国术。歌德本人为各级官员做出了内行的"国家管理"的表率。1776年11月,他被任命为重新开发伊尔梅瑙矿山的负责人。1779年1月,他又被任命为水利、林业和道路建设委员会的负责人。为了成为行家,他认真研究矿物学、地质学和植物学。临终之前他还在强调由内行来管理国家:"我

---

① Johann Peter Eckermann, *Gespräche mit Goethe*, Berlin und Weimar: Aufbau-Verlag, 1982, S. 632.
② 艾克曼:《歌德谈话录》,杨武能译,第86页。
③ 同上,第181页。

特别恨的是国家事务方面的滥竽充数、敷衍塞责,因为它们会给千百万人带来灾难。"①

对于一个国家而言,秩序与和平高于一切。歌德认为国家只有在确保稳定与和平的前提下,才能够有效地行使其教育和管理功能;国家只有在"和平"状态中,"个人才能自由地发展","艺术与科学"才能持续地进步,百姓才有可能提高精神文化"修养"。②因为和平与安宁是国民教育和文化发展的保证,所以歌德在1793年7月对围攻美因茨共和党人的乱民说了一句令人震惊的话:"我宁可犯不公正的错误,也不愿意忍受混乱。"③出于同样的原因,歌德屡次反对魏玛公爵的扩军与战争政策,支持魏玛公国加入拿破仑建立的莱茵同盟和拿破仑的和平计划,在拿破仑失败后转而支持维也纳会议的欧洲均衡政策和神圣同盟的国际和平计划。歌德在致奥地利总理梅特涅的信中称他为和平的"保护神"和艺术的奖掖者:"阁下的个人存在……使我的陋室摆脱了战祸,为我等科学与艺术之友恢复了梦寐以求的安定。"④

在1806年8月16日之前,德意志民族拥有一个松散的邦联制国家"神圣罗马帝国"。1772年歌德在帝国最高法院实习时了解了帝国的政治结构和法律制度。历史学家普芬道夫(Samuel von Pufendorf, 1632—1694)的著作《论日耳曼帝国的政体》加深了他对帝国体制的认识:德意志民族的神圣罗马帝国乃是君主制和国家联盟的无机结合体。正如后人所言:"这个国家现在与

---

① 艾克曼:《歌德谈话录》,杨武能译,第328页。
② Johann Wolfgang von Goethe, *Goethes Werke*, Hamburg: Christian Wegner Verlag, 1963, Bd. 12, S. 394.
③ Ibid., Bd. 10, S. 39.
④ Johann Wolfgang von Goethe, *Goethes Briefe*, Hamburg: Christian Wegner Verlag, 1965, Bd. 3, S. 315.

其说是一个帝国,不如说是在一个皇帝名义上统辖下的许多各有君主统治的小国家的一个集合。"①歌德对这个松散的帝国颇有好感,因为帝国的邦联制保证了各个诸侯国的独立,从而保证了各国在政治和文化上的多元性,这种多元性有利于一个伟大的文化民族的形成。歌德在《诗与真》中回忆道:"从身居最高位的人到最底层的人,从皇帝直到犹太人,这种最多样化的社会分层似乎并未隔离万民,而是将他们结合在一起……统治阶层通过赞助文学和哲学来培养人才……中产阶层可以顺利地经商和研究学术。"②

德国法学家、奥斯纳布吕克城邦长官莫泽尔(Justus Möser, 1720—1794)的地方文化构想对歌德的小邦分立主义(Partikularismus)思想产生了直接影响。莫泽尔主张地方分治,他认为地方特色体现了地方个性与民族共性的结合。歌德在《诗与真》中写道:"按照莫泽尔的观点,小国林立是极其可取的,分治恰恰有利于各地文化的繁荣,各邦可以根据自己的地理位置和诸多特性按照自己的需要来发展地方文化。莫泽尔从奥斯纳布吕克城邦出发,详细论述威斯特法伦地区的情况,并进一步阐明了该地区与整个帝国的关系。"③

老年歌德依然是一位小邦分立主义者。他认为小国在政治、经济和文化上更有活力,小国的国民更爱国,更关心政治和国运。他在《纪念兄长维兰德》(1913年)一文中写道:"德意志帝国包括许多小国,其体制和古希腊的城邦制相似。即使是不起眼的、最小的城邦也有自己的利益,因此每个城邦都必须关心、维护和

---

① 布赖斯:《神圣罗马帝国》,孙秉莹等译,商务印书馆,2000年,第306页。
② Johann Wolfgang von Goethe, *Goethes Werke*, Bd. 10, S. 114 – 115.
③ Ibid., S. 52.

捍卫自己的利益,以免遭邻邦的侵害。危机感及早地唤醒了城邦的年轻人并促使他们思考国情。"①

小邦分立不仅能促进地方文化的繁荣,而且能带动整个民族的文化发展,因为邦联制的帝国拥有许多充满活力的文化中心,所有这些文化中心的辐射力几乎可以覆盖帝国全境。在1828年10月23日与艾克曼的谈话中,歌德批评了法国在文化发展上的不平衡:巴黎是唯一的文化中心,外省则黑暗蒙昧。与集权制的法兰西王国相比,德意志邦联则保持了广泛的文化繁荣。歌德说道:"除了体现在帝国所有部分的民众都一样有良好的文化教养,德意志的伟大还能体现在何处?可培育和传播这文化教养的,不正是一个个邦国的国都么?——设若几个世纪以来德国只有维也纳和柏林两个都城,甚或仅仅只有一个,那我真想看看咱们的德国文化会是什么样子。"②更重要的是,小邦分立遏制了一个强大的民族国家的形成,有助于克服民族主义和弘扬具有人道精神的世界主义。歌德在《赠词》(1797年)中写道:"德国人,你们希望形成一个民族,但徒劳无功;/你们应该,你们能够更自由地把自己培养成纯粹的人!"③

## 二 执政观与政治伦理学

歌德的执政观经历了一个变化过程。在韦茨拉尔和法兰克福时期(1772—1775),由于受到帝国法律文献和君主主权论的影响,他认为执政(regieren)就是"统治"(herrschen)或行使统治权。历史剧《葛兹·封·贝利欣根》(1773年)中的主人公葛兹拥

---

① Johann Wolfgang von Goethe, *Werke in acht Bänden*, Wiesbaden: Emil Vollmer Verlag, 1965, Bd. 7, S. 162.
② 艾克曼:《歌德谈话录》,杨武能译,第198页。
③ Johann Wolfgang von Goethe, *Goethes Werke*, Bd. 1, S. 212.

护皇权,他认为皇帝拥有"最高统治权"(Oberherrschaft),皇帝是等级秩序、私人财产和个人自由的保护者,是抵御外敌的领袖。①

1776年6月11日,歌德被任命为魏玛公国枢密院参议,开始参与国政,后来他又担任了其他要职。随着政治实践的拓展,他的执政观发生了变化。1777年10月8日,歌德在日记中写道:"治理国家!"②治国指的是他在公国的内政和外交领域的管理工作,也就是他在致施泰因夫人的信中所说的"行政管理"或"管理国家"③。这种执政观接近于康德的立宪国家(Verfassungsstaat)观。康德在阐述君主立宪制的三权分立学说时赋予"政府"以执行权,他认为政府的主要任务就是"国家管理"。④

歌德认为执政就是"管理国家",而管理国家靠的是德治和法治。索勒(F. Soret, 1795—1865)将歌德的这种执政方式称作善政:"不使用暴力手段而达到善的目的。"⑤歌德鼓吹精英政治,他认为统治阶层应该是具有人道精神的知识精英(treffliche Geister),因为知识精英具有智力上和道德上的优越性,"智慧"和"自律"乃是精英执政的合法性来源。⑥1829年2月12日,歌德对艾克曼说道:"伟大和智慧总是站在少数一边。曾经有一些大臣同时遭到民众和国君的反对,却孤独地实现了自己的伟大抱负。永远别想普及理性。各种激情和情感可以大众化,可理性永

---

① Johann Wolfgang von Goethe, *Goethes Werke*, Hamburg: Christian Wegner Verlag, 1965, Bd. 4, S. 142 – 143.
② Bernd Witte u. a. (Hg.), *Goethe Handbuch*, Stuttgart: Verlag J. B. Metzler, 2004, Bd. 4, S. 888.
③ Johann Wolfgang von Goethe, *Goethes Briefe*, Bd. 1, S. 406.
④ 康德:《康德著作全集》(第6卷),李秋零主编,中国人民大学出版社,2007年,第327页。
⑤ Johann Peter Eckermann, *Gespräche mit Goethe*, S. 636.
⑥ Johann Wolfgang von Goethe, *Goethes Werke*, Bd. 12, S. 485.

远只属于少数精英。"①

歌德认为,民众缺乏自制力,而且智力低下:"群众和大多数人的想法总是荒唐的和错误的。"②尽管如此,统治阶层的执政必须得到被统治者的认可和同意。历史剧《埃格蒙特》(1787年)的政治意义在于对民意的强调。埃格蒙特认为统治者执政的合法性基于被统治者的同意:"每位公民都希望保留旧的宪法,都希望由他的同胞来治理国家,因为他了解本族领袖们的领导作风,因为他可以要求他们大公无私并关心他的命运。"③由于人民认可的是由尼德兰人治理尼德兰,因此西班牙的异族统治不具有合法性。

在政体上,歌德主张实行开明的、负责任的君主专制:"专制主义可以促进每个人的独裁,它从上至下要求个人担当责任,从而产生最高度的行动。"④他认为专制君主能像家长一样保护子民的财产和人身安全,使子民"免遭内乱和外患的侵害"⑤。在1825年4月27日与艾克曼的谈话中,歌德指出明君的执政就是为国为民效劳:"今年秋天,我们要庆祝大公爵执政五十周年。可我仔细想想,他的所谓执政,除了坚持不懈地为国效劳,还有什么啊?完全是为实现伟大的目标效劳,为人民的幸福效劳!"⑥这段对大公爵的赞词有些夸张,歌德所说的"为人民的幸福效劳"(Dienen zum Wohl seines Volkes)也就是"为人民服务"。

由君主授权的专家政府在内政上的主要责任在于促进"公益"和保障国民的个人福利,并"适时进行改良以满足民众的愿

---

① 艾克曼:《歌德谈话录》,杨武能译,第208页。
② Kanzler von Müller, *Unterhaltungen mit Goethe*, Weimar: Hermann Bohlaus Nachfolger, 1956, S. 175.
③ Johann Wolfgang von Goethe, *Goethes Werke*, Bd. 4, S. 430.
④ Ibid., Bd. 12, S. 378 – 379.
⑤ Ibid., S. 378.
⑥ 艾克曼:《歌德谈话录》,杨武能译,第88页。

望",从而防止"革命"。1815年德意志大学生协会发起了宪政运动和德国统一运动,这种政治自由主义浪潮在30年代达到了高峰。为了应对时世的变化,歌德于1815年12月提出了"内阁政府"(Ministerregierung,即"部长政府")概念,主张内阁大臣负责制。他在和里默尔(Friedrich W. Riemer,1774—1845)的谈话中说得更具体:"最好的政府是内阁政府。每位内阁大臣都必须拿出最佳成绩,否则他就会被拉下马。内阁负责制集理智、洞察力和善良意志于一体。"①1815年4月,魏玛公国晋升为大公国。1816年初,魏玛大公国颁布了君主立宪宪法,并将枢密院改造成内阁。

魏玛大公国的宪政确立了三权分立体制的框架,赋予等级代表大会(Ständeversammlung)预算审批权和立法权。尽管歌德反对新闻出版自由,他还是承认了政体演变和宪法渐变的必要性:"随着时间的流逝,所有政体都会暴露出其缺陷。"②歌德认可了魏玛公国从君主专制向君主立宪政体的和平演变,但他依然反对广泛的民主:"因为人多,不同的意见也多。"

歌德的政治学乃是以德政(moralische Politik)为主体的政治伦理学。他在《诗与真》的续写提纲中写道:"主要发现:万事万物最终都可归结为伦理。"③这条格言是其政治活动的指南。他的政治伦理学建立在人道主义和民本思想的基础上。和我国儒家一样,歌德认为民惟邦本,本固邦宁。1824年1月4日,歌德对艾克曼道出了他的政治自白:"民众是可以统治的,但却不可以

---

① Freiherr von Biedermann (Hg.), *Goethes Gespräche*, Leipzig: Biedermann, 1896, Bd. 3.2, S.60.
② Ibid., S.252.
③ Peter Boerner, *Goethe*, Reinbek: Rowohl Taschenbuch Verlag, 1964, S.57.

压迫。"①他要求统治者勤政爱民,通过改革和教育来提高人民的物质生活水平与道德文化修养,从而稳固国之根本。作为贤明的政治家,歌德始终怀有对劳苦大众的爱。1777年12月4日,他在致施泰因夫人的信中写道:"我对被称为下等阶层但在上帝面前无疑却是最高尚的阶层的人,再次怀有深切的爱。这里毕竟汇集了一切美德:简单、知足、正直、忠诚,对过得去的一点财富感到的喜悦、善良和容忍。"②

歌德的政治伦理学还直接源于其"舍弃"(Entsagung)的人生观。一个人生活在现实中就会受到现实的种种限制,因此,个人必须节制自己的欲望并放弃一些主观要求以适应现实。③"舍弃"是歌德的生活准则,它在政治上要求执政者抵制权力带来的各种诱惑,舍弃各种特权,放弃以权谋私,为公共福利效力。1780年3月15日,歌德在日记中写道:"只有完全克己奉公的人,才能够也应该进行统治。"④他认为政治家不应该以权谋私,而应该为国民的福利和国家的兴旺效力,通过为国家服务的"善举"赢得当世和后世的承认,从而青史留名。1783年9月3日,歌德写了《伊尔梅瑙》一诗献给卡尔·奥古斯特公爵,歌颂这位勤政爱民的明君,而明君的优秀品质就是义务、自制和放弃:"哦,公侯,但愿你的国家/能成为当代的榜样。/你早已了解了你的阶层的义务/并逐渐限制灵魂的放荡。/为自己和一己之志而活的冷酷者,/可以满足自己的某些欲求;而正确领导他人的君主,/必须放弃许多享受。"⑤

---

① 艾克曼:《歌德谈话录》,杨武能译,第34页。
② Johann Wolfgang von Goethe, *Goethes Briefe*, Bd. 1, S. 242.
③ 范大灿:《德国文学史》(第2卷),译林出版社,2006年,第430页。
④ Bernd Witte u. a. (Hg.), *Goethe Handbuch*, Bd. 4, S. 867.
⑤ Johann Wolfgang von Goethe, *Goethes Werke*, Bd. 1, S. 112.

歌德推行德政的目的在于提高人民的物质生活水平和道德文化修养,维护国家的安定和秩序。为了利民和富民,他推行了增加就业和提高国民收入的"伦理经济"(sittliche Ökonomie)。①1782年6月,他就任财政总监,努力节省政府和宫廷的开支,进行裁军和削减军费,改革税制,为国民提供社会保险,其利民的"道德政治"②迥异于增加国库收入的强权政治。他推行以"公共利益"和"公平价格"为导向的经济政策③,对牟取暴利的奸商进行制裁,抑制贵族对农民的盘剥,以保障百姓的生计。

## 三 改良与革命

出于对暴力革命的恐惧,歌德主张社会改良。他所使用的"改良"(Reform,即"改革")一词具有双重含义。"改良"首先具有宗教信仰和教派上的含义,它指的是16世纪马丁·路德等人对基督教的革新。1824年1月4日,歌德在和艾克曼的谈话中赞扬了路德发起的宗教改革运动:"上帝显然曾与耶稣基督及其最初的门徒同在,因为宣示一种新的博爱教义正是各族民众的需要;上帝也显然与马丁·路德同在,因为清除那种让教士阶层歪曲了的教义,同样是各族民众的需要。"④宗教改革同时具有政治上的意义,它导致了神圣罗马帝国宪法和政治体制的革新。

"改良"在国家法和政治上的含义于18世纪晚期逐渐得以确立。在魏玛的头十年,歌德在公国的内政和外交上推行改革政

---

① Georg Schmidt, "Goethe: politisches Denken und regional orientierte Praxis im alten Reich", in: *Goethe - Jahrbuch* 112, Weimar: Böhlau Verlag, 1995, S. 202.
② Johann Wolfgang von Goethe, *Goethes Briefe*, Bd. 1, S. 228.
③ Georg Schmidt, "Goethe: politisches Denken und regional orientierte Praxis im alten Reich", in: *Goethe - Jahrbuch* 112, S. 202.
④ 艾克曼:《歌德谈话录》,杨武能译,第35页。

策,其公文、日记和书信都能证明他的改革意图。1779年歌德担任了道路建设委员会的领导,开始考察公国的道路状况。1780年5月5日,他在致施泰因夫人的信中抱怨从魏玛至埃尔福特"差劲的道路",决定"改善"(bessern)公国的基础设施。[1] 1783年4月21日,他在致克内贝尔的信中提到了他主持的财政改革:按照开源节流的"基本原则"改善公国的财政经济状况。[2] "改良"在政治家歌德的眼中专指社会改革,即改变和"改善"国家的政治经济状况,同时又不与政治传统决裂。改良就是消除现存制度"坏的、不公正的与不完善的方面",同时保留其"好的方面"。[3]

由于民众固守旧的习惯,因此需要对他们进行启蒙教育。1784年11月26日,歌德在致公爵的信中提出了他的启蒙主义改革方案:"我们必须排除障碍,阐明概念,举出例子,竭力使所有参加者感兴趣,这肯定比下命令更麻烦,而在这个重要的事业中达到目的的唯一方式不是想改变,而是实行改变。"[4]这是一种自上而下的改革,执政者决定国家的大政方针,向人民解释除旧布新的改革会给他们带来何种好处,人民则没有决定权,只需要理解和认可执政者的善良意志和改革成就就行了。这种开明专制主义的改革是歌德精英政治观的表现,其不民主的做法遭到了费希特等人的反对。

歌德等魏玛知识精英所推行的社会改革的目的在于增进民众的个人福利和公共利益,提高国民的道德和文化水准,促进社会和谐与稳定,防止平民暴动和人民革命。但由于民众的因循守旧和贵族的阻挠,改革失败了。歌德决定"脱离政治上的派系斗

---

[1] Johann Wolfgang von Goethe, *Goethes Briefe*, Bd. 1, S. 229.
[2] Ibid., S. 719.
[3] Johann Peter Eckermann, *Gespräche mit Goethe*, S. 472.
[4] Johann Wolfgang von Goethe, *Goethes Briefe*, Bd. 1, S. 461.

争",把他的智慧转向"科学与艺术"。①

　　法国大革命(1789—1799)的爆发重新引起了歌德对政治的关注。作为一位保守的改良主义者,他坚决反对革命。他认为法国大革命摧毁了旧的等级制度,清除了第一等级和第二等级,造成了第三等级的内斗,引发了革命法国与欧洲列强的争霸,"抑制了宁静的教育"。②他在第二十二首《威尼斯铭辞》(1795年)中写道:"大人物毁灭了:但谁来保护群众/免遭群众的攻击?因为群众是群众的暴君。"③在德国自由化运动的高潮期,他还在批判革命的破坏性和不人道:"任何革命都免不了过激。一开始,政治革命通常要的只是消除各种弊端,可是转眼之间革命者就深陷在流血和恐怖的泥潭中。"④

　　歌德以地震、火山爆发和洪水肆虐等自然灾害来比喻政治革命。与破坏性的革命相反,及时的改良则是保护性和建设性的,它能够保持现存制度许多"好的方面",纠正"坏的、不公正的与不完善的方面",从而推动社会"逐渐地演进"(allmähliche Entwicklung)。

　　歌德的改良主义政治观植根于其渐进的自然观。他认为大自然是由简单到复杂缓慢地向前发展的。他在《论形态学》(1817年)一文中写道:"自开天辟地以来,存在者是逐步演变的(sukzessive Entwicklung)。"⑤他认为"生命最初在水里产生,随后从原始形式里逐渐演变"。关于人类的诞生,他认为人来自大自然和生命的缓慢进化:"经过千千万万次的变形,到变成人还需

---

① Johann Wolfgang von Goethe, *Goethes Briefe*, Bd. 1, S. 229, 719, 461, 397.
② Ibid., S. 211.
③ Ibid., S. 180.
④ Johann Peter Eckermann, *Gespräche mit Goethe*, S. 472; S. 625.
⑤ Johann Wolfgang von Goethe, *Goethes Werke*, Hamburg: Christian Wegner Verlag, 1962, Bd. 13, S. 59.

相当时间。"①

歌德是生物"形态学"(Morphologie)的创始人。形态学是研究生物体外部形态、内部结构及其变化的科学。歌德写道:"形态是运动的、变易的、走向消亡的。形态学就是变化学。形变论是打开大自然秘府的钥匙。"②"形变"(Metamorphose)是歌德形态学的核心概念。他认为生物的形态变化是缓慢而持续的。在《植物的形变》(1790年)一文中,他阐明了植物的"渐进形变"。"渐进形变"即"逐步形变"(sukzessive Metamorphose),它指的是生物体依次出现不同的生命形态,例如,从种子植物的子叶中生出茎秆,从茎秆上生出枝条和叶子,由叶子变态为花,花经过授粉变成果实。③ 在1825年4月27日与艾克曼的谈话中,歌德以玫瑰开花的比喻来说明大自然的渐进和人类社会的逐步演进。大自然从不跃进,而人是自然之子,人类社会的发展也应该是渐进的,因此他主张"逐渐的改良"。

歌德的"革命"概念指的是现存事物的"彻底变革"(Umwälzung),在自然研究中它指的是大自然中灾难性的剧变。与主张自然听命于上帝意志的神学目的论不同,歌德持一种带有力本论色彩的自然主义(Naturalismus)世界观,他主张从自然本身和"根据永恒的、铁的、伟大的自然规律"来解释自然和一切自然现象。④ "极性和升华"造成了大自然的动态变化,这种变化表现为一种持续而缓慢的"上升"过程。⑤ 大自然持续的上升过程偶尔会被具有"破坏力"的"自然灾害"所打断。大自然的剧变主要表

---

① 歌德:《浮士德》,杨武能译,广西师范大学出版社,2003年,第389页。
② Johann Wolfgang von Goethe, *Goethes Werke*, Bd. 13, S. 573.
③ Ibid., S. 64 – 65.
④ Ibid., Bd. 1, S. 148.
⑤ Ibid., Bd. 13, S. 48.

现为地质灾难,例如洪水、地震和火山爆发。歌德认为地质灾难是偶发的、无意义的,地表形态是缓慢而持续地形成的:地表"宁静地执行内部规律",即地壳的岩层都是在原始海水中"结晶而成"。①他支持维尔纳和缓的"水成论",反对布赫(Leopold von Buch, 1774—1853)暴烈的"火成论",反对居维叶"地球发展的灾变论"。②

在社会政治领域,歌德的"革命"概念是一个贬义词,它指的是造成混乱状态的、破坏性的政治"变革",是对现存制度的"暴力颠覆"③。尽管他承认社会变化的必要性,但他认为改变社会不能采取革命的方式,因为革命的破坏性远远大于其创造性。革命的破坏性表现在它对现存制度不加区分的全盘否定:革命者"要用火与剑迅速清除不可避免的弊端",但他们不是"通过聪明的改良来逐渐消除社会弊端",而是"采用暴力手段在革除时弊的同时摧毁了制度诸多好的方面"。④

歌德认为革命是由统治者对民众的残酷压迫与剥削引起的:"任何一场大革命的责任都不在民众,而在政府。"但他厌恶革命的"恐怖暴行",他认为革命并非历史前进的动力,而是暴民"为所欲为"(Willkür)的暴力行动和暴力颠覆,其中蕴藏着巨大的破坏力,它几乎带不来什么积极后果,或者"其良好的结果在当时还无法看出来"。革命就是烧杀抢掠,胡作非为,革命所建立的乃是群众奴役个人以及群众斗群众的暴政(Tyrannei)。歌德在《威尼斯铭辞》中极力诋毁革命:"我总是厌恶所有的自由使徒,/人人

---

① Johann Wolfgang von Goethe, *Goethes Werke*, Bd. 13, S. 270.
② Johann Wolfgang von Goethe, *Goethes Werke*, Weimar: Böhlau Verlag, 1919, Abt. IV, Bd. 41, S. 168f.
③ Johann Peter Eckermann, *Gespräche mit Goethe*, S. 496.
④ Ibid., S. 615.

为所欲为,最终只想满足私欲。"①

歌德认为暴民的革命造成了"一切现存事物的骤变"②,打断了社会的持续演进,革命的跃进不符合"自然规律"与社会规律。与彻底摧毁传统制度的暴力革命不同,知识精英所推行的"适时改良"既消除了现存制度的弊端,满足了"民众的愿望",又保留了现存制度久经考验的"许多好的方面"。③

歌德的改良主义和精英政治观与柏克(Edmund Burke, 1729—1797)的政治保守主义不谋而合。柏克认为政治家的艺术就是以改革的方式来维护传统,并使习惯做法适应新的形势。如果革命者按照冒险或空想的计划去创建新制度的话,那么他们就会毁掉在数个世代中为人们所习惯且运行良好的旧制度。④

歌德坚信社会进步只能通过"逐渐的改良"和人性的逐渐完善来完成:"只有使人性变得完美,现实才可能完美。"⑤而人性的完善靠的是知识精英对民众进行"道德教育和审美教育"⑥。通过教育和发展科学与艺术,歌德要把魏玛建设成一座吸纳世界文化的国际性文化名城,利用魏玛公国"科学与艺术之友"的影响力来塑造文化民族和传播世界主义思想:"总有一天德国人会接受神圣的使命,成为所有世界公民的代表。"⑦

歌德的人道主义和世界主义理想使他缺乏现实政治(Realpolitik)的考量,他的以"德政"为核心的政治伦理学在普奥二强争雄和欧洲列强争霸的时代是不合时宜的,他的开明君主专

---

① Johann Wolfgang von Goethe, *Goethes Werke*, Bd. 1, S. 179.
② Ibid., Bd. 10, S. 439.
③ 艾克曼:《歌德谈话录》,杨武能译,第35、41页。
④ 萨拜因:《政治学说史》(下卷),邓正来译,上海人民出版社,2010年,第306页。
⑤ 艾克曼:《歌德谈话录》,杨武能译,第35、41页。
⑥ Johann Wolfgang von Goethe, *Goethes Werke*, Bd. 12, S. 505.
⑦ Johann Wolfgang von Goethe, *Goethes Werke*, Abt. IV, Bd. 33, S. 67.

制主张在政治自由主义勃兴的时代也是不合时宜的,他的小邦分立主义思想在 19 世纪上半叶的德国统一运动中同样是不合时宜的。而他关于国家联盟、世界主义、和平主义、兼顾公共利益与个人福利、保护私有财产和建立社会保险的思想则体现了政治人歌德的超前意识,当代欧盟就是歌德的邦联思想以及霍夫曼斯塔尔和阿登纳等人的欧洲统一思想的产儿。

# 由病与恶所成就的乱伦诗学

——保尔·策兰诗文《癫痫-巨恶》之诠释

吴建广

(同济大学 外国语学院)

"你神圣我的阳具",保尔·策兰的极端情色诗句让所有研究者瞠目结舌:或是避而不谈、视而不见;或是抖机灵、玩聪明,用方法论技巧避重就轻;或顾左右而言他。可见,策兰诗学中的乱伦主题及情色母题一直是策兰研究中讳莫如深的、避之唯恐不及的论题,尽管策兰诗学中充满了乱伦与情色的图像;策兰诗学的讷言甚至哑言一律被解释成大屠杀的残酷性使语言失去言说的能力,对此,我们在多篇文章中已有反驳性论证与说明。对策兰诗学的情色母题与乱伦主题的讳言根源于西方的政治正确-意识形态,德语国家唯恐因此会对犹太受害者形象有所损伤,然而,这样的政治正确性损害了诗学的真实性。

策兰研究者伯格哈特·达梅劳在阐释策兰的情色主题时着实花费了一番心思做解释,尽管这些情色内容明明白白地呈现在诗中。对于言说策兰是爱洛斯诗人他还是有所顾忌的:"强调策兰诗中的性爱是否就是猥琐淫秽,甚至符合某种反闪米特主义的陈词滥调,说犹太人本身就是色情狂?……这里的爱情以及属于爱情的一切都属于一个沉没的时代。"①"此外,非性欲化则陷入了另一个窠臼:受害者不得享有乐趣,否则就不成其为受害者"②,"他的抒情诗将爱洛斯精神化"③。与其说是精神化,不如说是诗学化,因为一切均发生在诗学之中,在诗学结构中明晰彰显。策兰研究者约阿兴姆·森在对博伊德专著《策兰诗学中的情色》的书评中也承认,策兰诗学中的情色母题因"胆怯"而没有得到充分研究;④与其说是胆怯,不如说是恐惧。对情色母题的研究都如此讳莫如深,更何况母子乱伦主题。无论是情色母题还是乱伦主题均有损于政治正确-意识形态树立的高大完美的受害者形象。事实是,在某些研究者意识中存在这样一种恐惧:今日世界鲜有学者能有胆识承受一顶"反闪米特主义者"的帽子,即便他们到处宣扬"学术自由"。由于政治正确-意识形态的阻碍,策兰诗学中的情色母题和乱伦主题也就一直没有得到必要的研究。

诗人策兰的《癫痫-巨恶》(Haut Mal)便是一首乱伦与情色的诗文,该诗写成于1967年5月27日。当日,诗人写了两首诗,第一首是《沉默撞击》(Der Schweigestoss. GW 2:219),第二首诗便是《癫痫-巨恶》(TCA FS 205, 207; KG 788)。⑤ 诗成之时,恰是

---

① Burghard Damerau, "'Ich stand in dir'. Bemerkungen der Erotik bei Paul Celan", in: Burghard Damerau: *Gegen den Strich. Aufsätze zur Literatur*. Würzburg: Königshausen & Neumann, 2000, S. 54–66. Hier S. 54.
② Ibid. Hier S. 55.
③ Ibid. Hier S. 57.
④ Joachim Seng, "Zuckungen und Andeutungen durchs Unerträgliche—Timothy Boyd sucht nach Erotik in der Dichtung Paul Celans", in: *literaturkritik. de*. Nr. 9, September 2006, Rezesionsforum.
⑤ Siehe Paul Celan, *Fadensonnen*, in: *Werke*, Tübinger Ausgabe (TCA), 9 Bände, Hrsg. von Jürgen Wertheimer, besrbeitet von Heino Schmull, Markus Heilmann und Christiane Wittkop, Frankfurt am Main: Suhrkamp, 2000. 文中简称 TCA FS; Paul Celan, *Die Gedichte, Kommentierte Gesamtausgabe*, Hrsg. und kommentiert von Barbara Wiedemann, Frankfurt am Main: Suhrkamp, 2005, 文中简称 KG。

诗人因精神病在精神病医院接受住院治疗之时，治疗时间为1967年2月13日至10月17日①，这在诗学结构及含义方向留下烙印。我们试图在文本细读的基础上进行主题、母题及诗学结构的分析与解释，以论证我们设定的命题。

## 一　主题、母题与结构

与策兰的诸多诗文一样，对这首诗的主题的确认同样存在一定的难度，尤其是诗人精神病发作住院期间产生的诗文更是狂放而无忌惮。这是一首爱情诗？或是犹太教的舍西纳（Schechina，即神的当下显现）？或是对诗学的反思？甚或是一首乱伦性诗？现录中译文与德语原文如下：

| | |
|---|---|
| **癫痫-巨恶** | **Haut mal** |
| 不被赎罪的、 | Unentsühnte, |
| 嗜睡的、 | Schlafsüchtige, |
| 被诸神玷污的女人： | von den Göttern Befleckte: |
| | |
| 你的舌头呈炭灰状， | deine Zunge ist rußig, |
| 你的尿液是黑的， | dein Harn schwarz, |
| 水烂是你的粪便， | wassergallig dein Stuhl, |
| | |
| 你说的， | du führst, |
| 像我一样， | wie ich, |
| 都是些放荡不羁的话， | unzüchtige Reden, |

---

① 关于保尔·策兰住院治疗的具体时间，参阅 Paul Celan, *Die Gedichte. Kommentierte Gesamtausgabe*, S. 767。

| 你把一只脚放在另一只前面， | du setzt einen Fuss vor den andern, |
| 把一只手搁在另一只上面， | legst eine Hand auf die andre, |
| 偎依进山羊皮里， | schmiegst dich in Ziegenfell, |
| | |
| 你神圣 | du beheiligst |
| 我的阳具。 | mein Glied. |
| | (GW 2: 220)① |

  从句法的角度看，诗中至少有五个句子，然而，五个诗节的十四诗行中，除了第一诗节以冒号结束，其余均为逗号，直到全诗结束才画上句号，这在诗学结构上形成了一个整体。在这一诗学整体中，女性之"你"成为主角：第一和第二诗节是对女性之"你"状态的描绘；第三至第五诗节中，均是女性之"你"作为主语发出的行为。诗文中，"被诸神玷污"的女性之"你"、她的"放荡不羁的话"、"手"与"脚"并用的肢体语言以及女性之"你"对抒情之"我"的"阳具"的"神圣化"均明显露出这是一首以男女性爱为主题的诗文。然而，这并非是一首通常意义上的性爱诗，也没有描绘男欢女爱的场景，更多的是对性爱之丑陋的诗学感知（die dichterische Ästhetik des Häßlichen）。诗中出现了在策兰诗学研究中遇见的巨大疑问：女性之"你"究竟是谁？这个疑点将在对诗文的具体诠释中揭晓。就诗文叙述而言，这个女性之"你"之所以如此丑陋不堪，如此荒淫放荡，如此肆无忌惮，皆是"被诸神玷污"的结果。这样的诗学语言与传统美丽、温柔而忧伤的爱情诗不可同日而语，它恰是存在于美的彼岸。诗中的男女性爱包含

---

① 最后两行英语译为"consecrate / my virile member"，参见 Rochelle Tobias, *The Discurse of Nature in the Poetry of Paul Celan: The Unnatural World*, Baltimore: Johns Hopkins University Press, 2006, p. 96。

了巨大程度的痛苦与愤懑，抑或是抒情之"我"的愿望没能达到满足之后的尽情尽兴的狂怒发泄，以至于抒情之"我"以一种粗俗、恶毒和暴力的语言来显示其情绪状态，并将这种愤怒移位到女性之"你"的身上。

　　如此强烈病态和变态的诗学主题也充分体现在本诗的标题上。由于标题本身的多义性，我们试图在翻译时也将两种基本含义表现出来，将标题"Haut Mal"译为"癫痫-巨恶"。因为"Haut"在法语中表示"高度的、强烈的、极端的"；"Mal"则意为"恶、邪恶、痛苦"等。波德莱尔的诗集《恶之花》(Les Fleurs du Mal)题目中的法语词"恶"就是"Mal"；两个单词合在一起，如诗题"Haut Mal"，就有"癫痫"的意思（见 KG 788）。癫痫是一种突发性疾病，其症状为强烈的抽搐、晕厥和失忆（见 CTA FS 207）。在古代以及现今的某些民族将癫痫视为某种与神性相关联的现象。在古希腊，癫痫被视为"神圣的疾病"[①]，被视为"神力附身"，至今史上仍然有人视之为"Morbus sacer"（神圣疾病）[②]。策兰收藏苏俄作家帕斯捷尔纳克的《诗选》的意大利语译本，书中夹有 1958 年《论证》(Preuves)杂志的一页译文，文中意大利语译者帕斯卡尔(Pierre Pascal)就将帕斯捷尔纳克的诗集《高度的疾病》(Высокая болезнь)译为"Haut Mal"。在这部诗集中，帕斯捷尔纳克陈述了他告别诗歌的缘由，并称诗学为"高度的疾病"（KG 788）。仅就诗文标题可以发现策兰诗学不仅与法兰西现代诗派有关联，与俄罗斯诗学同样有着千丝万缕的亲缘关联。诗题中的另一层含义也不容

---

[①] Evert Dirk Baumann, "Die Heilige Krankheit", in: *Janus* 29, 1925, S. 7–32, zitiert nach http://de.wikipedia.org/wiki/Epilepsie#cite_note-11, 2015-01-22.

[②] L. Jilek-Aall, *Morbus sacer in Africa: some religious aspects of epilepsy in traditional cultures*, Epilepsia 40, 1999, 382–386. Zitiert nach http://de.wikipedia.org/wiki/Epilepsie#cite_note-11, 2015-01-22.

忽略，那就是"高强度""巨大"的"恶"（Mal）。这个恶或者恶毒究竟来自何处？从诗学文本的表述中，我们感受到的就是在疯癫中发泄出来的巨恶。抒情之"我"何以对女性之"你"发出如此的狂躁、恶毒和愤懑呢？这首先与抒情之"我"的病态有关，这就是癫痫。只有在如此的疯癫中，抒情之"我"才能让内在的感受与情绪表露于文字；由挚爱经不满、愤怒到最后的粗暴，均是爱情受到阻塞无法得以满足而变形、变态的诗学演绎过程。

　　诗文的运行结构可以从动词的分布状态得以观察。可以发现诗文结构在某种程度上显示出一种框型结构。在框型结构中，其基本状况是由静态到动态的攀升："sein"（第四行），"führen"（第七行），"setzen"（第十行），"legen"（第十一行）以及"schmiegen"（第十二行）。所谓框型结构是指诗文的第一诗节与最后诗节基本是一种静止状态：第一诗节完全是动词缺失；第五诗节，也就是最后诗节的动词"神圣"是一个抽象语词，没有任何动的形态，是对事体的总结性行为。在它们之间的三个诗节形成一种跃升的动态：第二诗节有两个判断句构成，使用的动词是"sein"，第二个判断句省略了动词；第三诗节的动词"führen"（进行）是个功能性动词，连接"Rede"（说话）；第四诗节出现三个动词"setzen"（搁）、"legen"（放）、"schmiegen"（偎），前两者是肢体"脚"和"手"的摆动，最后的"偎"则是整个身体的移动，是诗文中动感最强的动词。这一诗节中的三个诗行均有动词，每行就有一个，可以说是诗文动态的凝聚式表现。从动词的分布看，诗学在框型结构中，呈现出一个从平缓到动荡的上扬过程，透露出抒情之"我"内在波动逐渐增强的印迹。而最后一个动词"beheiligen"（神圣）则将诗文整体在内容和结构上回归到第一诗节的宗教含义上，尽管其"神圣"的对象已经发生了完全的变易，由"诸神"转变成"阳具"。

## 二 诗文诠释

现录策兰诗文《癫痫-巨恶》的第一诗节:

| | |
|---|---|
| 不被赎罪的、 | Unentsühnte, |
| 嗜睡的、 | Schlafsüchtige, |
| 被诸神玷污的女人: | von den Göttern Befleckte: |

诗文由三个名词即两个形容词名词和一个动词第二分词的名词构成,均为阴性。与下文结合起来理解,这个单数阴性名词便是一个女性。按照一般常理的理解,这三个名词都是对这位女性的否定性描述。对"entsühnen"的解释通常是"和解,纯洁"[1],就该词的构造而言,就是"通过赎罪从罪中解放出来"[2],而诗人加在动词前面的否定性前缀"un-"则消除了被赎罪、被涤净的可能性,大有不容赦免的意味。"嗜睡的"则指向另一个语义方向。在策兰诗文中"睡"常与性爱、死亡相提并论。"嗜"(Sucht)则是一种过分的贪欲、一种病态,即上瘾、嗜好、癖好而无法戒除。女性之"你""没有因其缺失而赎罪,她将自己抽离积极的生活而逃入睡眠('嗜睡的')"[3]。因此,这个女性之"你"便是策兰诗学中那个千呼万唤不复醒的永恒女性。策兰诗文的对话对象就是处

---

[1] *Deutsches Wörterbuch von Jacob und Wilhelm Grimm*, 16 Bde. in 33 Teilbänden. Leipzig: Hirzel, 1854 bis 1971, Bd. 3, S. 637.

[2] *Duden—Das große Wörterbuch der deutschen Sprache*, 6 Bde. Hrsg. u. bearb. vom Wissenschaftlichen Rat und den Mitarbeitern der Dudenredaktion unter Leitung von Günther Drosdowski. Bearb.: Rudolf Köster, Wolfgang Müller. Mannheim, Wien, Zürich: Bibliographisches Institut, 1976, Bd. 2, S. 710. Stichwort: entsühnen.

[3] Jean Firges, *Den Acheron durchquert ich. Einführung in die Lyrik Paul Celans*, Tübingen: Stauffenburg, 1999, S. 289f.

于哈德斯境域的母亲,是幻象、想象或变异的母性形象。诗人通常用文字来呼唤"你"的到来,对诗人而言,这就是真,就是等待那个企望的真。策兰在《你在那边的存在》一诗中如是说道:

| ……就在今夜。 | … heute Nacht. |
| 我有用语词将你唤来, | Mit Worten holt ich dich wieder, |
| 你在这里, | da bist du, |
| 一切均为真,就是等待 | alles ist wahr und ein Warten |
| 真。 | auf Wahres. |
| | (DEIN HINÜBERSEIN. GW 1:218) |

而诗人一直期待的母亲语词却因母亲哑言或沉默而一再失望。在病态的癫狂之中,诗人再也无法忍受这样的哑言。抑或语词失灵,沉睡的"你"没有如期而至,千呼万唤不醒转,引发抒情之"我"的癫狂之恶,从而亵渎诸神,皆因那场人性灾难由诸神缺席而造成。在犹太教和基督教世界,神有净化人心的功能,其本身就是纯洁的象征,只有神能告诉人,什么是纯洁,什么是污秽。如在基督教徒信仰的《圣经》中,上帝就告诉信众,男人的精液和女人的经血都是肮脏的液体,碰到这些东西就叫"不洁",必须清洗。什么叫"玷污",在《圣经·旧约·创世纪》第十五章中就有明确描述:"如果一个男人在睡眠中有精液泄出,就要用水洗净整个身体,直到晚上他都是不洁净的。所有的衣物和所有的皮毛,若是被精液玷污,就要用水洗净,直到晚上他都是不洁净的……如果一个女人有经血流出体外,就被视为七日不洁净,谁碰了这个女人,直到晚上他都是不洁净的。在月经期间,这个女人躺在上面或坐在下面的东西都是不洁净的……"[1]然而,策兰的诗文反其意而用之,将诸神

---

[1] *Bibel Das Alte Testament*, Genesis 15.

本身说成是污秽的本源,是他们玷污了那个女人。因而,第一和第三诗行"不被赎罪的/……/被诸神玷污的"具有强烈的渎神意味,将宗教中的至纯的象征说成是污秽的制造者;坚持说是诸神玷污了女性肉体,这是对诸神的责难,而不是费尔格斯所说的"她是被诸神驱逐的和剥夺名誉的('玷污')"[1],从全诗的爱洛斯主题来看,可以说是诸神奸污了这个女性,或使其遭受玷污。

诗中,女性之"你"却是被诸神侮辱与损害的女性,或是因为她被枪杀恰是诸神无所作为的结果,由此也可以看出,诗人策兰已经脱离了人间的悲悯怨恨,将诗学形而上至神学层面,更准确地说,是将神学语词转换到爱洛斯的意境中。第一诗节以冒号结束,这就意味着,以下四个诗节的情状与发生均缘于第一诗节,可以说是第一诗节的作用结果。第二诗节开始对这个女性之"你"的状态进行描述:

| 你的舌头呈炭灰状, | deine Zunge ist rußig, |
| 你的尿液是黑的, | dein Harn schwarz, |
| 水烂是你的粪便, | wassergallig dein Stuhl, |

单数第二人称物主代词即构成了抒情之"我"的言说对象,也就显性衔接到第一诗节中的那个不可赦免的、沉迷昏睡的、被神玷污的女性。三行诗呈现的只是女性三个形体官窍及其排泄物:口(舌)、前阴与后阴(或称溺窍与粕门,亦称谷道)。舌是人体的重要器官,可以感受味觉,辅助进食,能用来说话交流。其实舌头更是能将外在感受内在化,是"心之苗"。《黄帝内经·素问·阴阳应象大论》就说:"心主舌……在窍为舌",明朝马莳注

---

[1] Jean Firges, *Den Acheron durchquert ich. Einführung in die Lyrik Paul Celans*, S. 290.

释说:"舌为心之苗,故心主舌"①,实言舌为人的心理、生理之总和,好比冰山一尖得以集中显现。在策兰的《安静》一诗中,舌有表达言说情话的功能:

| | |
|---|---|
| 安静!我将刺植入你心, | Stille! Ich treibe den Dorn in dein Herz, |
| 因为玫瑰,玫瑰 | denn die Rose, die Rose |
| 与影子一起立于镜中! | steht mit den Schatten im Spiegel, |
| 她流血! | sie blutet! |
| ……这舌头曾经对我们呢喃着甜蜜…… | … die Zunge lallte uns Süße …. |
| (舌这么呢喃,依然还是这么呢喃。) | (So lallt sie, so lallt sie noch immer.) |
| | (GW 1:75) |

在策兰的其他诗文中,如《回忆保尔·艾吕雅》,舌头还有热情和渴望的含义:

| | |
|---|---|
| 将语词放进死者的坟茔里, | Lege dem Toten die Worte ins Grab, |
| 他曾经为了生存而说的语词, | die er sprach, um zu leben. |
| 将他的头安顿在语词之间, | Bette sein Haupt zwischen sie, |
| 让他感到 | laß ihn fühlen |
| 渴望之舌, | die Zungen der Sehnsucht, |
| 感到产钳…… | die Zangen. |
| | (IN MEMORIAM PAUL ELUARD. GW 1:130) |

---

① 马莳注证:《黄帝内经灵枢注证发微》(修订本),孙国中、方向红点校,学苑出版社,2011年,第55页。

在本文语境中舌头自然还有更多的暧昧含义或情色意味。诗文没有直接描写女性的前阴(阴道)与后阴(肛门),而是将两窍的排泄物作为对象:前者有排泄尿液和生殖功能;后阴则有粑之通道,乃排泄大便的器官。诗中所说的则是女性之"你"前后阴的排泄物。无论对舌还是前后阴的排泄物,诗人均以描述煤炭和矿象的煤矿专用语来描绘三者所呈现的状态:炭灰、黑色和水烂,读者必然会联想到这位女性五脏六腑的碳化状态。这个不可救赎、沉睡不醒且被神玷污的女性似乎来自遥远而陌生的地方,来自深远的矿井之下,似一块埋藏已久的煤块。如策兰的其他诗文一样,这里隐喻阴曹地府的黑暗、潮湿和泥泞。"水烂"(wassergallig)这一煤矿专用语在一般的德语词典中已经难以找到,组合词"水烂"中有"苦胆"(Galle)一词,让人联想到苦胆汁,爱欲的苦涩得以隐形体现。我们可以理解,诗中女性如此状态恰是诸神玷污的结果。一个被诸神凌辱得面目全非的、碳化了的女性之"你"出现在读者眼前。这个不成人样的女性还是希腊神话中奥尔弗斯(Orpheus)深爱的未婚妻欧丽迪克(Eurydike)的形象吗?策兰诗学中,这个女性之"你"全然变成了一个丑陋不堪的负面形象。

画面从静态突然切换成动态,颇有起死回生之意。第三诗节起,被神玷污的、沉睡的女人突然说起话来,诗中没有陈述说话的内容,却道出了说话的性质,即不受道德伦理约束的无忌话语:

| | |
|---|---|
| 你说的, | du führst, |
| 像我一样, | wie ich, |
| 都是些放荡不羁的话, | unzüchtige Reden, |

其实,诗中的被呼之"你"与抒情之"我"并没有发生对话,只是抒情之"我"进行了认同性比较,指出"你"说的话跟"我"的一

样,"你"说的话就像是"我"说的话,"我"也说这样的话。认同在策兰诗文中的"你""我"关系起着十分重要的作用,这种相同性、认同性就会结成一个共同体。然而,构建这个共同体也只是抒情之"我"的一厢情愿。在《语言栅栏》(Sprachgitter. GW 1: 167)一诗中,当"我"回忆与"你"在一起的往事时,"你"和"我"还存有某种爱情关系,"你"和"我"还在同一诗行中。而在策兰于20世纪50年代末写就的长篇诗文《声音》(Stimmen. GW 1: 147f.)的核心部位的第四部分中,"你的心"与"你母亲的心"却分别出现在两个诗行中,就已经隐喻了阴阳两隔的分离。现在,"你"与"我"隔开地出现在两个诗行中,更有甚者,"像我一样"的比较形式在句法上并不要用逗号隔开,而本诗中却如插入语一样用了逗号,更是割裂了"你""我"之间的紧密关系,尽管"我"有追求共同体的迫切性。从结构上与《声音》一诗发生了互文关联,由此也可以看出策兰诗文一以贯之的主题与形式特征。

策兰曾经断言在《语言栅栏》之后的诗文中会摒弃小品词"像……一样"(wie),1966年12月26日在与奥地利诗人胡佩特交谈时他说道:现在,"我已经把小品词'像……一样'从我的作坊里驱逐了出去……在那里(指《语言栅栏》)几乎是最后一次,我使用了'像……一样'"①。不到半年,1967年5月27日,这个小品词蓦然出现在《癫痫-巨恶》这首诗的中心部位。不过,这个小品词的出现并非如博伊德所言:"那里说的不是分离,而是'灵性'维度的私密媾和。"②博伊德显然没有从诗行结构中来理解诗学作品,把向往误解为现实,把可能误释为真实。恰恰相反,无论

---

① Hugo Huppert, "Spirituell. Ein Gespräch mit Paul Celan", in: *Paul Celan*. Hrsg. von Werner Hamacher, Winfried Menninghaus, Frankfurt am Main: Suhrkamp, 1988, S. 319.
② Timothy Boyd, *dunkler gespannt: Untersuchungen zur Erotik der Dichtung Paul Celans*, Heidelberg: Winter, 2006, S. 300.

欲念的渴望如何强烈,"我"依然清晰地知晓,在"我"与"你"之间延伸了一条不可逾越的生死界线。在诗学形式上表现为,"我"与"你"不仅没能在同一个诗行中,也没能存在于同一个连贯的句子里(用逗号隔离)。博伊德以为在《语言栅栏》中心诗节的括号显示了"对我与你的生存亲密的渴望没有满足"[1],而没有察觉到括号中动词时态的变化,指的是往昔的完满性(过去式),相对于今日的生死之隔(现在式)。

什么是放荡不羁的话语呢？原文形容词"unzüchtig"的词干由名词"Unzucht"派生而来,即"为满足性欲冲动而做出的违背风俗道德的性交行为"[2],违背自然的性交行为有淫乱、淫猥、猥亵的意思。博伊德指出本诗与特拉克尔的诗篇《神圣者》的互文关联[3],有助于对"放荡不羁"的理解。博伊德特别指出:"《癫痫-巨恶》一诗告诉我们,在其生命的那一刻,策兰重新给予《神圣者》以极为深刻的关注",由此否认了伯申斯坦关于"1943年后,我们找不到特拉克尔在策兰诗文中的明显印迹"[4]的说法。博伊德认为不仅在策兰早期诗文中,而且在其晚期诗作中也可以找到与特拉克尔诗学的亲缘印迹。现录特拉克尔诗文《神圣者》(Der Heilige)如下:

| 如果在自酿痛苦的地狱里 | Wenn in der Hölle selbstgeschaffener Leiden |

---

[1] Timothy Boyd, *dunkler gespannt: Untersuchungen zur Erotik der Dichtung Paul Celans*, S. 300.

[2] *Duden—Das große Wörterbuch der deutschen Sprache*, 6 Bde., Bd. 6, S. 2717. Stichwort: Unzucht.

[3] Timothy Boyd, *dunkler gespannt: Untersuchungen zur Erotik der Dichtung Paul Celans*, S. 328 und Fussnote 776.

[4] Ibid., S. 321ff.

| 残忍的-放荡不羁的图像压迫着他 | Grausam-unzüchtige Bilder ihn bedrängen |
| ——没有心会像他的那样被慵懒的淫荡 | —Kein Herz ward je von lasser Geilheit so |
| 所迷醉,也没有这么一颗心 | Berückt wie seins, und so von Gott gequält |
| 被上帝如此折磨——此时他高举憔悴的双手, | Kein Herz-hebt er die abgezehrten Hände, |
| 不被拯救的双手,朝向上天祈祷。 | Die unerlösten, betend auf zum Himmel. |
| 然而,只有受尽折磨-不得满足的快感铸就 | Doch formt nur qualvoll-ungestillte Lust |
| 他那性欲燃烧-紧张渴望的祈祷,祈祷之烈焰 | Sein brünstig-fieberndes Gebet, des Glut |
| 潮流般穿越神秘的无限性。 | Hinströmt durch mystische Unendlichkeiten. |
| 不像是狄奥尼索斯醉意醺醺的欢呼, | Und nicht so trunken tönt das Evoe |
| 就像是在死亡的、 | Des Dionys, als wenn in tödlicher, |
| 愤怒唾骂的心醉神迷的满足中 | Wutgeifernder Ekstase Erfüllung sich |
| 他那受尽折磨的呼喊迫不得已地迸发: | Erzwingt sein Qualschrei: |
| 请听我,哦,玛利亚! | Exaudi me, o Maria!① |

---

① Georg Trakl, "Der Heilige", in: *Dichtungen und Briefe*, Historisch-kritische Ausgabe, 2 Bände, Hrsg. von Walther Killy und Hans Szklenar, Salzburg: Otto Müller, 1969, 2. Ergänzte Auflage 1987, Bd. 1, S. 254.

## 德语诗学与文化研究

仅以互文性视角来关注特拉克尔的这首《神圣者》的诗,我们就可以发现这里有诸多相似之处和似曾相识之处,显示出多处的互文关联:策兰诗中"不被赎罪的"(第一行)与特拉克尔的"不被拯救的"(第六行);策兰的"放荡不羁的话语"(第九行)与特拉克尔的"放荡不羁的图像"(第二行)以及"慵懒的淫荡"(第三行),都透露了这种形态的爱洛斯是对宗教道德的破坏;诗的标题《神圣者》与策兰《癫痫-巨恶》中的"神圣"(第十三行),均将乱伦的爱洛斯与神圣相关联,尤其是在策兰诗中,亵渎神灵,唾弃神性,并将爱洛斯本身视为神圣。互文性还不在于语词之间的相同性与相近性,而在于整体情绪的一致性与姿态陈述的对立性。所谓精神一致性表现在两位诗人同受乱伦之罪恶的折磨,特拉克尔是对其乱伦性欲的超敏感写照,策兰则是对死亡母亲无与伦比的乱伦之爱以及对其的思念之痛。对立性的姿态描述则表现在特拉克尔不愿放弃"迷醉的""淫荡的"乱伦满足,同时还祈求上帝的宽恕;而策兰则因"癫痫"而"巨恶",彻底拒绝诸神的救赎,甚至恶语亵渎诸神,并将女性之"你"同样置于不可救赎的位置上,还将其神圣的对象置换为自己的阳具。不得不说的是,策兰诗学存在于一个巨大的政治-历史语境中,其母亲就死于德意志人之手。因此,诗人策兰的难言之痛与这政治-历史有着密切的联系,私密的乱伦关系与公开的历史情节难分难解地纠缠在一起,不能因为后者而避讳前者。特拉克尔在《血罪》(即指血亲乱伦的罪过)一诗中祈求玛利亚的宽恕:

我们祈祷:宽恕我们吧,玛利亚,以你的仁慈![1]

---

[1] Georg Trakl, "Der Heilige", in: *Dichtungen und Briefe*, Historisch-kritische Ausgabe, 2 Bände, Bd. 1, S. 249.

而策兰诗文体现的是禁忌的情欲因无法言说（哑言）而痛苦不堪，更有甚者，策兰的爱洛斯形象遭受到诸神的玷污和杀戮，与他生死相隔，因而策兰诗中更多地爆发对诸神的怨怼，而不是对诸神的祈求，并坚持在诗文中将爱洛斯的渴望进行到底，让它在梦幻臆想的诗学中显得真实。

第三诗节可以理解为女性之"你"用淫荡的禁忌言语来引诱、诱惑抒情之"我"，激发"我"的性欲，第四诗节则完成了由言语向行为的转变，女性之"你"招展肢体继续引诱：

| 你把一只脚放在另一只前面， | du setzt einenFuß vor den andern, |
| 把一只手搁在另一只上面， | legst eineHand auf die andre, |
| 偎依进山羊皮里， | schmiegst dich in Ziegenfell, |

不过，博伊德自己在解释这一诗节的时候，偏离了其博士论文的爱洛斯主题，走向极端异化的抽象道路，将诗学阐释为"诗学艺术最高等级的反思"："无论是最后语词的矛盾性，其摆动在形上-语言学的与语义-象征的参照之间，还是第三诗节中抒情之'我'的自我写入，都将《癫痫-巨恶》这首诗标志为在最高等级层面上对诗学艺术的反思。"[①]首先，我们实在无法知晓博伊德是经过怎样的比较和论证得到这种类似"最高等级"的结论；其次，将一首明白无误的情色诗文强硬解释成对诗学艺术的反思，实在是"牛头不对马嘴"。对策兰的爱洛斯诗学，尤其是对《癫痫-巨恶》这首诗的异化阐释恰是德意志文学界一个建立在政治正确-意识形态之上的倾向性解释。早在 1980 年，梅宁豪斯就开启了策兰

---

[①] Timothy Boyd, *dunkler gespannt: Untersuchungen zur Erotik der Dichtung Paul Celans*, S. 266.

诗学阐释中的异化传统。关于策兰诗学中的情色或色情母题,梅宁豪斯就解释为"越加尖锐的形上诗学的自我反思"①。在这种曲解、误解上进行的文化制造不断趋向"政治正确",与策兰诗学渐行渐远。

菲尔格斯坦承第四诗节"绝对是谜一般"难解,"可有多种释义……女性之'你'把一只脚放在另一只前面,把一只手搁在另一只上面,并没有怎么令人不安,或许是指她淫荡的慵懒和无所事事"②。博伊德则用互文关联引证了施特凡·格奥尔格翻译的波德莱尔诗文《被诅咒的女人》同样开阔了对这两行难解诗句的解释空间。施特凡·格奥尔格将波德莱尔的《被诅咒的女人》译成德语。波德莱尔诗文的法语原文标题为"Femmes damnées",格奥尔格的德语译文是"Verdammte Frauen"③,《被诅咒的女人》一诗部分中译文与德文原文如下:

| 在河岸砾石滩下如牛一般冥想 | Wie rinder sinnend auf den uferkieseln |
| 就这样她们遥望远方的天边 | So blicken sie zum fernen himmelsrand |
| 在温柔的渴念和苦涩的颤栗中 | Mit sanftem sehnen and mit fieberrieseln |
| 脚与脚,手与手缠绕在一起。 | Verschlingt sich fuss mit fuss and hand mit hand. ④ |

---

① Winfried Menninghhaus, *Paul Celan – Magie der Form*, Frankfurt am Main: Suhrkamp, 1980, S. 203.
② Jean Firges, *Den Acheron durchquert ich. Einführung in die Lyrik Paul Celans*, S. 290.
③ Timothy Boyd, *dunkler gespannt: Untersuchungen zur Erotik der Dichtung Paul Celans*, S. 306f.
④ http://gutenberg.spiegel.de/buch/3278/96, 2015 – 01 – 22.

波德莱尔这首诗描写了"感觉的矛盾性,即罪恶的煎熬和不可把握的快乐之间的矛盾",表达"诗人之'我'与其被诅咒女性反思形象的特定关系";"在'被诅咒的女人'中,'我'描述了神秘女性形象的变形,他们的共性就是甜蜜的渴念与苦涩的颤栗缠绕一起。在这对立感觉状态的高度张力视角下,吸引抒情之'我'注意的手与脚相互接近"①。这种"甜蜜的渴念和苦涩的颤栗"恰是抒情之"我"面对其爱洛斯对象时当下的性冲动。这就给策兰诗文增添了更多的爱洛斯成分,然而并没有像波德莱尔那样构成"恶心与吸引之间的类似性张力,而形成明确的对立"②。策兰与波德莱尔不同,前者诗中的女性自始至终是一个阴性单数,多数情况下是第二人称,至少策兰诗学中的"你"并非如博伊德的所言的"缪斯"③,这种被抽象的缪斯在策兰诗学里并不存在,"你"是彼在世界的一个具体存在,即诗学的真实存在。

"偎依进山羊皮里"同样是一行令人费解的诗句。费尔格斯在欧洲文化史上对"山羊"的各种意义进行了较为详尽的罗列和解释:这句诗意味着一种"舒适感和安全感",同时这还表现出"回归母胎的愿望,以重新建立母与子之间胚胎式的合一"。费尔格斯历数了山羊在欧洲古代的各种含义:山羊具有医药和宗教方面的功效,山羊肉以及各个部分有各种治疗功能,对器官疼痛到癫痫病均有疗效;从宗教史来看,山羊还具备神的化身之功能;山羊象征着生育的神圣功能;相术家视山羊的眼睛及其咩咩叫声为色欲的标志;山羊还具备预测天气的能力,山羊星座就是雨水的星座,其皮毛就是云的象征,还能化云为雨。费尔格斯还

---

① Timothy Boyd, *dunkler gespannt: Untersuchungen zur Erotik der Dichtung Paul Celans*, S. 310.
② Ibid.
③ Ibid., S. 312.

由此认为,与山羊皮有关的雨水和潮湿也就与忧郁(Melancholie)发生关联①,"忧郁"是费尔格斯试图在策兰诗学中寻找的主导性主题。在宗教意义上,山羊,尤其是公山羊(der Bock)具有独特的意义。它常以神或怪物的面貌出现,还会将自己的形象赋予各种鬼神。在文化史上,最有持久功效的当属以公羊形态出现的酒神狄奥尼索斯,也是从这个公山羊形象中嬗变出古希腊悲剧。费尔格斯以为,策兰应该知晓山羊所具备的这些古代含义。读者在阅读这首诗的时候也应考虑到山羊意义的各种可能性。② 对这三个诗行,维尔姆斯有个简洁的解释,认为这三行分别表达了不同的三种需求:第一行"你把一只脚放在另一只前面"表示"对意识的需求",第二行"把一只手搁在另一只上面"是"对触摸的需求",第三行"偎依进山羊皮里"则是"对温暖的需求"。③

策兰诗中化解了波德莱尔诗中巴黎的妓女形象,由原来的复数变成现在的单数,原来的在一行中的"手"与"脚"被分解为两个诗行,留下的却也是被诅咒的那个女人,留下的是被折磨得已经没有人样的那个女人;她依然与抒情之"我"一样用放荡的语言挑起色情的气氛;这里"手舞足蹈"的表现形成一种环抱姿态。这一切都是在抒情之"我"面前的表演,或抒情之"我"所设想、臆想出来的女性之"你"的言语和姿态。"依偎进山羊皮里"延续了温柔色情之乡的图像,费尔格斯的诸多互文解释也有助于我们理解这个诗行。圣经文本同样可以增加一个理解维度,这个被羊皮包裹的女人还

---

① Jean Firges, *Den Acheron durchquert ich. Einführung in die Lyrik Paul Celans*, S. 290f.
② Ibid., S. 291.
③ Ralf Willms, *Das Motiv der Wunde im lyrischen Werk von Paul Celan: Historisch-systematische Untersuchungen zur Poetik des Opfers*, Diss., Fern Universität in Hagen, 2011, S. 346.

有另外一层犹太人饱经苦难的含义。《圣经·旧约·希伯来书》第十一章专门讲述那些笃信上帝的人如何受尽各种酷刑的折磨,裹着羊皮颠沛流离,他们"忍受嘲弄、鞭笞、锁链、监禁等的磨炼;被石头砸死,受各种刑罚,被锯子锯碎,被刀剑杀死;他们无家可归,只裹着绵羊或山羊皮,颠沛流离,被迫害,被虐待。他们在荒漠中、山野里迷茫游荡,还要躲避在孤寂的山谷里,洞穴中——这个世界不值得拥有他们"①。诗句将这个女性形象与犹太人的受难史联系起来,却又是反其意而用之。这里的施害者不是他人,而是诸神。策兰诗学剥夺了诸神的神圣性,这才有了诗文的最后两行:

你神圣　　　　　　　　　　　du beheiligst
我的阳具。　　　　　　　　　 mein Glied.

这两个诗行将爱洛斯母题推至顶峰。在对全诗的理解中,尤其是对最后两行的解释,博伊德将施虐者的角色赋予诸神,并将"诸神的性虐待"烙印无限放大到宇宙;不过,博伊德的解释没有建立在文本基础之上,而是带有预判的臆断;更有甚者,博伊德在对诗文解释进行总结性归纳时,将创始人策兰诗文中的性虐倾向归罪于德意志读者,指责他们对待策兰这样的奥斯维辛的幸存者所"采取的思维与拒认策略",是这些外在因素导致了诗人的反弹,即"这一抒情颠覆的策略矫正"②。因为它离开了诗学文本而进行

---

① Siehe: *Bibel Das neue Testament*, Die Briefe an die Hebräer 11.36－40.
② 博伊德说道:"如果策兰添上这阳具的一次性不会因其而羞涩地忽略,《癫痫-巨恶》所建立的阳具链合只能是垂直耸立:与前两首诗(波德莱尔的《被诅咒的女人》和特拉克尔的《神圣者》)中的施虐因素相比,《癫痫-巨恶》中的抒情之'我'关涉到另一个境况。在《致圣母》(*A une Madone*)中的抒情之'我'和《神圣者》中的教士扮演的是贪图肉欲的施虐与被虐者,诸如此类的政治正确性言论和满腔正义的指责无助于诗文的解释与研究,而本诗之'我'扮演一个历尽痛苦（转下页）

道德指控,反而再次表明了解释者面对策兰诗学中这样的粗鲁语言和暴力抒情所陷入的失手无措、无力自拔的难堪境地。事实是,无论是诗文结构还是诗文形式均不支持类似博伊德的解释。

博伊德的顾左右而言他的解释,置诗文显现的强烈的色情倾向于不顾。维尔姆斯在其博士论文中至少正视了诗文中的爱洛斯元素:"诗文最后所说的首先就是,抒情之'我'的阳具由女性形象而与神圣性发生关联,即被神性化。"[1]不过,他也没有从诗文结构出发来进行诠释,而是更愿意将解释导向诗学文本之外的宗教方向。面对如此明白无误的肉体色情语词,解释者们总是拿历史、宗教、神秘来说事,却避而不谈诗文中不存在任何误解的爱洛斯元素,实在是执迷不悟了。原因之一是解释者对奥斯维辛幸存者的诗文心存敬畏,或不敢冒这个天下之大不韪被带上"亵渎受害者"这顶无法承受的帽子;其次,他们还"存在着一个共同的问题,即太过强调自己的视角而或多或少忽视了文本结构自身所传递的消息,就是将诗学作品的所言之物转化成受他们的思想支配的散文和受他们的概念约束的真理"[2]。这样的"真理"只是意识形态、政治正确与语文学方法论自我给予和自我设定的圈套。

最后两个诗行中,抒情之"我"要求女性之"你"抛弃其崇拜

---

(接上页) 折磨的爱人,他存在于打上'诸神施虐'之烙印宇宙中。《癫痫-巨恶》一诗所发出的'淫猥'暴力(GW 2; 220, V.9)并非针对爱人的身体,而是针对'最近的摒弃'(Engführung. GW 1; 203, V.140),它不可更改地刻画了这个身体,还仍然有效地威胁着。不是天主教的性欲象征,而是德意志读者在对待奥斯维辛之后犹太幸存者的诗学时采取的思维策略与拒认策略决定了这一抒情颠覆的策略矫正。"Timothy Boyd, *dunkler gespannt: Untersuchungen zur Erotik der Dichtung Paul Celans*, S. 328f.

[1] Ralf Willms, *Das Motiv der Wunde im lyrischen Werk von Paul Celan: Historisch-systematische Untersuchungen zur Poetik des Opfers*, S. 338.

[2] Hans-Georg Gadamer, *Gesammelte Werke*, 10 Bände, Tübingen: Mohr, 1993, Bd. 9, S. 289f.

和信仰的诸神，取而代之的是他的阳具。诗中将德语语词"神圣"动词化，原词"神圣的"（heilig）在德语中通常用在宗教神学上，指：神性的完美、值得崇拜的；由神性精神所充实的；转义为道德纯洁的。① 格林兄弟主编的《德语词典》收录了动词"神圣"，也只是引用了马丁·路德的话语来解释这个语词："你以上帝的律令，并用你的血来神圣罗马教会"，或者译为"使罗马教会神圣化"②。总之，一切完美的、圣洁的、神圣不可侵犯的、至高无上的事物都可用这个语词来描绘。我们知道，最后一句话与诗文中其他句式一样，也是一个陈述句，陈述一个诗学真实，将"神圣"一词与男性生殖器构成"你"与"我"的关系，显然是把这层爱洛斯关系置于宗教的、绝对的层面上来理解。菲尔格斯指出，诗中表现的就是"我"与"你"之间的乱伦关系："'你'与'我'之间的性交行为指的就是血亲相奸（blutschänderisch），虐待与被虐的性交行为针对的既是'你'也是'我'，从这样的事实出发，可以认定，这样的交媾承载着乱伦冲动的特征。"③

我们对最后诗节的理解就是，这里显示了一种病态与变态的爱洛斯关系。然而，无论抒情之"我"如何向往和渴望，这一爱洛斯愿望并没有得以实现，只能在诗学的真实中升华。从诗学角度看，这里，主语、动词与宾语被分割成两个诗行，再一次将"你"与"我"分裂在两个不同的空间，尽管近在咫尺。从诗行结尾来看：最后诗节的两个结尾都是阳性，而第一诗节的三行结尾均为阴性；无论是诗节，还是诗行都显示了阴阳不交的诗学结构，诗学形

---

① *Duden—Das große Wörterbuch der deutschen Sprache*, 6 Bde., Bd. 3, S. 1175 – 1176. Stichwort: heilig.
② *Deutsches Wörterbuch von Jacob und Wilhelm Grimm*, 16 Bde. in 33 Teilbänden. Bd. 1, S. 1332.
③ Jean Firges, *Den Acheron durchquert ich. Einführung in die Lyrik Paul Celans*, S. 291.

式也暗示了"你"与"我"相隔甚远,没有发生性关系的可能。因此,这样的乱伦关系并没有发生,仅是抒情之"我"的幻觉与诗学的真实,或是抒情之"我"一厢情愿臆想出来的诗学图像。抒情之"我"也清晰知晓,"你"与"我"的爱洛斯关系相隔阴阳两界,狂乱冲动无法实现,这就使得病态的抒情之"我"变得粗暴、野蛮与恶毒。因此,乱伦交欢与阳具崇拜恰是癫痫与巨恶的诗学表现。这就是"伟大的剩余,在爱情中没有得以实现,便走进了诗学",以色列诗人本耀茨(Elazar Benyoëtz)这句名言也揭示了现实真实与诗学真实之间的关系,也同样适用于对策兰诗学的理解。

无论从诗文的结构还是诗文的形式看,强烈的爱洛斯渴望相应于诗文结构的递进关系而得以增强。最后诗节与第一诗节形成了一种突兀的变化和强烈的反差,在递进过程中不断增强爱洛斯的元素:第一诗节中的三行都是对女性之"你"的性质描述,诗文描述从无动词的性质(第一诗节)转入到存在的静态(第二诗节),又从言语的准动态(第三诗节)递进到肢体的动态(第四诗节)描述,最后诗节出现了女性之"你"与抒情之"我"的情色关联,明晰了诗文之前的所有情色图像均为"你"与"我"的情绪宣泄,将爱洛斯的强烈程度推向顶峰。策兰诗学首先要关注的不是"神圣",而是难以启齿的乱伦-爱洛斯,这也就是策兰诗学哑言的缘由。

# 编后记

本卷所收文章均选自《同济大学学报》（社会科学版）2016年第1—6期的"德法哲学""德语诗学与文化研究""政治哲学"等栏目。相关论文还有不少，但我们这回采取了比较节制的态度，精选12篇文章，分设"海德格尔论坛""德国古典哲学""德国现代哲学""德语诗学与文化研究"四个栏目。

本卷"海德格尔论坛"采纳了同济大学欧洲思想文化研究院主办的"海德格尔论坛"（2015年11月7—8日）。"尼采论坛"和"海德格尔论坛"这两个论坛轮流举办，是本人在同济大学人文学院主持的年度常设项目，受到德国DAAD基金会同济中心的部分资助。2014年举行的首届"尼采论坛"的报告已经收入《德意志思想评论》第十三卷。

2015年举行的首届"海德格尔论坛"，我们邀请了美国波士顿学院的约翰·萨利斯教授（Prof. Dr. John Sallis）、德国弗莱堡大学的君特·菲加尔教授（Prof. Dr. Günter Figal）、北京大学哲学系张祥龙教授和中国人民大学哲学学院张志伟教授做专题报告，分别由同济大学欧洲思想文化研究院的张振华博士、梁家荣教授、韩潮教授和孙周兴教授点评。

我们举办的两个论坛给每位演讲嘉宾的时间为半天(三四个小时),先由演讲者做一个半小时、甚至两个小时的报告,然后进行现场点评和讨论。这种方式的学术研讨更容易深入问题,而不像时下常见的学术会议,每人讲 10 分钟或 15 分钟,赶集似的匆匆了事。

　　感谢本卷全体作者,也感谢《同济大学学报》编辑部编辑们的劳动。

孙周兴

2021 年 5 月 22 日记于香格里拉